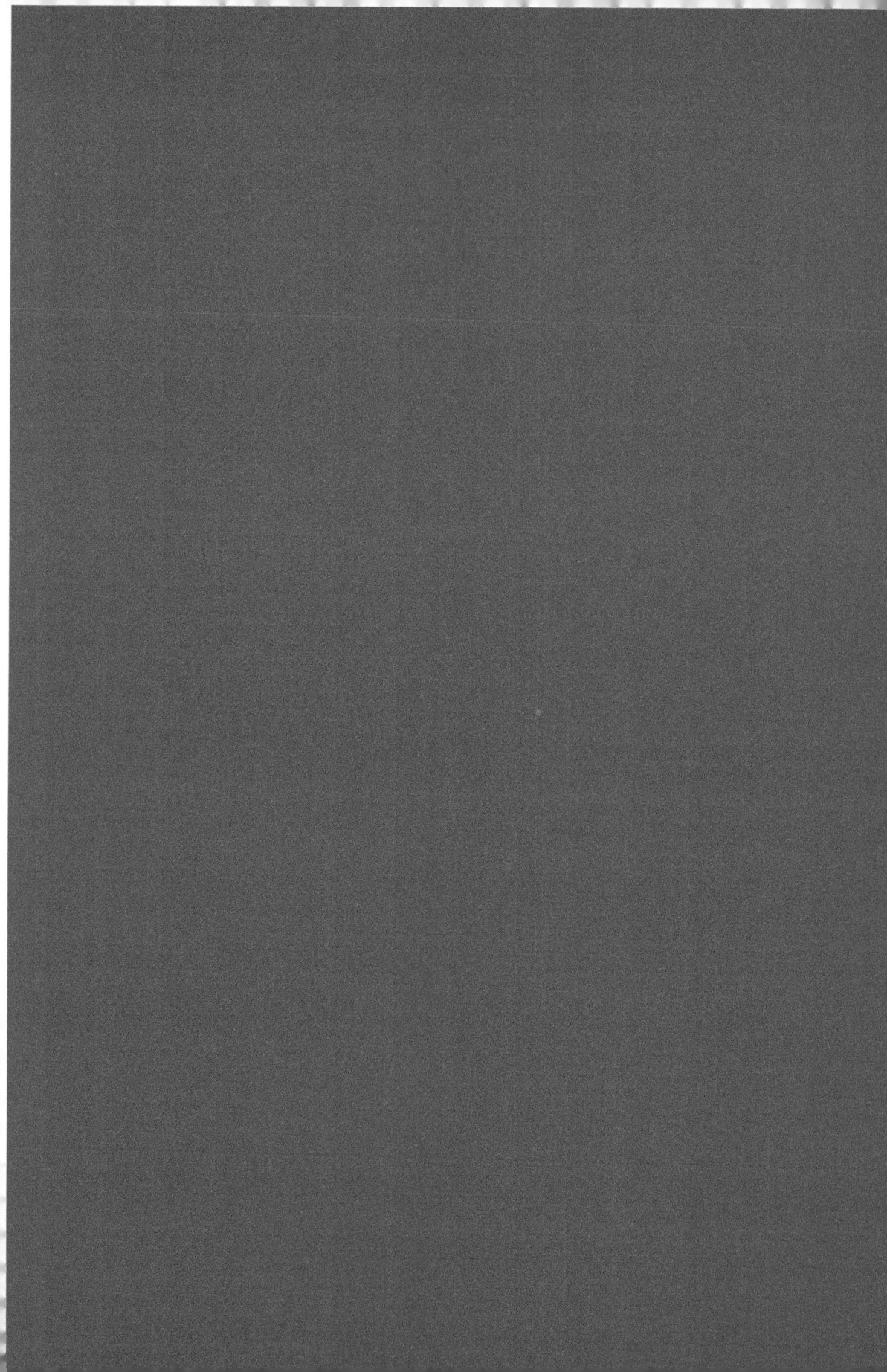

José Pablo Mir

BUCEANDO
SOLO

© José Pablo Mir, 2022
josepablomir@gmail.com

ISBN: 979-8-218-09448-5

Edición: Susana Landeira (susana.landeira20@gmail.com)
Diseño: Roberto Meny (robertomeny@gmail.com)

Foto de tapa: sala de máquinas del naufragio Lowrance
(nombrado originalmente Ciudad de Cali y luego Río Amazonas),
hundido como arrecife artificial en la ciudad de Fort Lauderdale,
Florida, EE. UU., en 1984, a 60 metros (210 pies) de profundidad.
Foto tomada en 2020 por el autor durante una buceada Solo.

Presentación

El buceo Solo[1] es una modalidad que día a día va ganando más adeptos; sobre todo a medida que los buzos avanzan en su entrenamiento y quieren ir más allá, mientras que sus habituales compañeros de buceada pueden no estar interesados en ello o no tienen ni tiempo ni ganas de seguirles ese antojo.

No obstante ello, el buceo Solo es mucho más que una solución a no tener con quien bucear. Quienes habitualmente buceamos Solo no lo hacemos por no tener compañero. Cuando pasamos tiempo sin hacerlo, lo extrañamos. Extrañamos nuestro rato de soledad con el mar; extrañamos nuestra libertad; extrañamos esa «terapia» de encuentro con uno mismo en la que el buceo Solo se ha ido convirtiendo para nosotros a lo largo de los años.

Desafortunadamente, esta especialidad es muchas veces dejada de lado en la inmensa mayoría de los libros, textos, artículos, notas y donde quiera que se escriba o hable de buceo en forma habitual. Cuando se trata el tema, se gasta más tiempo y más tinta en debatir si es oportuno o no hablar de él que en *realmente* hablar de él. Esta difusión escasa, sesgada y autocensurada es la responsable de que la gran mayoría de los buceadores crean saber, erróneamente, que el buceo Solo es una práctica muy poco frecuente; que son los fotógrafos y científicos quienes casi de forma exclusiva la realizan, y que por fuera de esos casos y en terrenos del buceo recreativo, solo se lleva a cabo en buceadas deportivas, muy específicamente dentro de los límites de no descompresión y mayormente en entornos cálidos, luminosos y sin techo.

[1]   «Solo», así, escrito con mayúscula, busca indicar que se está haciendo referencia al nombre de esta modalidad de buceo, diferenciando esa palabra del adjetivo *solo*, sinónimo de *solamente*, *únicamente*, *en solitario*.

Pero la realidad del buceo Solo es otra. Los buceadores Solo bucean a menudo en todo tipo de entorno. En aguas abiertas y en cuevas; en arrecifes; en naufragios; en minas, y me animaría a decir que en todo lugar donde haya suficiente agua para poder sumergirse y no existan restricciones tutelares contra esta práctica.

Este libro busca aportar algo de esa información tan necesaria tanto para quienes desean saber de qué trata esta práctica como para aquellos que están dando sus primeros pasos en ella o pensando en darlos.

jpm

Prólogo

¿Por qué buceamos Solo? Porque nos gusta. Concuerdo con quienes afirman que poder compartir las buceadas es gran parte del disfrute. Sin embargo, el bucear Solo tiene de por sí un atractivo muy peculiar: nos devuelve esas sensaciones de aventura y peripecia que algunos años antes nos llevara a comenzar a bucear en primer lugar.

Bucear Solo es tener una relación de amistad con ese océano que muchas veces nos obliga a enfrentar su hostilidad con decisión y arrojo.

Bucear nos satisface esa necesidad de sentirnos vivos que muchas veces no sabíamos que teníamos dentro hasta que algo como esto nos la muestra. Pues bucear Solo es el siguiente paso en la misma dirección; deja aflorar ese sentimiento de necesidad de libertad absoluta que en tierra firme nuestra condición de animales sociales nos hace olvidar que tenemos dentro.

Los humanos somos intrínsecamente así, exploradores, aventureros; queremos ir más allá, ver del otro lado de nuestras propias fronteras. Y el océano es eso, una inmensa frontera que comienza pocos metros bajo la superficie, y muchas veces, a pocos pasos de la costa. Si habrá lugar para explorar, para descubrir, para aventurarse... Enfrentar el océano Solo, ya sea buceando, navegando, nadando, pescando o de la manera que se nos ocurra, es una experiencia que nos enseña humildad, nos templa el carácter y nos hace crecer como practicantes de lo que sea que practiquemos.

Bucear Solo es demandante. Nos obliga a aprender, a ganar experiencia, a esforzarnos más en ser mejores en nuestro arte, a trazarnos más y mejores estrategias a mediano y largo plazo. Pero al mismo tiempo, nos brinda una generosa dosis de gratificación instantánea en cada buceada. No tenemos que esperar a ser maestros del Trimix: la podemos comenzar a saborear en nuestra próxima buceada en un cálido arrecife a diez metros.

Índice general

Descargos

Peligro

Sin importar cuán paradisíaco pueda parecer el entorno en el que estemos buceando, debemos tener siempre presente que al bucear nos sumergimos en un ambiente para el cual no estamos naturalmente adaptados. El buceo es una actividad cargada de riesgos y que puede traer serias consecuencias a quienes la practican; desde una simple irritación en la piel o algún molesto sarpullido, hasta trastornos graves, como una sobreexpansión pulmonar, parálisis o incluso la muerte.

El buceador puede fácilmente quedar atrapado en estructuras naturales o artificiales a las que ha penetrado con intención o sin querer; puede enredarse en líneas de pesca, cables o similares; puede quedarse sin gas para respirar, perderse a la deriva en la superficie o verse abandonado por el barco que lo llevó al punto de buceo; puede sufrir una falla catastrófica en el equipo que lo mantiene con vida, y muchos etcéteras.

A medida que como buceadores vamos avanzando a tipos de buceo más profundos, con paradas de descompresión obligatorias, con mezclas de gases más elaboradas, con penetración en entornos cubiertos, los peligros implícitos en cada una de nuestras buceadas se incrementa considerablemente. Entrenamiento, experiencia y equipamiento adecuado permitirán reducir los niveles de riesgo y, tal vez, solucionar muchos percances antes de que estos se conviertan en problemas serios. Pero el peligro siempre permanecerá latente, en mayor o menor grado.

Buceando Solo, nuestro nivel de riesgo será aún mayor. Nadie estará allí para tendernos una mano, para ayudarnos a desenredarnos, para asistirnos ante un caso de narcosis, para alcanzarnos una herramienta que podamos necesitar, para mostrarnos el camino si nos desorientamos, para socorrernos en caso de perder nuestro suministro de gas, para apoyarnos al realizar las paradas de seguridad o descompresión si tenemos problemas con nuestra flotabilidad.

También debemos tener especial cuidado con la racionalización de esa frase que dice que «hasta cruzar la calle tiene sus riesgos». Aunque la premisa sea cierta, la conclusión que intenta hacernos sacar es falaz. Nuestra vida en sociedad difícilmente nos permita no salir de nuestras casas a diario. Sin embargo, ir a bucear es una elección, un capricho, la realización de un antojo.

Certifíquese

Mi posición personal es que la enorme mayoría de los buceadores no pueden aprender a bucear Solo exclusivamente leyendo libros o viendo videos en internet. Tal vez usted sienta que es la excepción: dúdelo y asuma que no lo es. Bucear Solo es una modalidad de alto riesgo en una actividad de por sí riesgosa. No vale la pena arriesgarse. Además, certificándose, no tiene nada que perder. ¡Certifíquese!

Es cierto: esa certificación será solamente el primer paso. Pero darlo bajo la guía de un instructor o tutor competente es fundamental para mantener el nivel de riesgo dentro de lo aceptable.

Sobre las verdades absolutas

En cuestiones de buceo, difícilmente una regla pueda ser absoluta, irrestricta, válida siempre para todo buceador y ante toda circunstancia, aun buceando en el mismo entorno y bajo las mismas condiciones que se tenían en mente al enunciarla.

Cuando lidiamos con absolutos, podemos estar absolutamente seguros de que más tarde o más temprano nos toparemos con excepciones que invaliden el enunciado del que se trate.[1] Adquiriremos errores conceptuales durante el aprendizaje; cometeremos errores prácticos durante la planificación o la ejecución de las buceadas, o estaremos induciendo a terceros a cometerlos.

El buceo recreativo no es un cuerpo inflexible de órdenes y mandatos: es un marco dinámico donde los buceadores aprendemos, adaptamos, po-

---

[1]   Incluido este, por supuesto.

nemos en práctica, mejoramos o descartamos, y seguimos retocando nuestros métodos y estrategias, en un ciclo sin fin.

Las ideas, métodos y procedimientos concernientes a todo o parte de lo que nuestra actividad agrupa han ido cambiando a lo largo del tiempo y lo seguirán haciendo. Se han ido adaptando, entre otras cosas, a las nuevas tecnologías y materiales. Lo que hoy muchos hacemos y consideramos válido e importante puede ser intrascendente o inválido mañana. Nada de lo que aquí se presenta es un mandamiento escrito en piedra: analice la información, dude de ella, busque otras opiniones. Piense por usted mismo y saque sus propias conclusiones. Después de todo, usted es el único responsable por su propia vida, y si sus acciones pueden tener consecuencias sobre la vida de otros, también lo es de la de los terceros que se vean directa o indirectamente involucrados.

Lea entre líneas

Tenga presente que quien transmite ideas, ya sea por escrito o en forma hablada, generalmente estará cargando al mensaje original con su muy particular forma de expresarse.

Lea entre líneas. Haga un esfuerzo por comprender lo que se está tratando de decir. Tenga presente que tal vez el estilo y las palabras utilizadas oculten o disfracen, sin quererlo, detalles importantes. Si algo no le queda claro, reléalo.

Sea honesto con usted mismo y exponga todo a la luz de sus propios conocimientos, experiencia, destreza, estado físico y condición de salud.

No todos pensamos igual, no todos hemos atravesado los mismos caminos y no todos estamos de acuerdo en todos los puntos comúnmente dados por sentado en lo referente al buceo recreativo.[2] No todos alcanzamos con facilidad las válvulas de una configuración doble con *manifold* aislador montada en nuestra espalda. No todos queremos utilizar este o aquel modelo o tipo de equipo o configuración.

Mis verdades al respecto de las mejores configuraciones, los mejores procedimientos, etcétera, pueden perfectamente no ser las suyas. Sin embargo, el concepto que seguramente en cada caso intentaré transmitir debería ser comprendido por todos, aunque la respuesta, la solución que se le dé difiera de uno a otro.

---

[2]   Por suerte, no todos somos iguales. No pierda eso de vista.

Este libro contiene errores

Este libro contiene errores,[3] [4] no lo dude. Aún no me he convencido de que lo sean, pero seguramente lo iré haciendo con el correr del tiempo; tal vez a medida que vaya cambiando los procedimientos que implemente. Quizás algún lector atento me los remarque. O tal vez nunca lo haga, pero eso no quiere decir que no estén allí.

Es posible que a la luz de nuevos datos recabados, nuevas ideas o teorías, o nuevos desarrollos tecnológicos, algunos aciertos de hoy pasen a ser errores mañana, y viceversa.

Reconocimientos

Quiero indicar explícitamente que no pretendo hacer creer a nadie que poco, mucho o todo lo que se incluye en el presente material es creación o descubrimiento mío:[5] no lo es. No busco apropiarme de glorias ajenas; todo lo he aprendido de mejores buzos que yo.

Soy plenamente consciente de que aquello a lo cual haya arribado por cuenta propia seguramente ya habrá sido pensado, descubierto, intuido, probado, puesto en práctica, mejorado y tal vez hasta desechado por muchos otros buceadores anteriormente. ¿A quiénes reconocer? ¿A quiénes agradecer? A todos y cada uno de los buceadores con los que he ido teniendo contacto a lo largo del tiempo. Instructores, compañeros, alumnos... Todos ellos, de una u otra manera, para bien o para mal, han interactuado en mi vida como buceador y me han ido formando y definiendo como tal.

---

3   La palabra *errores*, en este contexto, busca indicar afirmaciones explícitas o implícitas que pareciéndonos a quienes practicamos este tipo de deporte de riesgo, correctas hoy día, y a la luz del conocimiento disponible en la industria del buceo recreativo, puedan en realidad llegar a no serlo.

4   También se refiere a errores de escritura, gramaticales o tipográficos que, aunque puedan parecer menores, cambien el sentido de interpretación de alguna frase o párrafo, lo que puede llegar a ser de gran importancia. Por ello, es importante no solo leer y memorizar, sino también comprender y analizar lo leído. ¿Suena coherente? ¿Es aplicable a su caso en particular? ¿Sigue la misma línea de pensamiento de lo que le antecede o lo que viene después? No acepte mis verdades; saque sus propias conclusiones.

5   Tampoco busco pecar de falsa modestia; no lo sienta de esa manera.

Buceadores principiantes

Este libro no está dirigido a buceadores principiantes. Los principiantes no poseen ni los conocimientos ni la experiencia para comprender y poner en perspectiva lo que aquí se está tratando de transmitir.

No se ofenda ni se desilusione por mis palabras. No hay nada de malo con ser un principiante; absolutamente todos los buzos lo son o lo han sido, no hay otra opción.

Tome esta actividad con calma; poco a poco, paso a paso. Ya tendrá tiempo para esto de bucear Solo. Mientras tanto, bucee; bucee mucho, siga buceando. Gane experiencia. Persiga otras certificaciones, lea, aprenda. Practique habitualmente sus habilidades. Todas ellas, pero especialmente las que menos le gusten, las que más desagrado le produzcan.

Ponga especial atención en hacer su buceo lo más posible «a prueba de fallas». Desde el punto de vista de su equipamiento y herramientas, trate de tener todos sus elementos debidamente asegurados; que nada cuelgue; que pueda alcanzar, utilizar y volver a guardar cada pieza de su equipo y cada herramienta (preferiblemente, con cualquiera de las dos manos).

Incursione por los caminos de la redundancia. Lleve con usted un pony en cada buceada y practique su uso frecuentemente. Dos o tres herramientas de corte; dos o tres linternas si la buceada necesita al menos una. Aprenda a lanzar su SMB o bolsas de elevación de diferentes maneras.

Sea un mejor compañero de buceada. Esté atento, no se aleje de su grupo. No dude en asistir a sus compañeros, pero no se descanse en que ellos lo tengan que asistir a usted. Adquiera esa actitud de *divemaster* —o por lo menos, de buzo de rescate— que le permita anticipar ciertos problemas antes de que ocurran. Trabaje activamente en mejorar su flotabilidad y sus técnicas de propulsión.

Buceadores avanzados

Cuando reúna algo más de 100 o 150 buceadas y un manojo de certificaciones —buceo profundo, navegación, baja visibilidad, rescate, tal vez *divemaster*— bajo su cinturón, y posea experiencia en buceo en diferentes entornos y circunstancias, ya estará en condiciones de comenzar a pensar en bucear Solo. Podrá registrarse en alguno de los cursos de buceador Solo o buceador autosuficiente que varias agencias ofrecen.[6] Recuerde que la certificación es el punto de partida de su aprendizaje, no el destino ni la aseveración de que ya sabe todo.

Siga las recomendaciones de su instructor o tutor. Utilice este material como complemento a la instrucción que ha recibido, que está recibiendo o que va a recibir, y como referencia futura.[7]

¿Ya es usted un buceador Solo que busca ampliar sus conocimientos?

Si es así, utilice este material como complemento a la instrucción que ha recibido y a la luz de la experiencia que posee.

Recuerde: si usted no es un buceador capacitado para realizar buceadas con paradas de descompresión obligatorias, no las haga. Pero piense seriamente en certificarse en esta práctica.

Si usted no está capacitado para penetrar en estructuras submarinas no las penetre. Una vez más, piense en certificarse en ello, aun si por ahora no tiene intenciones de penetrar tales estructuras. Si no está apto para el buceo en entornos de baja visibilidad, sea extremadamente cauto. Utilice todas las herramientas de navegación a su disposición y busque tanto la instrucción adecuada como ganar la experiencia necesaria.

Navegar en condiciones de baja visibilidad —y hacerlo bien— es una habilidad en la que todo buzo debería estar capacitado; muy especialmente, si va a bucear Solo. Nunca se sabe cuándo se la puede necesitar de golpe y sin aviso.[8]

---

6   A este respecto recuerde que lo importante no es la agencia, sino el agente. Un buen instructor le abrirá la mente, le incentivará el gusto por bucear Solo, le brindará las herramientas necesarias para comenzar en esta práctica de la mejor manera posible. Un mal instructor lo encasillará en lo que él considere como la única manera de bucear Solo; lo desalentará a progresar; hará lo posible a su alcance para llevarlo a quedarse dentro de las cotas que él considera apropiadas, seguramente porque así le ha sido enseñado a él y nunca tuvo el incentivo ni el interés en mirar más allá.

7   Ante dudas y contradicciones, obedezca a su instructor o tutor: él conoce su realidad. Luego, cuando ya esté capacitado y haya ganado la experiencia suficiente, podrá ir adaptando esas verdades aprendidas a sus propias experiencias e ideas.

8   Con instrucción en buceo en entornos de baja visibilidad y algo de experiencia en ello, sabrá anticipar cuándo un entorno que no es de baja visibilidad puede, de manera repentina, convertirse en uno que sí lo sea.

¿Es usted un experimentado buceador Solo?

En ese caso, este libro seguramente puede no aportarle demasiado.

Como ya sabrá, no hay una única manera de hacer las cosas. Tampoco existe una «mejor manera», universal, aplicable a toda situación en toda circunstancia, sino que cada situación en particular, y dependiendo de las múltiples circunstancias —entorno, profundidad, volumen y tipo de gases disponibles— en la que se encuentre, tendrá sus mejores y peores maneras, herramientas, procedimientos y estrategias. A este respecto, este libro trata de algunas de estas estrategias y plantea algunos de estos procedimientos. Hay otras y otros. Es en este sentido que puede haber un aporte; esto es, en ver lo que otros hacen o pregonan.

Generalidades

1

1.1. Buceo recreativo

El *buceo recreativo* es aquel que hacemos a modo de pasatiempo. Es la realización de un antojo, una manera de darse un gusto, un capricho. Lo hacemos porque queremos; no es nuestro trabajo ni nuestra obligación. Dentro de este generalmente se reconocen dos subgrupos: el del buceo *deportivo*[9] y el del buceo *técnico*, cada uno con sus características propias (ver imagen 1.1).

El buceo deportivo tiene una profundidad límite comúnmente aceptada de 40 metros (132 pies). Generalmente se utiliza aire o Nitrox hasta el 40 %, pero el buceador lleva consigo un solo tipo de gas[10] en cada buceada. Excluye la enorme mayoría de los entornos cubiertos, sin acceso directo a la superficie. Las buceadas son planeadas y ejecutadas dentro de los límites de no descompresión. En la enorme mayoría de los casos, se utilizan configuraciones de circuito abierto.

La mayoría de estas limitaciones no son en realidad absolutas ni inmutables. Solamente el límite de profundidad y el respeto a los límites de no descompresión parecen persistir a lo largo y ancho de la industria.

---

[9] Muchas veces se llama a este buceo deportivo simplemente por el nombre de *buceo recreativo* a secas. Utilice la nomenclatura que más le guste; este es un tema menor. Sin embargo, recuerde que el buceo técnico también es buceo recreativo; también lo hacemos porque queremos, no tenemos obligación ni necesidad de hacerlo.

[10] Aunque el buzo lleve consigo una mezcla de gas diferente en su botella redundante (pony), se puede seguir considerando que utiliza un solo tipo de gas.

Imagen 1.1. Buceadores (deportivos) descendiendo por la línea de amarre.

Trimix, con ciertas limitaciones, es utilizado por algunos buzos deportivos en ciertos tipos de buceadas.

La penetración en la zona de luz de naufragios es cada día más común entre buceadores deportivos.

Existen en el mercado recirculadores (*rebreathers*) semicerrados (SCR, por las siglas en inglés de *semiclosed rebreather*) que permiten a buceadores deportivos bucear con Nitrox dentro de los límites de profundidad y NDL[11] propios del buceo deportivo.

1.2. Buceo técnico

El buceo técnico, por su parte, además de no poseer las limitaciones listadas anteriormente, presenta algunas características propias muy interesantes:

[11]   NDL —tiempo de no descompresión— que ahora será diferente al que podemos leer en una tabla de no descompresión de aire o Nitrox.

— Las buceadas son planeadas con más detalle. Su ejecución se realiza de manera mucho más cuidada y atenta.
— El buceador sabe que más tarde o más temprano se le van a presentar inconvenientes; está preparado para ello, los reconoce y procede según lo planeado.
— Las consecuencias que se pueden llegar a derivar de verse afectado por la narcosis pueden ser mucho más serias, y se toma cuanto recaudo se tenga a mano para evitarla.[12]
— La enfermedad de descompresión pasa a tener ahora una probabilidad de ocurrencia mucho mayor. Los mayores tiempos de fondo y las mayores profundidades a las que los buceadores técnicos comúnmente descienden eliminan en la mayoría de las buceadas la posibilidad de un ascenso directo a la superficie.[13]
— Habilidades y procedimientos de emergencia son ahora —o deberían serlo— practicados de manera más asidua. El buzo se compromete consigo mismo a seguir aprendiendo nuevas habilidades, planteando nuevos procedimientos, y a seguir implementando nuevas estrategias, de manera habitual, según hacia dónde lo lleve el tipo de buceo que practica.

Por su parte, la transición de buceo deportivo a buceo técnico no es una línea rígida y claramente definida en todos los casos. No hay un curso que transforme a un buceador deportivo en uno técnico, sino que el cambio se va dando de manera gradual, y es en gran parte un cambio primeramente de mentalidad y, en segunda instancia, de procedimientos. El cambio en el equipamiento utilizado es en realidad un aspecto de menor peso.

¿Valen la pena el esfuerzo, el costo adicional y el incremento de los riesgos implícitos en la práctica que el convertirse en un buceador técnico trae aparejados? La respuesta a esta pregunta es una cuestión personal. Para los buceadores técnicos, parece ser que la respuesta en lo concerniente al esfuerzo es un sí rotundo. El asunto del costo dependerá de cada uno y de sus posibilidades reales de invertir el dinero que ser un buceador técnico cuesta, que no es poco.

[12] El buceo con Trimix ha estado ganando adeptos en los últimos tiempos —aun para buceadas que hasta hace algunos años no dudábamos en hacerlas con aire— por su reducción del efecto narcótico de la mezcla respirada.
[13] El ascenso de emergencia, ese al que en ciertas circunstancias los buceadores deportivos podían echar mano como último recurso, ya no es una posibilidad real de última instancia en aquellas buceadas con paradas de descompresión obligatorias.

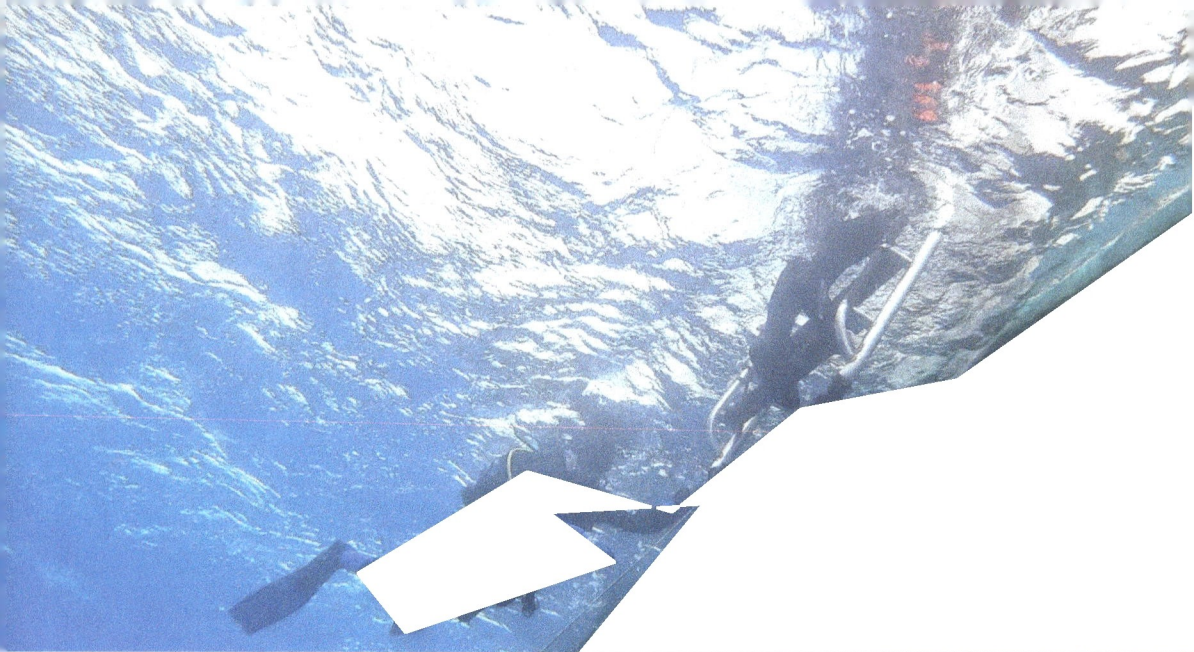

Imagen 1.2. Regresando al charter sanos y salvos.

Con respecto a los riesgos, eso es más personal aún. Si usted no es un buceador técnico, deberá meditarlo y decidirlo por usted mismo o junto a su familia. Pero parece ser que quienes ya lo somos no nos arrepentimos en absoluto.

1.3. Una buceada exitosa

Una buceada exitosa es aquella en la que regresamos sanos y salvos. Punto y aparte.

Somos buceadores recreativos, bucear es nuestro pasatiempo. Lograr los objetivos que nos planteáramos al planificar la buceada no hará de ella una buceada exitosa si no regresamos o si lo hacemos heridos.

Como contrapartida digamos que de los problemas se aprende. Los percances nos enseñan en carne propia la necesidad de estar mejor preparados o más atentos en el futuro. Nos dan señales de aquellos puntos sobre los que más tenemos que trabajar para mejorar, ya sea en lo concerniente a equipamiento, planificación, ejecución o a todos ellos en conjunto. Aquella buceada de la que regresemos sanos y salvos (ver imagen 1.2) habiendo aprendido algo, aunque no hayamos logrado lo que para ella habíamos planeado, no puede ser considerada un fracaso. Superar errores y percances nos enseña. Saber analizar lo sucedido nos hará mejores buceadores. Trabaje en ello.

Hacer que cada buceada sea exitosa, en el sentido que aquí le estamos dando, no es tan solo un eslogan o una buena idea: es la dirección a la cual tanto el plan como la ejecución de cada buceada deben apuntar, por sobre toda otra consideración.

Planear las buceadas y bucear el plan

Hal WATTS[14] acuñó esa frase tan mentada, tan escuchada, tan repetida y lamentablemente muchas veces tan ignorada sobre planear la buceada y bucear el plan. Buceando Solo debemos dar a esta estrategia nuestra máxima atención; las improvisaciones sobre la marcha deberían ser erradicadas. Dicho en simple español: cuando bucee, y sobre todo cuando bucee Solo, siga su plan y no improvise. Haga lo que planeó hacer y nada más.

Si no hemos planeado penetrar el naufragio, no lo hagamos, aunque descubramos un punto de entrada muy sugestivo. Si hemos planeado una buceada de cuarenta minutos, no la extendamos sin haberlo previsto en el plan; ya habrá otras oportunidades de hacerlo con mejor preparación. Improvisar sobre la marcha puede hacernos pasar por alto alguna consideración que pueda tener consecuencias inesperadas.

Bifurcaciones en el plan, situaciones previsibles

Sabemos perfectamente que al planear estamos diseñando sobre papel una buceada que luego ejecutaremos en el mundo real. Nuestro plan debe incluir ciertos márgenes de error operativo y dar cabida a una serie de rangos de factores externos que serán evaluados durante la ejecución y de los cuales dependerá el camino a seguir. ¿La protección térmica no nos ha resultado suficiente? ¿Nos encontramos con una corriente considerablemente superior a la planeada? ¿La visibilidad no es la esperada? ¿El camino que habíamos trazado es intransitable? ¿Nos parece estar cayendo víctimas de la narcosis? ¿Nuestro consumo de gas está siendo superior a lo planeado debido a que estamos esforzándonos más de la cuenta?

14   Reconocido buceador de renombre mundial por más de cincuenta años y fundador de la PSAI (Professional Scuba Association International).

Por ejemplo, ante la necesidad de socorrer a un tercero con gas, podemos tener la intención de pasarles nuestro pony, nuestra fuente independiente y redundante de gas, en lugar de extenderles nuestra segunda etapa alternativa (*octo*) para no vernos atados a él por una manguera. Estas «intenciones», por llamarlas así, muchas veces no nos parecen planeadas. Sin embargo, lo son; hemos pensado en ellas, sabemos que tienen más de una manera de ser enfrentadas. Debería ser parte de nuestro plan; representa una bifurcación en el plan ante una situación previsible.

Otro ejemplo. Generalmente aceptamos que cualquier momento es adecuado para abortar cualquier buceada. Sin embargo, esto podría no ser cierto en algunos casos, dependiendo de las características de la buceada o del propio sitio en el cual se esté desarrollando. Si así lo fuera, si la buceada pudiera tener buenos y malos momentos para abortarla, esto debería estar contemplado en su plan.

Planeando buceadas y buceando en el mundo real, habrá bifurcaciones —¿alternativas?— en el plan debidas a situaciones previsibles.

Ser académicamente correcto obligaría a insistir en que todas aquellas condiciones que directa o indirectamente puedan llegar a afectar el normal desarrollo de la buceada, y cuya probabilidad de ocurrencia no sea insignificante, deberían haber sido previstas en el plan y se les debería haber asignado explícitamente una estrategia correctiva o un plan alternativo.

Las otras bifurcaciones

Pero no todas las bifurcaciones en el plan tienen que responder a trastornos repentinos. Algunas pueden deberse a condiciones favorables que de alguna manera hemos anticipado en el plan y que ahora, durante la ejecución, debemos evaluar para actuar en consecuencia según lo planeado. Por ejemplo, podemos haber planeado extender nuestro tiempo de fondo 5 minutos más si, de acuerdo a como se ha venido ejecutando la buceada, podemos permanecer allí esos minutos extra sin alterar el tiempo total de buceada (*total run time* o TRT).

Otras bifurcaciones sobre las que optar en tiempo de ejecución podrían ser el dirigirnos hacia una dirección u otra, el realizar o no cierta tarea —por ejemplo, la penetración en un naufragio—, etcétera.

En otras palabras, lo que la segunda parte de «planear la buceada y bucear el plan» trata de evitar es la improvisación sobre la marcha, aquello que al buceador se le pueda ocurrir «de repente», y que pueda comprometer el éxito de la buceada;[15] no aquellas diferentes opciones que hayan sido planeadas debidamente para ser decididas durante la ejecución y en base a cómo esta se venga desarrollando o ante determinadas condiciones o factores externos.

Planeando para el tiempo total de buceada (TRT)

Muchos buzos planean para un TRT en lugar de un tiempo de fondo. Parece bastante lógico, ¿verdad? Lo es. Sobre todo para los que buceamos desde un barco en el que la tripulación nos está esperando de regreso, luego de transcurridos los minutos que le indicáramos al comienzo de la buceada.

Esa misma necesidad de cumplir con un TRT fijo nos obliga a planear esas bifurcaciones a las que hemos hecho referencia en el apartado anterior, las «otras» bifurcaciones, ya que en buceadas reales, oceánicas, es prácticamente imposible saber de antemano dónde estaremos a cada minuto, sin que la variación de factores externos altere el ritmo planeado.

El otro plan: el de la obviedad

Existe otro plan que muchas veces hacemos en segundo plano, en nuestra mente: el plan de la obviedad. ¿Qué equipamiento llevaremos en la próxima buceada? ¿BCD? ¿Qué ala? ¿Cuáles herramientas de corte? ¿Cuáles reeles? ¿Cuántos spools? ¿Cuáles patas de rana? ¿Cilindros dobles de 120 cuft (pies cúbicos) o un cilindro simple de 150 cuft? ¿Traje seco? ¿Casco con cámara de video?

Cuando buceamos, a menudo, en un mismo tipo de entorno, estos menesteres parecen ser independientes de los detalles específicos de cada buceada puntual; en definitiva, se aplican tal cual una y otra vez, sin cambios aparentes. Inconscientemente, sentimos que incluirlos en el plan de la buceada es de cierta manera reiterativo e innecesario. Después de todo, en todas las buceadas utilizamos casi siempre el mismo equipamiento y las mismas herramientas, ¿verdad? Tal vez sí, tal vez no.

Tengamos presente que incluir y detallar lo más posible cada elemento de la buceada que tenemos por delante, incluido equipamiento y herramientas, ayudará a evitar errores y olvidos. Además, incluir equipamiento y herramientas en nuestro plan nos obliga a pensar en ello detenidamen-

---

15   Es decir: «nuestro retorno sanos y salvos».

te, y en ese proceso podemos cambiar de idea y agregar o remover algo que hayamos dejado de lado o que, pensándolo mejor, veamos que no vamos a necesitar.

Buceando Solo, las consecuencias de errores o inexactitudes de este tipo, que a primera vista pueden parecer insignificantes, pueden llegar a ser importantes; pueden comprometer la buceada y hasta nuestro bienestar.

Pero hay algo más. Cuando párrafos más arriba tratamos sobre las bifurcaciones en el plan debido a situaciones previsibles, mencioné dos ejemplos: socorrer a un tercero sin gas y la existencia de posibles condicionantes a la buena o mala oportunidad para abortar una buceada. Estos casos, al igual que tantos otros posibles, si no son incluidos en el plan de la buceada, pasarán a estar implícitos en este plan de la obviedad que en este apartado estamos tratando.

Haga su mayor esfuerzo por incluir lo más que pueda en el plan de la buceada, en el «verdadero» plan. Trate de eliminar este plan de la obviedad tanto como pueda.

1.4. Si algo puede salir mal, saldrá mal

Bucear Solo es asumir que no todo irá acorde al mejor caso que nos podamos plantear al planear la buceada.[16]

La esperanza de que esta o aquella pieza de nuestro equipo no falle, o de que esa o alguna otra condición no se dé, es en realidad nuestra enemiga. Asumir que no se producirán condiciones adversas y aceptar seguir adelante, a pesar de tener claro que de producirse no podremos afrontarlas con un nivel mínimo aceptable de seguridad,[17] es en cierta manera un juego de azar en el que estamos apostando la vida.

---

16   Ley de MURPHY: «Si algo puede salir mal, saldrá mal».

17   La frase «un nivel mínimo aceptable de seguridad» puede inducirnos errónea-mente a pensar que puede establecerse un nivel mínimo de seguridad a partir del cual la buceada pueda ser considerada «segura». No existe. El buceo es una actividad de riesgo, y buceando Solo, el nivel de riesgo es aún mayor. No obstante ello, la buena planificación de las buceadas y la adecuada operativa en sus ejecuciones nos pueden brindar un nivel de riesgo que nos sea aceptable. Pero la palabra *segura* implica una condición libre y exenta de riesgo que es un imposible práctico. Algunas buceadas, según una gran cantidad de consideraciones, pueden ser más seguras que otras, pero no por ello estarán libres y exentas de todo riesgo.

Buceando Solo debemos aceptar que se producirán problemas durante las buceadas. Es nuestra misión de vida rescatarnos antes de que sucedan, planear para ellos. Casi podemos decir que es como si los esperáramos, con prudente confianza en que podremos sobrellevarlos y lograr una buceada exitosa.

En otras palabras: los imprevistos, como tales, no deberían existir. Debemos convertirlos en ocurrencias indeseables, es decir, eventos que no queremos que nos sucedan o situaciones en las cuales no queremos encontrarnos, pero que sabemos que, más tarde o más temprano, van a ocurrir; que no nos tomen por sorpresa. Debemos haber planeado soluciones acordes.

¿Debemos entonces estar preparados para todo?

La respuesta inmediata, la que nos salta a la mente, es que no podemos estarlo. Pero al mismo tiempo, somos plenamente conscientes de que el buceo, por su naturaleza de riesgo y las graves consecuencias que puede llegar a tener la falta de preparación o de recursos para solucionar algo que se nos presente, requiere que lo estemos. ¿Cómo solucionar este dilema? ¿Es realmente un dilema?

Bueno, primeramente, debemos reconocer que nuestra imaginación puede llegar a ser muy vivaz. Es cierto que siempre podremos imaginar escenarios para los cuales no podremos estar lo suficientemente preparados, pero también sabemos que esos escenarios tendrán diferentes probabilidades de ocurrencia.

¿Es posible que se nos rompa la tira de la máscara y que esta se nos caiga y no podamos recuperarla? Sí, lo es. Llevar con nosotros una máscara de respaldo no sería tan mala idea ni tan complicado de hacer. De hecho, es algo que me imagino todos los buceadores técnicos hacen, y que no sería mala idea que muchos buceadores deportivos, aquellos que van más allá del cálido arrecife a diez metros, también lo hicieran. ¿Es posible que también se nos rompa la tira de la máscara de repuesto y que esta también se nos caiga y no pueda ser recuperada? Es posible, pero debemos reconocer que la probabilidad de que esos dos eventos se sucedan en una misma buceada debe ser muy baja. Llevar con nosotros tres máscaras puede ser excesivo.

El camino más racional a este respecto es concentrarse en aquello cuya probabilidad de que ocurra no sea ínfima. En caso contrario, ni siquiera nos subiríamos a un bote.

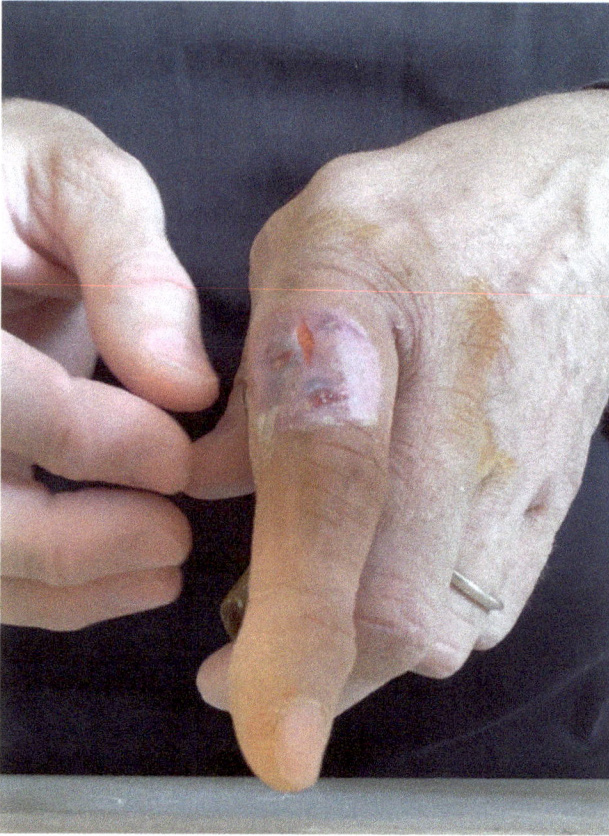

Imagen 1.3. El que esté libre de pecado que tire la primera piedra, dicen.

No seremos los únicos en el océano

Aunque estemos buceando Solo, lo más común es que no seamos los únicos en el sitio en el que nos encontremos. Podemos ser los maestros de la flotabilidad, pero siempre puede llegar otro buzo a levantar sedimentos y sumirnos en tinieblas de manera repentina. Otro buzo puede quedarse sin gas y abalanzarse sobre nosotros para obtenerlo. Alguien más puede enredarse en nuestra línea de vida, cortarla y darse a la fuga, asustado, sin repararla. Buzos sin experiencia pueden «encontrarse» los cilindros de gas que hayamos dejado depositados en alguna parte para ser recogidos luego, si es que lo hemos hecho. Y varios etcéteras.

El bucear Solo no nos libera por completo de los posibles inconvenientes que otros buzos —o no buzos— nos puedan ocasionar.

Un ejemplo práctico

Y, por supuesto, también existen las «metidas de pata», o como se exprese en cada región a los errores cantados o las equivocaciones totalmente evitables con un mínimo de esfuerzo.

La imagen 1.3 es de mi dedo. La herida es la consecuencia de una muy mala decisión que tuve y que involucra un cuchillo, una computadora y un barco. Sí, ya sé lo que está pensando: son esos cortocircuitos mentales que todos tenemos de vez en cuando y que, como buceadores Solo, debemos evitar a toda costa. Por un instante pensé: «Esto no es una buena idea»; pero antes de poder reaccionar, ya era tarde. Moraleja: los accidentes pueden suceder en el momento más inesperado, en la buceada más simple; solamente necesitamos bajar la guardia por un instante.

Y le puede suceder a cualquiera. Lastimarse con un cuchillo, por estar haciendo con él algo que nadie en su sano juicio haría, es un ejemplo de esas situaciones en las que todos afirmamos rotundamente que a nosotros no nos van a suceder. Debemos estar atentos y no ponernos a nosotros mismos en esas situaciones.

Imagen 1.4. El autor con *divemaster* y estudiantes listos para comenzar una de tantas buceadas de entrenamiento luego de haber finalizado el curso de Aguas Abiertas. El sitio es una cantera en Nueva Jersey, Estados Unidos, a la que asisten buceadores de muchos lugares para practicar y entrenar.

1.5. Aprendizaje, entrenamiento y experiencia

Aprendizaje

El aprendizaje no debe ser tomado como una carrera a la colección de tarjetas de certificación. Cada paso, cada etapa, requiere un tiempo de práctica para poder asimilar lo aprendido, para darle uso.

En asuntos de buceo recreativo, el aprendizaje es un proceso continuo que se extiende desde el primer curso en el que se ha participado, generalmente el de aguas abiertas, hasta el último libro o artículo que se haya leído sobre temas de buceo en la noche de ayer. ¿Cuántos libros de temas relativos al buceo, que no sean textos de cursos o certificaciones que haya realizado, tiene en su biblioteca? Si su respuesta es cero o casi cero, su aprendizaje hasta este momento ha estado bastante limitado, y sus conocimientos sin duda se encuentran muy polarizados en la dirección y el sentido que su instrucción les ha imprimido. ¡Libérese! Lea más.

Parte del aprendizaje será también el poder separar los contenidos con los que se tope con relación a su utilidad y aplicabilidad práctica. Tenemos que darle a cada campanada que se escucha la atención que se merece, dependiendo de parte de quién o quiénes provenga y a la luz de la experiencia colectiva que de una u otra forma podamos recabar. Para ello también es importante cuánto hayamos leído, escuchado, conversado y participado por fuera de cursos y talleres de certificación.

Como buzos, nos toparemos muy a menudo con una gran cantidad de información de poca utilidad para nuestro caso en particular. Es cierto que esto puede no ser tan simple de distinguir en muchos casos, pero la experiencia nos irá ayudando en esta tarea. Es importante que la analicemos, la discutamos y, sobre todo, que la pongamos a prueba en ambientes controlados, poco a poco.

Entrenamiento

Entrenamiento es el poner en uso las destrezas aprendidas, en un entorno real pero controlado, hasta lograr realizarlas con soltura, ya sea que se trate de limpiar la máscara o de alcanzar las válvulas de los cilindros montados en nuestra espalda.

Una cosa es saber lo que se tiene que hacer y otra, muy distinta, es el poder hacerlo correcta y eficientemente cuando tenemos que hacerlo. Para ello debemos entrenar, esto es, repetir y repetir las destrezas, una y cien veces, en diferentes situaciones, en diferentes posiciones, en diferentes momentos de las buceadas, cargando diferentes tipos de equipamiento, herramientas y protección térmica. Después de todo, estamos buscando una especie de maestría operativa que solamente se alcanza practicando y practicando.

¿Entorno real? Sí, entorno real. Entrenar en una piscina es sumamente útil para nuestros primeros pasos, para nuestras primeras pruebas en o con algo nuevo, pero tarde o temprano, tenemos que ir a aguas abiertas para completar nuestro entrenamiento.

En la mayoría de los entornos reales hay corrientes, variaciones en la visibilidad, mayores distancias a recorrer, gran diversidad de posibles problemas a evitar y resolver. La carga emocional es mucho mayor, y la necesidad de tener que hacer las cosas bien es real.

No es lo mismo mantenerse inmóvil en una piscina templada y con piso de azulejos que hacerlo sobre el casco de un barco hundido en el océano, a treinta metros de profundidad, en aguas frías, con una leve corriente y en condiciones de poca visibilidad. Entrenar en una piscina es muchas veces no todo lo productivo que muchos buceadores suponen. Aprenda una nueva habilidad; practíquela en la piscina unas cuantas veces y vaya a entrenar a aguas abiertas. Después de todo, allí es donde las necesitará. Ser un malabarista de piscina solamente es útil para provocar ovaciones en las redes sociales.

Bucear Solo no es la excepción. Es necesario entrenarse en cada uno de los pasos a dar, y hacerlo de a uno a la vez. Analizar el resultado, repetirlo, repetirlo nuevamente, repetirlo una vez más y seguir repitiéndolo hasta tenerlo asimilado, bajo control. Luego, dar el siguiente paso, y así sucesivamente.

Haga que cada nuevo paso sea solamente eso, un nuevo paso, y no dos o tres juntos. No cambie la ubicación de sus herramientas al mismo tiempo que va a probar una nueva luz y otro tipo de implemento de corte, en un entorno que presente nuevos riesgos o que posea características con las que aún no se ha topado y no le sean familiares.

Cometerá errores; espérelos, aprenda de ellos. Sea prudente. Tenga siempre presente que bucear Solo es una actividad de alto riesgo.

Contar con el entrenamiento adecuado para el tipo de buceada que tenemos por delante es fundamental. Debemos ser plenamente capaces de realizarla por nosotros mismos, sin ayuda. Si no puede hacerlo, no lo haga. Buceando Solo, las consecuencias de estar pobremente entrenado —sobre todo en entornos de gran demanda (aguas frías, poca visibilidad, corrientes importantes o variables, profundidad, paradas de descompresión, penetración en entornos cubiertos)— pueden llegar a ser literalmente lapidarias.

Experiencia

Y con la práctica viene la experiencia. La primer buceada que realicemos en un nuevo tipo de entorno, o la primera vez que practiquemos una nueva habilidad, el resultado obtenido en lo concerniente a calidad y eficiencia será muy diferente que el que obtendremos en el intento número cien.

Para ganar experiencia de buceo hay que bucear, bucear y seguir buceando. Realizar cursos es fundamental para saber qué hacer y cómo hacerlo, para poder plantear procedimientos y estrategias adecuados al tipo de buceo en concreto que vamos a realizar. Entrenar, en entornos y condiciones controladas pero reales, refinará nuestras habilidades; nos permitirá seleccionar y probar el equipamiento y las herramientas adecuadas, y nos dará soltura en lo que respecta a ese tipo concreto de buceo. Pero es el ganar experiencia en buceadas más allá de las de entrenamiento lo que nos permitirá seguir avanzando en ese camino hacia la maestría, que es su propia recompensa.

Ganar experiencia es un trabajo lento. Se lleva a cabo paso a paso, buceada a buceada. No se apure. La maestría es una misión, un objetivo al que aspirar; lo importante es el viaje.

Saber: ¿cuánto debemos saber?

Siempre he sostenido que el entrenamiento mínimo adecuado para un tipo de buceada en concreto es aquel que supera al que típicamente la industria recomienda y la mayoría de los buzos encontraría como necesario y suficiente para ella. Buceando Solo deberíamos estar convencidos de ello.

Efectivamente, el párrafo anterior es totalmente subjetivo y caprichoso. Tal vez piense que no aporta una respuesta concreta a las preguntas que intenta responder. Sin embargo, recordemos que el buceo como actividad no es ni una ciencia exacta ni un proceso mecanicista: es, a su manera, una mezcla de ciencia y arte, y bucear Solo no es solamente una cuestión de llevar con nosotros más equipo.

Saber lo mínimo necesario no es suficiente para bucear Solo de una manera mínimamente segura.[18] Pero ¿qué es lo que esta recomendación en

---

18   El buceo, todo él, es una actividad de riesgo. Este se podrá reducir mediante conocimientos, entrenamiento, experiencia, previsión, buena planificación y el uso de equipamiento y herramientas adecuadas, pero nunca se podrá eliminar por completo. El buceo Solo posee, generalmente, un nivel de riesgo mayor que el que la misma buceada poseería

Imagen 1.5. Buceador recreativo (hijo del autor), buceando un naufragio en Carolina del Norte, EE. UU.

realidad sugiere? Simple: si planea bucear de manera habitual a 40 metros, capacítese para hacerlo a 50 o 60. Cuando bucee a 40 metros, lo estará haciendo por debajo de su capacidad.

Aunque no tenga planeado realizar buceadas con descompresión obligatoria, aprenda a hacerlas. *Descompresión* debería ser un tema de primordial interés para todo buceador. Usted planea bucear Solo, planea ir más allá de lo que la inmensa mayoría de los buceadores van. No se conforme con limitaciones en sus conocimientos. ¿Realmente lo necesita? En muchos

....

de ser realizada en pareja o grupo. Decimos «generalmente» porque existen excepciones en las que bucear Solo parece ser una mejor opción —contraintuitiva, por cierto— a bucear en pareja o grupo. Tal es caso de ciertos entornos cubiertos donde la estrechez dificulta enormemente el auxilio y la ayuda de un compañero a otro, extendiendo las condiciones de riesgo de un buceador a dos o más. Pero, nuevamente, esta afirmación es subjetiva, y sin duda se pueden plantear razones para afirmar lo contrario.

casos, tal vez no, pero no está de más y le puede venir muy bien saberlo (hasta para elegir la computadora de buceo que mejor le venga).

Aprenda a bucear con Trimix, aunque no esté interesado en ir más allá de los límites del buceo deportivo. Tal vez le ayude con el asunto de la narcosis en sus buceadas más profundas, y si no lo pone en práctica a menudo, al menos habrá expandido el horizonte de sus conocimientos.

Si le gustan los naufragios, no se contente con la formación básica que se da generalmente en las certificaciones iniciales de buceo avanzado: vaya más allá, realice algún curso más avanzado de buceo de naufragios, aunque aún no sienta ganas de penetrar en ellos. Si le atraen las cavernas y las cuevas, o si bucea en lugares donde estas son abundantes, capacítese adecuadamente.

Saber: ¿qué debemos saber?

Debemos saber aquello que sea necesario para el tipo de buceo que queremos encarar. ¿Parece una perogrullada? Lo es, pero, lamentablemente, muchas personas no terminan de comprender a fondo su significado.

¿Quiere bucear cuevas? Aprenda a bucear cuevas, no hay otro camino. No trate de adaptar lo que aprendió en esa única buceada sobre buceo de naufragios que recibió durante su certificación de Buceador de Aventura Avanzada o similares. ¿Quiere bucear naufragios? Aprenda a bucear naufragios; tampoco hay otro camino y tampoco trate de adaptar otro tipo de buceo al buceo de naufragios.

Cuando afirmamos que para bucear cuevas debe aprender justamente a bucear cuevas, nadie le presta mucha atención a la afirmación; todos parecemos coincidir en ello. Sin embargo, cuando hablamos de buceo de naufragios, muchos creen erróneamente que formándose en buceo de cuevas es suficiente. No lo es.

¿Quiere bucear Solo? Usted ya se imagina como sigue este párrafo. ¿Puede bucear Solo en naufragios? Claro que sí. Pero además de aprender a bucear Solo, deberá aprender a bucear naufragios. Lo mismo para cuevas, minas, buceo bajo hielo y lo que se le ocurra. Algunos son más demandantes; otros, menos, pero todos tienen sus puntos críticos que es necesario aprender adecuadamente antes de aventurarse en ellos. Sobre todo si lo va a hacer Solo.

Combinar el buceo Solo con cualquier otro tipo de buceo, como ser naufragios, incrementa considerablemente el nivel de riesgo al que se estará exponiendo y requiere que sepa hacerlo adecuadamente en ambos frentes al mismo tiempo.

1.6. Nuestro rango de experiencia y confort

Los turistas del buceo

Para un buceador novato, su rango de experiencia y confort puede ser tan reducido como los lugares específicos en los que ya ha buceado y el tipo de buceadas tal y como las han venido realizando hasta ese momento.

A medida que va agregando buceadas a su vida, dicho rango se va ampliando. Primero lo hará a otros sitios similares en ese mismo tipo de entorno o en otro entorno parecido. Irá probando por aquí y por allá, poco a poco, y cuando quiera acordar, ya andará buceando por el mundo en lugares nuevos y excitantes. Al principio querrá estar acompañado de sus habituales camaradas, pero luego se irá animando a probar diferentes compañeros; incluso aquellos asignados «a dedo» por la tripulación del charter en el que se encuentre (y es muy posible que en más de una oportunidad se lamente de ello).

Para la enorme mayoría de los buceadores del mundo este es más o menos el final del recorrido. Nuevos destinos, sí, pero el mismo tipo de buceo, el mismo tipo de equipamiento, los mismos tiempos de fondo, las mismas profundidades.

Es que la enorme mayoría de los buzos son buceadores turísticos, que si bien son buceadores deportivos con todas las letras, bucean solamente unas pocas veces al año, generalmente cuando van de vacaciones a destinos tropicales. Nada malo con ello; han sido quienes han ayudado a popularizar nuestro deporte, multiplicando la oferta de enseñanza, equipamiento y destinos que presenten buena infraestructura y facilidad de contratación.

Muchos de ellos son muy buenos buceadores. Algunos, incluso, son verdaderos maestros de la flotabilidad y la propulsión. En muchos casos, están atentos al detalle y hacen de la seguridad una necesidad para cada buceada que realicen. Después de todo, algunos de ellos bucean con sus familias, lo que en cierto modo les impone una necesidad adicional de minimizar riesgos.

Ser solamente un buceador deportivo no es, desde ningún punto de vista, una condición adversa, sino una elección personal de gustos. Tildar a un buceador de ser un turista del buceo no es una adjetivación despectiva. Su experiencia va creciendo con cada viaje, con cada buceada. Su rango de confort se va haciendo más laxo, aunque tal vez no se expanda mucho a nuevos horizontes. Pero eso es lo que ha elegido, lo que le gusta, lo que quiere hacer por recreación.

Pocas cosas son más tediosas y aberrantes que alguien, incluso con la mejor de las intenciones, insistiéndonos en ir más allá de donde queremos ir.

Los otros buceadores

El resto de los buceadores, aquellos que van más allá del buceo turístico, siguen un camino un poco diferente. Bucean a menudo, y muchas veces lo hacen en diferentes entornos. Poco a poco van yendo más allá, instruyéndose y certificándose; aprendiendo de buzos más experimentados; leyendo e informándose; practicando, ganando experiencia.

El buceador Solo debe hacer eso mismo. Que su primera buceada Solo no sea un salto del charter al frío y oscuro océano, en un destino que no conoce, en un entorno en el que no ha tenido tiempo de sentirse a gusto, para encontrarse un atemorizante resto de barco, en un océano que le resulte tenebroso.

Tanto buceando Solo como acompañado, al bucear en un nuevo entorno o sitio es aconsejable recabar la mayor cantidad de información posible sobre él: corrientes, visibilidad esperable, temperatura, tráfico marino, canales de radio monitoreados por embarcaciones, servicios de rescate, etcétera. Esa información nos vendrá muy bien para planear la buceada y ejecutarla sin sorpresas.

Siempre es bueno, además, buscar consejo, y muchas veces, buscar la guía de buceadores que cuenten con experiencia en el nuevo sitio o entorno. «Pero si nos guían, ya no estamos buceando Solo», se podría argumentar. Es cierto, pero el buceador Solo no tiene por qué bucear Solo en todas sus buceadas. En realidad, los buceadores Solo frecuentemente comparten buceadas con compañeros o en grupos más numerosos; pero aún así, siguen respetando los lineamientos que lo hacen un buceador Solo, fundamentalmente planificación y redundancia. De esa manera se irá ganando en experiencia y confort.

1.7. Autosuficiencia y autocontrol

Autosuficiencia

Ser autosuficiente es nada más y nada menos que ser capaz de solucionar por uno mismo los percances que se nos presenten durante la buceada, cada buceada, todas ellas. Será consecuencia de contar con la mezcla adecuada de conocimientos, experiencia, equipamiento y aptitud.

Sabemos —o nos imaginamos— que aprender, entrenar en entornos controlados y ganar experiencia en buceadas reales son aspectos fundamentales para poder ser autosuficientes, para ganar confianza, para poder enfrentar lo que se nos presente cuando se nos presente. ¡Hagámoslo!

Nuestro equipamiento debe ser de primera calidad; debe encontrarse en óptimas condiciones y ser redundante en todas aquellas funciones que nos sean vitales. Después de todo, ese equipamiento es lo que nos mantiene con vida en un entorno hostil.

Ser apto física y emocionalmente implica mucho más que el poder cargar pesados cilindros «escalera arriba» para regresar al barco o alcanzar válvulas ubicadas en posiciones muchas veces incómodas. Su estado físico es importante; no lo desatienda. Su grado de salud es sumamente importante. ¿Puede darse el lujo de realizar el esfuerzo que el bucear requiere? ¿Puede hacerlo sin ningún tipo de ayuda? Se debe ser cauto, responsable, maduro, racional y siempre estar en control de uno mismo.

Autocontrol

Bucear Solo requiere poseer una profunda capacidad de autocontrol en situaciones extremas. Mantener la calma es fundamental para poder resolver cualquier situación adversa que se nos pueda presentar. Recuerde aquello de respirar, pensar y actuar. No se apresure, no tome desiciones a lo loco, no sea impulsivo. Permanezca calmado, sea frío, calculador. Pero actúe, no sea pasivo. Solucione esas situaciones: nadie más lo hará por usted.

Insistiré con lo mismo una vez más: poseer una adecuada capacidad de autocontrol es tal vez la característica más importante que el buceador Solo debe poseer. Perder la calma nunca es bueno. Si bien perderla y entregarse al pánico puede acarrearnos graves consecuencias en cualquier tipo de buceada que estemos encarando, buceando Solo el panorama es aún peor. No habrá nadie allí para intentar tranquilizarnos, asistirnos, tendernos una mano.

En uno, dos o tres minutos, el buzo puede desenredarse de la red, los monofilamentos o los cables que lo atrapan si se detiene, piensa y actúa con calma... o puede terminar de enredarse en ellos de manera catastrófica si pierde el control y reacciona de manera irracional. Quien bucea Solo debe ser capaz de contener por completo los impulsos irracionales y repentinos que se le puedan presentar como consecuencia de su propio instinto de supervivencia, y que rápidamente pueden aflorar ante la aparición de situaciones alarmantes o repentinas.

Hacerle caso a nuestro sentido de la prudencia también es una forma de autocontrol. Conocer nuestros límites y evitar ponernos en situaciones que nos superen y para las que no tengamos el conocimiento, el entrenamiento, la destreza o el equipamiento y las herramientas necesarias para hacerles frente es fundamental para lograr siempre una buceada exitosa. Abortar una buceada por el motivo que sea, cuando en realidad queremos hacerla a toda costa, es una demostración de madurez emocional, ligada a nuestra capacidad de autocontrol.

Pánico

El buceador en pánico no actúa en forma racional, no piensa; en su mente, lo único que hay es la necesidad irresistible de «salir de allí, ya mismo, sin ningún plan para ello y sin importar nada más».

Aun buceando a poca profundidad en aguas abiertas, el pánico puede causarnos graves problemas. Una sobre expansión pulmonar puede producirse en tan solo los últimos tres metros o diez pies por debajo de la superficie. Una subida abrupta, sin respetar los límites establecidos para la velocidad de ascenso,[19] puede producir la enfermedad de descompresión, sobre todo si se ha estado buceando a buena profundidad por un buen rato y ya se está cerca de los límites de no descompresión.

Buceando Solo, las consecuencias de entrar en pánico por lo menos no serán menores a las de hacerlo buceando con compañía. El único riesgo que el bucear Solo podría ahorrarnos con respecto al pánico es el que nos podría tocar «por proximidad» si el que lo sufre es otro. Pero ante el pánico propio, no habrá nadie allí para asistirnos, principalmente en los primeros momentos, cuando este comienza a mostrarse como el resultado posible de una situación de pérdida de control.

Muchas de las buceadas Solo se hacen en naufragios u otros entornos cubiertos. Muchas de ellas involucran descompresión obligatoria. En semejantes circunstancias, el pánico puede acarrearnos serias consecuencias.

Entrar en pánico es la mejor y más rápida forma de complicar la situación más allá de toda posibilidad de solución y, muchas veces, de supervivencia. Ser autosuficiente requiere poseer esa capacidad de autocontrol que nos mantenga libres de pánico, sin excepciones.

19   Nueve metros (30 pies) por minuto.

1.8. Descompresión sí, descompresión no

Seguramente ya ha escuchado o leído más de una vez esa frase que dice que toda buceada es una buceada de descompresión. Bueno, lo es. Aun aquellas buceadas que se realizan dentro de los límites de no descompresión someten a los tejidos del buzo a la absorción de gases inertes durante el descenso y la etapa de fondo,[20] y a la eliminación de los gases previamente absorbidos durante el ascenso.[21]

Lo que sucede en estas «buceadas de no descompresión», como se las denomina habitualmente, es que no tenemos que realizar paradas de descompresión obligatorias: con respetar la velocidad de ascenso,[22] y siguiendo la buena recomendación de realizar al menos una parada de seguridad,[23] estaremos dentro de los rangos comúnmente aceptados de riesgo de sufrir la enfermedad de descompresión.

Pero ¿qué significa eso de «estar dentro de los rangos comúnmente aceptados de riesgo de contraer la enfermedad de descompresión»? Bueno, significa que aunque se haga todo bien, se respete la velocidad de ascenso y se realice la parada de seguridad recomendada, aún existe la posibilidad de sufrir la enfermedad.

Usted ya sabe que el buceo es una actividad de riesgo, y que aunque a este se lo logre reducir, no se lo eliminará por completo. Por si fuera poco, no existe una única teoría de descompresión. Sus modelos, en cierta manera, aún están en desarrollo, con idas y vueltas. Peor aún: en algunos casos, ciertos criterios y estrategias propios de cada una son contradictorios con los de otras. Además, los datos empíricos recabados que las soportan

---

20   Esto se debe al aumento de la presión ambiente.

21   Esta afirmación es una burda simplificación y no es 100 % correcta. Aun durante porciones del ascenso habrá tejidos absorbiendo gases inertes provenientes de la mezcla que estamos respirando.

22   Nueve metros (treinta pies) por minuto hasta la última parada de descompresión o seguridad, luego de la cual se aconseja ascender lo más lento posible.

23   Generalmente recomendada entre los 5 y 6 metros (15 y 20 pies) de profundidad. Algunos estudios parecen indicar que se obtienen mejores resultados con dos paradas de seguridad. La primera a 6 metros (20 pies), por 1 minuto, y la segunda a 3 metros (10 pies) por 4 minutos (ver: Mark POWELL: *Deco for Divers*, AquaPress, 2009). También se acostumbra, fundamentalmente por parte de algunos buceadores técnicos, extender la última parada de descompresión o seguridad lo más que se pueda. Eso sí: es importante notar que esto se hace solo por encima de los 20 pies (6 metros), nunca a mayor profundidad que los 33 pies (10 metros).

o contradicen no son tan abundantes como quisiéramos, y varios parámetros utilizados en el planteo y ejecución de los experimentos realizados son, de alguna manera, caprichosos o demasiado relativos a los sujetos que han participado y participan de ellos.

Infórmese, aprenda, certifíquese, lea. Opte por una y sígala. Pero no se cierre; cambios o descubrimientos futuros en alguna de ellas pueden modificar sus preferencias y tal vez le convenga cambiar de paradigma. Manténgase al tanto de los avances que se produzcan y de los estudios que se realicen.

Límites de no descompresión

Como ya sabe, cada profundidad posee un límite de tiempo de no descompresión propio. A mayor profundidad, menor tiempo. El cálculo de estos se hace mediante fórmulas y algoritmos bastante complejos. Por ello, desde los tiempos de HALDANE —principios del siglo xx— se publican tablas que listan los tiempos límite de no descompresión para diferentes profundidades. Estas «tablas de no descompresión» no son todas copias de una misma tabla originaria; existen diferentes tablas, provenientes de diferentes organizaciones, las que siguen diferentes criterios. Algunas son bastante similares entre sí, pero otras siguen diferentes algoritmos, que responden a diferentes modelos de descompresión.

En fin, hay cierta variación entre ellas. No obstante ello, y a grandes rasgos, podemos decir, generosamente, que sus resultados son operativamente similares.

Busque y descargue tablas de no descompresión para usar como referencia. Le recomiendo las de NOAA,[24] por mantenerme lo más neutro posible ante intereses y afinidades. Sin embargo, cualquier tabla que consiga servirá a los propósitos de este capítulo, más allá de las diferencias menores con las que se podrá topar de una tabla a otra.

NOAA tiene no solamente tablas para bucear con aire, sino también tablas de Nitrox, desde el 22 al 40 %. Consígalas todas (fácilmente las puede descargar de internet); son una buena herramienta didáctica.

---

24   NOAA es la National Oceanic and Atmospheric Administration (Administración Nacional Oceánica y Atmosférica), del Departamento de Comercio de los Estados Unidos.

Sobre las tablas de no descompresión

Es de amplia aceptación en la industria del buceo recreativo que en general la inmensa mayoría de las tablas de uso cotidiano plantean o permiten planear buceadas muy agresivas. Dicho de otra manera: son muy poco conservadoras. Esto desentona en un actividad donde continuamente se está insistiendo a viva voz con que se debe ser lo más conservador posible en todo sentido. Tal vez esto sea una de la razones de tal insistencia.

Muchas de estas tablas han sido y siguen siendo desarrolladas, validadas y utilizadas por buzos navales, con características físicas muy específicas —jóvenes en buen estado físico y de salud— y en circunstancias muy puntuales (operaciones navales con rápido acceso a cámaras de descompresión en el navío o con posibilidad de rápida evacuación aérea a una cámara cercana, y con presencia de especialistas hiperbáricos para rápido y eficaz diagnóstico y tratamiento de los buzos). ¿Cumplen usted y su próxima buceada todas esas características? ¿No? Entonces le convendrá bucear de manera conservadora.

Pero es cierto que no todos los desarrollos y experimentos han sido y son realizados por dichos buzos o experimentadores navales. Existen algunos, incluso algunos muy recientes, que no lo son. Lamentablemente, no son suficientes. Esto se debe, en gran parte, a la falta de financiamiento adecuado para este tipo de investigaciones.

Hay otra crítica indirecta al uso de tablas de no descompresión para planear buceadas reales: la vehemencia con la cual algunas personas y organizaciones realizan la defensa de esas tablas, tal y como si fueran la octava maravilla del mundo. Las personas, en general, cuando vemos a alguien defendiendo a capa y espada algo que a nuestro buen juicio no nos parece que sea tal cual lo están «pintando», no podemos evitar tomar una posición al menos parcialmente contraria; es parte de nuestra naturaleza. En poco tiempo, ya tenemos dos bandos peleando por posturas antagónicas, con la triste posibilidad de que ambos estén equivocados en su alcance pero sin la menor intención de conciliarlas.

¿Por qué no hay más casos de enfermedad de descompresión?

Si lo dicho en los párrafos anteriores fuera tan así, si las tablas estuvieran sintonizadas para buceadores jóvenes en buen estado físico y de salud, debería haber muchos más casos de enfermedad de descompresión de los que hay cada año entre buceadores recreativos, ¿verdad? ¿Por qué, entonces, no los hay?

Por un lado, seguramente se deba a que los buceadores hemos ido tomando posiciones más conservadoras con el correr del tiempo; esa insistencia a bucear de esa manera ha dado sus frutos, al menos en parte. Pero también hay un factor importante a considerar, y que es el que las buceadas generalmente son planeadas como «rectangulares», pero ejecutadas como multinivel.[25]

Pero esto, que sin duda nos ayuda, no es —o al menos no debería ser— la solución que nos conforme. Porque ¿que pasará el día en que la buceada se parezca más a una rectangular que a una multinivel? Bueno: ese día, nuestra probabilidad de sufrir la enfermedad de descompresión será mayor. Esto no significa que la vayamos a sufrir, pero habremos incrementado el nivel de riesgo. ¿Cuánto mayor? Es difícil de estimar, pero dado que las consecuencias de hacerlo pueden llegar a ser extremas, no parece muy aconsejable acostumbrarnos a ello.

Vemos un ejemplo. Busque en la tabla que tenga el NDL para 20 metros (65 pies); seguramente el resultado será cercano a los 48 minutos, minuto más, minuto menos. ¿Lo encontró? Ahora busque el NDL para 15 metros (50 pies). ¿Qué nota? Esos 5 metros (15 pies) de diferencia casi duplican el NDL inicial. ¿Puede verlo?

> NDL para 20 m (65 ft) ⟶ 48 min
> NDL para 15 m (50 ft) ⟶ 92 min

Es fácil comprender que si al ejecutar la buceada permanecemos a la profundidad planeada tan solo una fracción de ella y la mayoría del tiempo de fondo lo pasamos a menores profundidades, nuestro NDL aumentará considerablemente, ayudándonos a «corregir» esa gran falta de conservadurismo que se les atribuye a las tablas.

Pero el éxito de una buceada no debería depender de una falta de precisión tan grande entre plan y ejecución.

---

25   Buceadas *rectangulares* son aquellas en las que todo el tiempo de fondo se pasa a la máxima profundidad planeada. Se desciende, se bucea a la profundidad máxima y se asciende; casi un rectángulo. Las buceadas *multinivel* son aquellas en las cuales el tiempo de fondo se pasa a diferentes profundidades, subiendo y bajando, con lo cual la profundidad promedio no será igual a la máxima.

¿En qué cambia todo esto para el buceador Solo?

En nada. Pero buceando Solo debemos extremar el cuidado ante todo tipo de inconveniente, incluida la enfermedad de descompresión. El buceador Solo debe ser más conservador, también en lo que a descompresión y límites de no descompresión se refiere.

Programas de planificación de buceadas

Los programas de planificación de buceadas permiten al buzo seleccionar una gran cantidad de parámetros con los cuales modelar más estrechamente la buceada que se tiene por delante.

Tenga presente que no estoy diciéndole que un programa de planificación de buceadas es más adecuado que el uso de tablas preimpresas de descompresión, desde el punto de vista tratado en los apartados anteriores de conservadurismo. Esos programas pueden ser tan o tan poco conservadores como el usuario decida que lo sean. Sin embargo, presentan algunas ventajas a la hora de planificar buceadas.

¿Es posible hacer una planificación con tablas, lápiz y papel tan precisa y analizando tantas variaciones como un programa de planificación de buceadas permite hacerlo? Sí, claro que sí. ¿Vale la pena el esfuerzo? Para muchos de nosotros no. ¿El hacerlo manualmente incrementa el riesgo de cometer errores de cálculo y omisiones? Es lógico afirmar que sí. ¿El número de escenarios que habitualmente los buzos planteamos al planear las buceadas es mayor cuando lo hacemos con un programa que si lo hiciéramos con lápiz y papel? Sin duda que sí. Se puede argumentar en contra de estas respuestas, pero en última instancia será una batalla de opiniones.

Hoy existen múltiples programas de planificación de buceadas que permiten fácilmente planear buceadas de todo tipo, incluidas aquellas dentro de los límites de no descompresión. Algunos corren en diferentes plataformas, ya sea computadoras de escritorio, tabletas o teléfonos inteligentes; algunos no tienen costo; algunos ofician también de bitácora. En todos ellos podemos ajustar numerosos parámetros, y en la mayoría de ellos, los valores por defecto ya son más conservadores que lo que las tablas estáticas resultan.

Por ejemplo, MultiDeco, configurado con los parámetros que acostumbro a utilizar, marca 1 minuto y 15 segundos de descompresión obligatoria a 6 metros y 12 minutos más a 3 metros, para una buceada de 48 minutos a 20 metros de profundidad, buceada que, según hemos visto unos párrafos más arriba, sería una de no descompresión para la tabla (en este caso, de NOAA). El siguiente es el plan que MultiDeco arroja:

```
MultiDeco 4.17 by Ross Hemingway,
 ZHL code by Erik C. Baker.
 Decompression model: ZHL16-C + GF
 DIVE PLAN
 Surface interval = 5 day 0 hr 0 min.
 Elevation = 0m
 Conservatism = GF 55/75
 Dec to      20m            (1)    Air  18m/min descent.
 Level20m  46:53    (48)  Air    0.63 ppO2,   20m ead
 Asc to 6m          (49)  Air    -8m/min ascent.
 Stop at 6m   1:15  (51)  Air    0.34 ppO2,   6m ead
 Stop at 3m  12:00  (63)  Air    0.27 ppO2,   3m ead
 Surface            (63)  Air    -6m/min ascent.
 OTU's this dive: 15
 CNS Total: 7.0%
 Gas density: 3.6g/l
 3238.9 ltr  Air
 3238.9 ltr  TOTAL
DIVE PLAN COMPLETE
```

Es importante hacer notar que los programas de planificación tampoco son una herramienta infalible. No crea que planificando una buceada con uno de ellos estará a salvo de la ocurrencia de la enfermedad de descompresión, de quedarse sin gas o de cualquier otro tipo de inconveniente.

Ninguna herramienta puede suplantar sus conocimientos y habilidades. La necesidad de plantear y plantearse procedimientos de ejecución adecuados es irremplazable. Utilice todas las herramientas a su disposición, pero hágalo como lo que son, herramientas; no están allí para suplantar su cerebro ni sus manos.

Computadoras de buceo

Las computadoras de buceo son básicamente tablas interactivas. Son una herramienta que permite llevar con nosotros a la buceada un programa de planificación cuyos parámetros de tiempo y profundidad se van actualizando en tiempo real. Recalculan sobre la marcha el mejor perfil de descompresión posible para la buceada que en ese momento estamos realizando.

A tener en cuenta. Un punto importante con respecto a las computadoras de buceo: pueden fallar. Son un dispositivo electrónico y, por ende, falible. Utilizan una batería, también falible. Las sumergimos en agua (condiciones adversas), las golpearemos y maltrataremos sin querer (uso indebido). Claro que pueden fallar, y el buzo —sobre todo el buzo Solo— debe asumir con total certeza que fallarán.

Buceando Solo se debe llevar una computadora de respaldo de su computadora primaria capaz de hacerlo terminar la buceada en forma exitosa. Esto desecha la posibilidad de utilizar una computadora barata, sin muchas prestaciones, esa que ya no usa en sus buceadas diarias y que tal vez la tenga archivada en alguno de sus cajones. Su computadora de respaldo debe ser tan buena como su computadora primaria, y estar en óptimas condiciones.

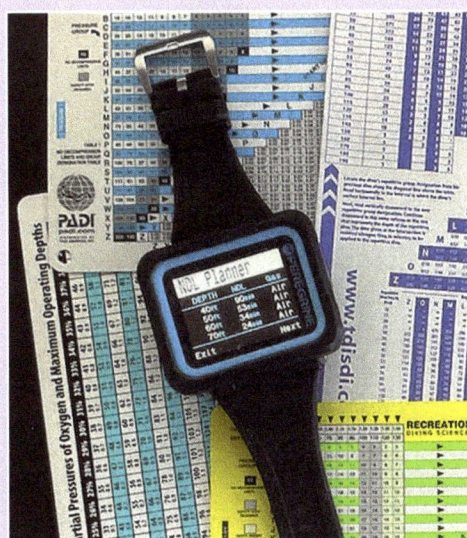

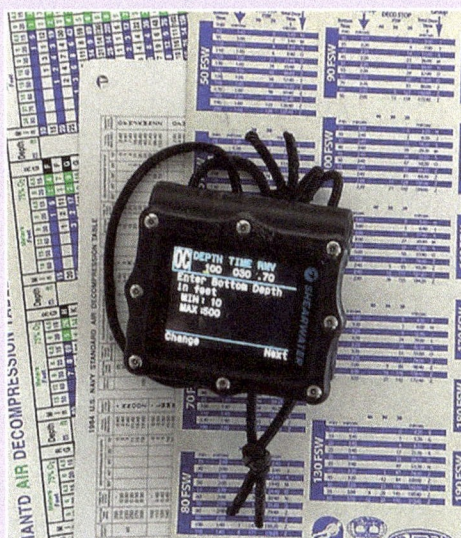

Imágenes 1.6 y 1.7. Computadoras de buceo

Nos permiten, al menos algunas de ellas, modificar criterios de conservadurismo sobre la marcha para ajustarlos a la realidad que nos ha tocado en suerte. ¿Nos hemos esforzado más de la cuenta? ¿La sensación térmica no resultó como habíamos planeado? ¿Hemos descendido más de la cuenta? ¿Nos hemos extendido en el tiempo de buceada?

Es importante que su programa de planificación de buceadas y su computadora de buceo utilicen el mismo algoritmo de descompresión y que los parámetros con los que configure ambos sean similares; esto es, conservadurismo o factores de gradiente, velocidades de descenso y ascenso, SAC (o RMV), gases disponibles para la buceada, etcétera.

Es muy probable que la ejecución del mismo algoritmo en diferentes dispositivos —el programa de planificación y su computadora de buceo— no arroje los mismos resultados —esto puede ser comprobado utilizando el modo de planificación de su computadora de buceo y comparándolos—, pero ambos, a grandes rasgos, deberían ser bastante similares. ¿Significa esto que siguiendo al pie de la letra las indicaciones de nuestra computadora podemos estar seguros de que no vamos a sufrir la enfermedad de descompresión? No, lamentablemente nada puede garantizarnos eso. Pero es una herramienta más precisa, y utilizada de la manera correcta, nos brindará información de la buceada en la que poder basar nuestras decisiones, con una mayor probabilidad de éxito.

Buceadas con paradas de descompresión obligatorias

Primeramente, debemos tener muy claro que quien no está debidamente capacitado para realizar buceadas con paradas obligatorias de descompresión no debe hacerlas. Para ellas también existen fórmulas y algoritmos que nos producen tablas de referencia o que son ejecutados en programas de planificación y computadoras de buceo.

Esas tablas, llamadas ahora «tablas de descompresión» y publicadas por diferentes organizaciones, indican a qué profundidades y por cuánto tiempo deben realizarse las tan mentadas paradas de descompresión, las cuales dependerán de la profundidad y la duración de la buceada en cuestión.

Al igual que lo que sucede para buceadas dentro de los límites de no descompresión con las tablas de no descompresión, tampoco aconsejo planear buceadas de descompresión reales utilizando las tablas de descompresión. Y por el mismo motivo: porque son consideradas por muchos en la industria como muy «agresivas».

Planee sus buceadas

Planee sus buceadas utilizando un programa de planificación de buceadas. De esta manera podrá probar diferentes escenarios; obtendrá diferentes estimaciones de volúmenes de gas y podrá ajustarlos a los cilindros que posee o poseerá para la buceada; tendrá a mano, minimizando errores y simplificando el proceso, los niveles de exposición a oxígeno, OTU (*oxygen tolerance unit*) y porcentaje de CNS (ver apartado 3.3 «Toxicidad de oxígeno»). Podrá analizar qué sucedería si pierde parte o todo su suministro principal de gas de fondo, o sus cilindros de descompresión si los hubiere.

Por supuesto que también puede hacer todo esto con lápiz y papel, pero usted y yo sabemos que no lo hará, o por lo menos no lo hará con el detalle y la cantidad de escenarios posibles que puede llegar a planear con la ayuda de un programa de planificación de buceadas.

Bucee su plan

Bucee siguiendo las indicaciones de su computadora de buceo. Ella está buceando a su lado; conoce el perfil que ha ido realizando de esa buceada en concreto, así como la historia de sus buceadas recientes. Pero en ambas etapas, recuerde que es usted quien está planeando o ejecutando la buceada y no el dispositivo que está utilizando como herramienta.

El programa de planificación de buceadas no bucea. La computadora de buceo no sufrirá las consecuencias de un error. Usted lo hará. Fíjese en las advertencias de seguridad y limitaciones de responsabilidad que toda herramienta y equipo, incluidos los programas de planificación de buceadas y las computadoras de buceo, poseen y despliegan honrosamente en sus respectivos manuales o archivos de documentación.

Sepa lo que está haciendo. No haga nada sin saber. Pida asistencia y consejo a sus instructores o tutores. Hable con buzos más experimentados, aprenda de ellos, pero no copie sin saber, no imite sin aprender.

1.9. El micrómetro, la tiza y el hacha

Hay un dicho bastante conocido y muy repetido en todo tipo de ámbitos que señala que «es común medir con un micrómetro, marcar con una tiza y cortar con un hacha». Lo que nos está diciendo, en forma satírica, es que la precisión del resultado final de lo que hagamos dependerá no solamente del punto del cual partamos, sino de todas y cada una de las etapas intermedias por las que atravesemos. Cuando estamos hablando de una actividad inherentemente peligrosa como lo es el bucear Solo, la lectura entre líneas que hagamos de esa frase cobra una especial importancia.

Muchos buceadores ponen especial atención y dedicación a la más estricta planificación, para luego tirar por la borda la precisión al momento de implementar las buceadas. En otras palabras, todas las etapas deben estar debidamente balanceadas las unas con las otras.

¿Su plan de buceada es tan estricto que su éxito puede verse afectado por una diferencia de 3 metros (10 pies) de profundidad? Si es así, tal vez le convenga repensarlo. Su profundímetro puede ser de alta precisión, pero tal vez las circunstancias podrían forzarlo a tomar un camino diferente al que planeó sentado en su escritorio días antes de la buceada.

¿Es la mezcla de gas que está respirando adecuada para ello? ¿Tiene suficiente gas? ¿Su reel es lo suficientemente largo para seguir este otro camino? Si la respuesta a alguna de estas u otras preguntas que se pudieran dar es «no», ha habido un error en su plan y las precisiones extremas que pudiera haber considerado con algunos parámetros en las etapas de planificación estarán totalmente de más.

Incertidumbre, causas de fuerza mayor, diferencias no consideradas con respecto a las condiciones esperadas, errores operativos en la ejecución de la buceada, fallas en el equipamiento y varios etcéteras pueden generar situaciones que deben ser anticipadas durante el proceso de planeamiento.

Márgenes de seguridad estrechos pueden terminar costándonos demasiado. Por ejemplo, planear en detalle una buceada a 19 metros (63 pies o 2,9 ata) no tiene mucha razón de ser en el tipo de buceo recreativo que la inmensa mayoría de los buzos realizamos habitualmente. En este caso, 20 metros (65 pies o 3 ata) es, desde todo punto de vista práctico, un valor equivalente y más común para basar nuestros planes y cálculos. Si las diferencias entre ambos conjuntos de valores son significativas para nuestro plan, entonces nuestro plan no está bien concebido.

Si la diferencia de medio pie entre la conversión de 20 metros a 65 pies le incomoda, aprenda a vivir con ello. Si vamos a cortar con un hacha, debemos considerar la variabilidad del resultado final y planear en consecuencia. Y buceando, siempre cortamos con un hacha.

1.10. Algo sobre unidades

Metros/pies/ata; litros/pies cúbicos

Hoy día somos enteramente conscientes de que lo que digamos o escribamos seguramente llegará a personas que utilizan un sistema de medidas diferente al nuestro. Lo mismo al revés: como lectores, muchas veces tenemos que recurrir a material escrito en otros idiomas o con unidades que no son las que utilizamos habitualmente. Por ello, aquí utilizamos la siguiente nomenclatura para profundidades y volúmenes, en unidades métricas e imperiales juntas.

Profundidad: *mts* (metros) / *ft* (pies) / *ata*. Por ejemplo: 30 mts, 100 ft y 4 ata representan la misma profundidad.[26] [27] [28]

Volúmenes: *lts* (litros) / *cuft* (pies cúbicos). Por ejemplo, hablando de cilindros y sus capacidades, 18 lts y 150 cuft representan el mismo cilindro de gas.

«ata» como como unidad de medida de presión absoluta

Las presiones se pueden medir en diferentes unidades: atmósferas (*atm*), libras por pulgada cuadrada (*psi*), bar (*bar* es el nombre de la unidad, no es una sigla y proviene de la palabra griega *baros*, que significa «peso»), *pascales* (Pa), *mmHg* (milímetros de mercurio), etc. En nuestro pasatiempo, el buceo, utilizamos *bar*, *atm* y *psi*. Con fines prácticos, aceptamos que la *atm* y el *bar* son prácticamente equivalentes: 1 atm = 1 bar. Al mismo tiempo, 1 atm = 15 psi.[29]

Con respecto a la *presión absoluta*, podemos simplemente indicarla agregando la palabra «absoluta» a la unidad utilizada (*atm* o *bar*). Para el caso del sistema imperial, hemos modificado la abreviación *atm* para convertirla en *ata* e indicar así explícitamente que se trata de una presión absoluta.

¿Qué es para nosotros, buceadores, una presión absoluta? Aquella en la que se tiene en cuenta la presión atmosférica de la superficie. Cuando se especifican profundidades en unidades atmosféricas, debe tenerse en cuenta la presión atmosférica en la superficie, por lo que la cifra se expresará en *ata* y no en *atm*.

26   El símbolo *mts* es la abreviación de «metros»; *ft*, la de «pies», y *ata*, la de «atmósferas absolutas».

27   Un metro son 3,28 pies. Si somos estrictos, tendremos que 30 metros equivalen a 98,4 pies. Semejante precisión es innecesaria —¿inservible?— en nuestra intención de considerar márgenes de error adecuados a la práctica del buceo deportivo en general y del buceo Solo en particular.

28   Ver el apartado 1.8 «El micrómetro, la tiza y el hacha».

29   En realidad, 1 atm = 1,01325 bar; 1 bar = 0,98692 atm, y 1 atm = 14,696 psi. Ver el apartado 1.8 «El micrómetro, la tiza y el hacha».

Operando con profundidad en unidades de presión

La profundidad en atmósferas absolutas (*ata*) es igual a la profundidad en metros dividido 10, y a ese resultado debemos sumarle 1. Esto se debe a que la presión se incrementa en una atmósfera por cada 10 metros que descendamos, y ese 1 que le sumamos al final corresponde a la presión atmosférica de la superficie:

$$P_{ata} = (P_{mts} \div 10) + 1$$

En unidades imperiales, la profundidad en atmósferas absolutas es igual a la profundidad en pies dividido 33, y a ese resultado también debemos sumarle 1. La presión se incrementa en una atmósfera por cada 33 pies que descendamos, y nuevamente debemos sumarle la atmósfera que corresponde a la presión atmosférica en la superficie:

$$P_{ata} = (P_{ft} \div 33) + 1$$

El cálculo inverso —es decir, de presión absoluta a metros o pies— se hace restándole 1 a esa presión absoluta y multiplicando el resultado por 10 o por 33, dependiendo de si estamos calculando la presión en metros o en pies:

$$P_{mts} = (P_{ata} - 1) \times 10$$
$$P_{ft} = (P_{ata} - 1) \times 33$$

Es importante para el buceador avanzado —más aún para el buceador técnico— acostumbrarse a expresar profundidades con unidades de presión. Esto hace mucho más simple los cálculos de presiones parciales, mejores mezclas, profundidades equivalentes de aire, etc. La tabla 1.1 lista algunas profundidades expresadas en *metros*, *pies* y *ata*.

De cilindros y volúmenes

Siempre hablando de temas de buceo, los buzos que usan el sistema métrico utilizan *litros* como unidad de medida, mientras que quienes estamos

Profundidades		
Metros	*Pies*	*ata*
0	0	1,0
5	17	1,5
10	33	2,0
15	50	2,5
20	66	3,0
25	83	3,5
30	99	4,0
35	116	4,5
40	132	5,0
45	149	5,5
50	165	6,0

Profundidades		
Metros	*Pies*	*ata*
55	182	6,5
60	198	7,0
65	215	7,5
70	231	8,0
75	248	8,5
80	264	9,0
85	281	9,5
90	297	10,0
95	314	10,5
100	330	11,0
105	347	11,5

Tabla 1.1. Equivalencia entre metros, pies y atas para expresar profundidades

Cilindros iguales (o prácticamente equivalentes)	
Capacidad en el sistema métrico (en *lts*)	Capacidad en el sistema imperial (en *cuft*)
3	24
4	30
5	40
10	80
12	100
15	120
18	150

Tabla 1.2. Equivalencia práctica entre unidades del sistema métrico y el imperial para expresar profundidades

habituados al sistema imperial utilizamos *pies cúbicos*. Pero para hacerlo más confuso aún, con respecto a los volúmenes no alcanza con convertir de litros a pies cúbicos, ya que mientras que ellos miden en litros el volumen real del cilindro, nosotros medimos en pies cúbicos el volumen del gas que cabe en el cilindro al llenarlo a la presión de trabajo pero si se lo expande a la presión de una atmósfera.

En concreto, un cilindro al cual un usuario del sistema métrico denomina como de «18 litros» tiene una capacidad de «18 litros de volumen real» en su interior.[30] El volumen de gas en su interior, cuando lo llenamos a una presión de trabajo de, por ejemplo, 230 bar, también será de 18 litros; pero si liberamos ese gas a una presión de 1 atmósfera, el volumen total de ese gas será de 18 litros × 230 bar = 4.140 litros. Es decir, esos 4.140 litros de gas que se encuentran a nuestro alrededor, en la superficie, a una presión de 1 atmósfera, serán comprimidos a tan solo 18 litros dentro del cilindro a una presión de 230 bar.

Pero los usuarios del sistema imperial denominamos nuestros cilindros según el volumen de gas a 1 atmósfera que podemos comprimir en él a la presión de trabajo (por ejemplo, 3.440 psi). Cuando decimos que un cilindro tiene una capacidad de 150 pies cúbicos, estamos diciendo que 150 pies cúbicos de gas a nuestro alrededor, en la superficie, a 1 atmósfera de presión, pueden ser comprimidos a la presión de trabajo (3.440 psi) dentro de ese cilindro.

Al convertir 4.140 litros a pies cúbicos, nos da 150.[31] Por ello decimos que aquel cilindro de 18 litros y este de 150 pies cúbicos son equivalentes. La tabla 1.2 lista las equivalencias prácticas y aproximadas entre nuestros cilindros más usados y los suyos.

Algunos fabricantes producen ciertos modelos de cilindros listando sus características en ambos sistemas de unidades. En aquellos mercados con usuarios del sistema métrico, los promocionan en litros (*lts*), y en aquellos otros donde se encuentran clientes que utilizan el sistema imperial, lo hacen en pies cúbicos (*cuft*). Luxfer es uno de ellos. Por ejemplo, su modelo LAL80 es listado como de 77,4 pies cúbicos reales (para una presión de trabajo de 3.000 psi) y como de 11,1 litros (para una presión de trabajo de 207 bar). Este cilindro seguramente será referido como de 80 pies cúbicos o de 10 litros.

---

30   Si le quitamos la válvula y lo llenamos de agua, cabrán en él 18 litros de agua.
31   En realidad, 4.140 litros es aproximadamente 146 pies cúbicos.

Haciendo cuentas en lugar de leer especificaciones, tenemos:

Capacidad de uso (sistema imperial): 80 cuft

Capacidad de trabajo:[32]
80 cuft ÷ 3.000 psi = 0,027 cuft/psi

Capacidad de trabajo (en bar):
80 cuft ÷ 207 bar = 0,39 cuft/bar

Capacidad de trabajo (en litros):
0,39 cuft/bar × 28,3 lts/cuft = 11 lts/bar

Siendo prácticos, podemos decir que la capacidad de ese cilindro es de 80 cuft (redondeando de 77,4 a 80 para normalizar a los tamaños estándar) o de 11 lts/bar.

¿Le incomoda la diferencia entre 77,4 y 80 cuft? ¿Y la de 11 lts a 11,1? Haga su propia tabla de conversiones si eso le hace sentir más a gusto. En realidad, eso puede ser una buena idea. Le servirá para aprender algunos detalles más sobre los diferentes tipos de cilindro y presiones de trabajo, aunque no le aportará mucho más desde el punto de vista de exactitud operativa, que es lo que seguramente en este momento está buscando.

Otra consideración importante que tal vez esté comenzando a descubrir: estamos acostumbrados a llamar a esos cilindros expresados en unidades métricas como solamente de «litros» y no como de «lts/bar». ¿Qué sucede si seguimos haciéndolo de esa manera? Nada, no sucederá nada. Usted puede llamarlo como quiera; yo también lo hago. Pero sepa que la formalidad en el uso de las unidades de medida es un tema importante para mantener una nomenclatura coherente al operar con dichas unidades. Lo mismo puede decirse sobre *cuft* y *cuft/atm* que se dan al utilizar unidades imperiales.

32   Presión a la que el fabricante del cilindro garantiza que el cilindro puede ser utilizado.

1.11. Gas: mucho más que porcentajes y volúmenes

Algunas consideraciones sobre el gas que respiraremos bajo el agua

Al aumentar la profundidad, aumentará nuestro consumo de gas. La expansión y compresión de los gases, durante ascensos y descensos, puede producir barotraumas.

Al aumentar la profundidad, la presión ambiente —a nuestro alrededor— aumentará; esto provocará que nuestros tejidos absorban gases inertes —nitrógeno[33] y, de estar presente, helio—,[34] tendiendo a igualar la presión interna de dicho gas en el tejido en cuestión con la externa —ambiente— presente en nuestros pulmones. Cuando la presión interna de determinado gas inerte alcance el mismo valor que la externa, el tejido estará saturado y la absorción habrá terminado, desde todo punto de vista práctico (a menos que luego se descienda un poco más).

Al disminuir la profundidad, la presión ambiente disminuirá. Esto provocará que los tejidos que han estado absorbiendo gases inertes durante las etapas de descenso y fondo comiencen a liberarlo hacia el torrente sanguíneo y este lo lleve a los pulmones, para ser exhalado fuera del cuerpo.[35]

Diferentes tejidos tendrán diferentes ritmos de absorción-saturación-liberación de gases inertes, lo que dará diferentes momentos (profundidades) de cambio entre las mencionadas etapas de absorción, saturación y liberación durante el ascenso.

[33]   El *nitrógeno* es el gas inerte que está presente en la inmensa mayoría de las buceadas recreativas realizadas por buzos de todo nivel, en todo tipo de entornos y condiciones. Solamente está ausente cuando se bucea con Heliox (una mezcla de helio y oxígeno, sin nitrógeno).

[34]   El *helio* comienza a ser utilizado por buzos avanzados en buceadas que generalmente se realizan más allá de los 50 metros (165 pies), con el fin de combatir primero la narcosis y luego la toxicidad de oxígeno.

[35]   Esta es una simplificación, no es totalmente cierto: algunos tejidos comenzarán a eliminar el gas inerte absorbido más adelante en el ascenso y no al comienzo del mismo, como se puede interpretar en el texto.

Enfermedades. En el capítulo 3 trataré en profundidad las enfermedades propias de la disciplina. Aquí solo menciono algunas y de modo resumido.

Enfermedad de descompresión. Nitrógeno y helio son los responsables de la enfermedad de descompresión.

Narcosis. Nitrógeno y oxígeno son los responsables de la narcosis.

Hiperoxia. Una elevada presión parcial de oxígeno produce hiperoxia. La hiperoxia puede desencadenar en toxicidad de oxígeno, que es la exposición prolongada a dosis pequeñas (también llamada «de cuerpo completo»), lo que se puede sintomatizar en malestares diversos. Pero la exposición a dosis mayores toma un tiempo mucho menor en poder producir toxicidad de oxígeno del sistema nervioso central, de consecuencias mucho más serias (entre ellas, convulsiones).

Hipoxia. Poca presión parcial de oxígeno provoca hipoxia. La hipoxia puede producir malestares diversos y la pérdida del conocimiento. Sus consecuencias pueden llegar hasta la asfixia.

Hipercapnia. Esforzarse más de la cuenta durante la buceada incentivará la producción de dióxido de carbono, lo cual derivará en un mal ciclo respiratorio. Esto puede favorecer la ocurrencia de narcosis y producir hipercapnia. La hipercapnia es un incremento del CO_2 (dióxido de carbono o anhídrido carbónico) en el torrente sanguíneo, lo que puede producir malestares varios, como ser dolores de cabeza y desorientación. Pánico y pérdida de conciencia son también consecuencias posibles de esta condición.

Contradifusión isobárica. Nitrógeno y helio, cuando se difunden en direcciones opuestas, pueden causar lo que se denomina *contradifusión isobárica* (CDI, o *isobaric counter difussion* [ICD], en inglés). Puede afectar a los buceadores que utilizan mezclas elevadas en helio cuando cambian a mezclas bajas en helio —o carentes de él— pero ricas en nitrógeno durante el ascenso, o cuando utilizan mezclas con helio en sus trajes secos.

Síndrome neurológico de alta presión (SNAP). Helio a más de 120 metros (400 pies) puede producir lo que se conoce como *síndrome neurológico de alta presión* (SNAP, o *high pressure neurological sindrome* [HPNS], en inglés). Puede aparecer cuando se utiliza una alta concentración de helio en la mezcla. Puede llegar a producir vómitos, somnolencia, trastornos sensoriales, psicosis y convulsiones. Si bien los efectos son pasajeros una vez que el buzo retorna a la superficie, puede acarrearle serios problemas en las profundidades. Es necesario darle plena consideración para buceadas a esas profundidades.

Buceando Solo

2

2.1. El buceo Solo

El buceo Solo es una realidad

Aunque es cierto que una buena dosis de buceadas Solo se realizan en aguas abiertas y en modalidad deportiva,[36] [37] quienes comparativamente más habitualmente bucean Solo son los buceadores técnicos, generalmente en entornos de naufragios[38] o cuevas,[39] entre otros contextos.

Ignorarla no va a hacer que esta práctica desaparezca o cambie y se ponga en línea con los deseos de la industria. Ocultarlo, sobre todo a estu-

---

[36] Tal cual la mayor parte de los buceadores supone que así es el buceo Solo.

[37] Pero por fuera de honrosas excepciones los buceadores deportivos que cuentan con los conocimientos y la experiencia para bucear Solo no suelen hacerlo muy a menudo. Si a esto le sumamos que la enorme mayoría de los buceadores deportivos no están calificados para bucear Solo, muchas veces porque no les interesa hacerlo, fácilmente podemos inferir que la proporción de buceadas Solo deportivas contra el número total de buceadas deportivas debe ser prácticamente insignificante.

[38] Práctica muy habitual, por ejemplo, entre los buceadores de naufragios de la costa noreste de los Estados Unidos.

[39] El buceo de cuevas, según el British Cave Diving Group, es buceo Solo. Visite su página web. Pero también se bucea Solo en cuevas en otras partes del mundo, incluidos los Estados Unidos, desde donde paradójicamente suele provenir la mayor oposición mediática a dicha práctica.

Imagen 2.1. Buceadores compartiendo una buceada en aguas cálidas y luminosas.

diantes y buzos novatos, sea por los motivos que fuere, es ni más ni menos que una mentira. Los tabúes no son el mejor camino para «curar en salud» a aquellos a quienes se está intentando proteger, sin mencionar además que empuja a muchos de ellos a seguir caminos poco ortodoxos para lograr sus objetivos. Después de todo, y particularmente en este tipo de temas, el proceso de prueba y error puede traer graves consecuencias a quien decida aventurarse por sí mismo en una actividad tutelada y con un gran nivel de censura en lo que a información se refiere.

La mejor manera de hacerles el bien a quienes lo practican o buscan comenzar a hacerlo es facilitándoles el acceso a información, discusiones, opiniones y todo lo que sea relevante al tema, sin ocultamientos. Secretos y mentiras no aportarán nada y no ayudará a nadie a arribar a un final feliz.

No a todos los buceadores les interesa bucear Solo

Más allá del mayor nivel de riesgo, muchos buceadores simplemente no están interesados en bucear Solo; incluso dentro de las filas del propio buceo técnico. Algunos de ellos quizás realicen algún tipo de buceo para el cual el buceo Solo no es realmente práctico o, desde su muy respetable punto de vista, no parezca prudente. Otros tal vez no disfruten del buceo en solitario, sin más para agregar.

El mayor subgrupo de buceadores es el que realiza buceo turístico; ellos han sido los que han venido popularizado cada vez más nuestro deporte en las últimas tres décadas, hasta llevarlo a los niveles de cantidad de participantes que posee en la actualidad. Estos buceadores deportivos gustan de ir unas pocas veces al año, con familia o amigos, a bucear generalmente en destinos tropicales, de poca profundidad y, muchas veces, siguiendo a un guía local o a quien el organizador del viaje disponga en ese rol. La mayor parte de ellos no tienen ni interés ni tiempo en aprender y entrenarse como buceadores Solo. Totalmente respetable.[40]

Por último, también existen aquellos a los que se les ha «enseñado» con gran vehemencia que el buceo Solo es algo en lo que no se debe participar y esa idea les ha caído bien; no se les antoja y ni siquiera piensan en ello. Método dudoso —a mi entender, no está bien pensar y decidir por el alumno—, pero con resultado respetable, ya que es el propio buzo quien decide no seguir ese camino.

¿Cuántos somos?

¿Cuántos somos los buceadores Solo en realidad? No tengo la respuesta, pero me animaría a decir que sin duda no más de un pequeño porcentaje del total de buceadores activos.[41] Por ese motivo, no representamos un mercado atrayente para gran parte de la industria del buceo. En general no se nos ve como una interesante fuente de ingresos y sí como una posible fuente de dolores de cabeza. El buceador Solo no solamente está solo debajo del agua: muchas veces, también lo está fuera de ella.

[40]   En los últimos años se ha venido popularizando en varios destinos turísticos, incluidos varios *vida-a-bordo*, la facilidad —menos preguntas y menos caras de desapruebo— de bucear Solo para quienes demuestren estar certificados en ello y posean —o acepten llevar— el equipamiento adecuado. Esto, en cierta manera, abre una puerta de invitación a buceadores turísticos a comenzar a mirar al buceo Solo como algo que les puede llegar a interesar.

[41]   La mayor porción de los buceadores en el mundo es la que se podría denominar como la de los buceadores *turísticos* u *ocasionales*, tal como se menciona en el texto, algunos párrafos más arriba.

Certificaciones y agencias certificadoras

Las agencias certificadoras más reconocidas han sido —y en algunos casos aún siguen siendo— demasiado cautas en lo que a bucear Solo se refiere. De las grandes agencias certificadoras, solamente SDI[42] utiliza la palabra «Solo» en el nombre de su certificación como buceador Solo; el resto hacen hincapié en la virtud de autosuficiencia de aquellas certificaciones que ellas indirectamente califican como equivalentes.

Sin duda, más tarde o más temprano, esto comenzará a cambiar; tal vez cuando alguna de esas grandes agencias vea un saldo positivo entre el riesgo por responsabilidad que esto puede llegar a acarrear y lo apetitoso que podría llegar a ser un mejor posicionamiento en un mercado con perfil más técnico para el cual impulsar activamente el buceo Solo. Esperemos que así sea: qué mejor que acceder a entrenamiento de calidad en lugar de dejar el aprendizaje y la práctica librada al camino que cada uno quiera o pueda recorrer por su cuenta.

Además, a medida que esta actividad se haga más común, podremos acceder a mejores productos y servicios. Sin duda, las agencias jugarán un gran papel en lograrlo cuando se decidan a hacerlo abierta y activamente.

No solamente para bucear Solo

Todo lo que el buceador Solo debe aprender, la práctica que debe realizar, la experiencia que debe adquirir, el equipamiento que debe utilizar, el tipo de planificación que debe encarar antes de cada buceada, y los procedimientos y estrategias que utilizará no son solamente útiles para cuando bucee Solo. Una vez que el buceador ha hecho el cambio de mentalidad de buceador dependiente de su compañero a buceador Solo, tenderá a encarar todas sus buceadas de manera autosuficiente. Es generalmente —y por suerte— un camino sin retorno.

Habemos muchos que sentimos que todo buceador debe apuntar paulatinamente a convertirse en un buceador autosuficiente, aunque tal vez nunca bucee Solo. Ser autosuficiente no solamente lo hará un mejor buceador,

---

42   No obstante ello, SDI establece límites muy específicos en el alcance que dicha certificación posee. Por ejemplo a buceadas netamente deportivas, dentro del límite de no descompresión y sin penetración en ningún tipo de estructura natural o artificial más allá de la zona de luz natural.

sino, además, un mejor compañero de buceada. Ser un buceador Solo es simplemente un paso más luego de esa autosuficiencia.

Unas palabras sobre el «sistema de compañeros»

Se podrán criticar varios aspectos de él, y muchas veces con razón, pero ¿qué sistema o actividad humana está libre de deficiencias y no necesita mejoras? Es cierto que el mayor esfuerzo por establecer y defender el sistema de compañeros proviene de parte de las agencias certificadoras y centros de instrucción, como forma de reducir responsabilidades ante reclamos por accidentes, pero esto no invalida la utilidad que para muchos de los buceadores —sobre todo principiantes— posee.

Es común que quienes bucean Solo, o quienes al menos defienden en cierta medida el bucear Solo, comiencen sus explicaciones con la crítica al sistema de compañeros. Lo hacen para establecer un punto de partida libre de ese preconcepto sobre la necesidad inexcusable de bucear acompañado.[43]

Seguramente, aquel que resulte un mal compañero será un mal buceador Solo. En ese caso, el bucear Solo puede ser una solución para usted, pero no lo será para él. Los malos compañeros tal vez no deberían bucear; que no buceen con usted es solamente un «parche».

Por su parte, aunque todos fuéramos excelentes buceadores, en gran medida autosuficientes y plenamente capaces de bucear Solo, sin duda alguna, seguiríamos muchas veces buceando en pareja o en equipo (yo lo hago). El buceo es una actividad social.

Si usted es un buzo avanzado y bucea a menudo con similares, debe aceptar que al pasar a bucear Solo estará, por lo menos, incrementando la incertidumbre con respecto al riesgo que correrá en cada buceada. Si usted no es un buzo avanzado, no debería pensar en bucear Solo por ahora; primero gane experiencia. Si le preocupan los malos compañeros, consiga mejores.

Ahora bien, independientemente de todo lo dicho en los párrafos anteriores, debo reconocer que bucear Solo le independiza del riesgo que poseer de compañero a un mal buzo le significa. Además, ¿quién no ha tenido alguna vez un compañero que termine convirtiendo una buceada prometedora en un aburrido trabajo de niñera?

43   En ciertas partes del globo se ha legislado en este sentido, imponiendo el sistema de compañeros o el buceo en equipo y prohibiendo el buceo Solo.

No lo mantenga en secreto

Hable con sus compañeros e instructores. Dígales que bucea Solo o que quiere comenzar a hacerlo; escúchelos, aprenda de ellos y con ellos. No mantenga en secreto su actual o futura vida como buceador Solo. ¿Cómo va a aprender de los demás si no habla con ellos? Genere conversaciones al respecto: tal vez descubra una nueva perspectiva que hasta ese momento no había considerado.

Tenga presente que siempre se puede aprender algo nuevo, incluso de quienes discrepen con nuestras posturas de manera tajante y absoluta. No se trata de discutir con ellos. No trate de convertirlos a su forma de pensar; difícilmente lo logre, y aunque pudiera hacerlo, ¿cree que es bueno convencerlos de hacerse a prácticas con un mayor nivel de riesgo de lo que tal vez y en principio definirían como «aceptable»? Simplemente escuche sus argumentos y analice sus puntos de vista esperando aprender algo.

Pero no se haga el distraído, no deje pasar la oportunidad de un buen intercambio de ideas. Quién sabe: tal vez decida que esto no es para usted, que no vale la pena el riesgo o que no está convencido de querer pasar por ese proceso de aprendizaje y práctica que ya se está imaginando que se requiere.

De cualquier manera, sea cual sea el resultado, abrirse a nuevas ideas, considerar nuevos puntos de vista, aprender diferentes maneras de hacer las cosas, conocer nuevos procedimientos y aprender nuevas estrategias nunca está de más.

¿Qué es bucear Solo?

Por fuera de lo obvio, bucear Solo es una manera de planear y encarar las buceadas. Es una estrategia de redundancia[44] y control del riesgo que requiriere aprendizaje, experiencia, pruebas, ajustes, cambios, más pruebas, más aprendizaje, más experiencia, en un espiral sin fin.

Bucear Solo es tener un plan B embebido en el plan A; contando además con un plan C en caso de que A y B no sean viables. Bueno, esto, en realidad, es una licencia poética, ¡pero en cierto sentido es verdad!

Bucear Solo requiere mantener la calma ante la ocurrencia de cualquier tipo de percance. Buceando, es primordial mantener la mente clara en todo

---

44   Tres es dos, dos es uno y uno es ninguno.

momento si se quiere arribar a un final feliz. Buceando Solo esto es absolutamente imprescindible.

Para muchos de nosotros, el bucear Solo no es un objetivo en sí mismo, sino que, probablemente, la buceada en cuestión se plantee para visitar un arrecife, recorrer un naufragio, una cueva u otro sitio o entorno; el hacerlo Solo es la forma en la que lo haremos.

El buceador Solo no es un buceador ermitaño ni antisocial por el simple hecho de hacerlo por sí mismo, sin compañero o compañeros. Comparte ideas con sus iguales, acepta sugerencias y las ofrece. No es cerrado: está abierto al cambio cuando comprende que otras estrategias o procedimientos pueden llegar a producir mejores resultados u ofrecer mejores márgenes de seguridad y contención de riesgos. Se adapta; generalmente progresa a paso certero y siempre está dispuesto a aprender de aquellos más experimentados.

Sin importar qué tipo de buceo usted realice, los criterios básicos del buceo Solo continuarán en gran medida siendo válidos. Será su responsabilidad aplicarlos a cada entorno de la manera más adecuada, dependiendo de las características propias que cada uno de ellos posea[45] y de su propia capacidad y aptitud personal. Sea honesto con usted mismo.

Resulta obvio que bucear Solo no es contar con una certificación que avale que podemos hacerlo. La tarjeta no hace al buzo. Las certificaciones siempre son el punto de partida en un nuevo camino. Nadie se convierte en avanzado o experto tras recibir una nueva certificación; esto requiere práctica, se va logrando lentamente con la experiencia que se vaya ganando.

Si bien esta afirmación es válida en mayor o menor grado para toda certificación, es mucho más evidente para el buceador Solo. Nadie en su sano juicio, con las cien buceadas que el poder inscribirse en el programa de buceador Solo o autosuficiente requiere, luego de certificarse se tirará al agua en solitario a penetrar un oscuro naufragio «porque ya está autorizado».[46]

[45]   Para cada entorno en el que bucee Solo deberá atender las necesidades de aprendizaje, equipamiento, procedimientos y estrategias que ese entorno requiera.

[46]   En realidad, las certificaciones de buceador Solo o buceador autosuficiente son puramente deportivas y aclaran explícitamente que no son aplicables al buceo técnico en general y a los entornos cubiertos y buceadas con paradas de descompresión mandatorias en particular.

Bucear sin compañero no es bucear Solo

Lo primero en lo que tenemos que acordar es que bucear Solo no es lo mismo que bucear sin compañero. Por ello escribimos «Solo», con *ese* mayúscula, en el entendido de que la palabra *Solo* es el nombre que se la da a esta forma de bucear, a sus estrategias y metodologías; al menos en este libro.

El buceador que, sin ser un buceador Solo, se mete al agua sin compañero porque este último no llegó para bucear a la hora señalada es simplemente un buceador sin compañero. Esos buceadores «sin compañero» pueden no estar capacitados ni poseer el equipamiento o las herramientas necesarias para afrontar por sí mismos la buceada a la que se están dirigiendo. Es probable que no conozcan las diferentes estrategias y que no estén familiarizados con algunos de los procedimientos más adecuados para afrontar ciertas situaciones que se les pudieran presentar. Serán más proclives a perder la calma, a entrar en pánico, a reaccionar de mala manera, y no tendrán allí un compañero para que les ayude.

Por supuesto que debe haber más de un buceador en solitario que una y otra vez realice buceadas exitosas por su cuenta, sin nadie que lo acompañe. Tal vez sea un súperbuceador, pero lo más probable es que aún no se haya topado con la situación que lo ponga a prueba y le demuestre lo mal preparado que está. Se está rifando la vida.

Bucear Solo no es una cuestión de fuerza física

Ningún tipo de buceada recreativa debería reducirse a un asunto de fuerza. Si lo hiciere, seguramente se deba a que la hemos planificado mal. Tal vez no hayamos tenido en cuenta ciertas condiciones a las que deberíamos haberle prestado mayor atención; tal vez se deba a que estemos llevando a cabo buceadas más demandantes de lo que idealmente nuestro estado físico o de salud permitiría para poder hacerlas con la tranquilidad y el ritmo de esfuerzo que esta actividad recreativa debería necesitar.

Como dice el dicho, muchas veces «vale más maña que fuerza». No deberíamos permitir que la buceada nos coloque en situaciones en las que la mejor solución sea muscular, ya que, más tarde o más temprano, nos toparemos con una que requiera más de lo que podemos dar.

Además, el uso de fuerza física, aun una pizca mayor a lo que habitualmente consideramos como «normal», es un factor que incidirá negativamente en otros aspectos importantes de la buceada. A mayor esfuerzo, mayor producción de dióxido de carbono por parte de nuestro organismo.

Mayores niveles de CO_2 se corresponderán con un impacto negativo en nuestro ciclo respiratorio.[47] Muchas veces, esto provoca que nuestra respiración comience a ser más ineficiente; no evacuamos completamente el gas de nuestros pulmones antes de tomar la próxima bocanada de gas fresco, por lo que la concentración del CO_2 en nuestro organismo podría aumentar aún más. El fantasma de la hipercapnia comenzará a acecharnos.[48]

Bucear Solo no es una cuestión de no tener miedo

Para bucear Solo no hay que no tener miedo. El miedo cumple un rol en nuestra lucha por la supervivencia; nos interpela, nos pone en alerta, nos hace encarar activamente una situación sin que esta pase desapercibida y acabe por causarnos daño.

El no tener miedo cuando debería tenérselo es una señal de autoconfianza desmedida. Esta puede llegar a ser bastante peligrosa, sobre todo en una actividad de alto riesgo como lo es bucear Solo.

Tampoco hay que temer de más

A pesar de lo expresado en el apartado anterior, debemos reconocer que también existe ese miedo disfuncional que nos limita, nos entorpece y puede paralizarnos o hacernos entrar en pánico. Ese miedo debemos mantenerlo a raya.

Apoyados en nuestros conocimientos, destrezas, experiencia y equipamiento, tenemos que saberlo controlar y evitar que nos domine y nos incapacite para actuar. Sobreponernos al miedo nos causará una gran sensación de superación personal.

---

47   El CO_2, producido por nuestro organismo como consecuencia de los procesos metabólicos, es el causante de la «necesidad de respirar», y no la falta de oxígeno, como intuitivamente se podría suponer.

48   La hipercapnia —niveles elevados de CO_2 en nuestro organismo— produce confusión, dolores de cabeza, falta de aliento, irritabilidad y ansiedad, y hasta fomenta la aparición de pánico y desmayos. Un desmayo durante una buceada es especialmente peligroso porque puede provocar ahogamiento.

¿Cuándo no deberíamos bucear Solo?

— Cuando las condiciones de la buceada, incluidas por supuesto las del entorno, no estén dentro de nuestro rango de confort para proceder con el nivel de seguridad que hayamos determinado como deseable para ese tipo de buceada en esa precisa oportunidad.[49]

— Cuando no tengamos el equipamiento adecuado o este no se encuentre en perfecto estado.[50] Este calificativo de «perfecto» es un criterio seriamente considerado en base a la capacidad que tenga de operar de la manera esperada en las condiciones en las que será utilizado.

— Cuando exista la posibilidad real[51] de que se presente una situación para la cual podríamos no tener solución a mano.

— Cuando no poseamos el conocimiento, la experiencia, la madurez o el buen juicio que la buceada podría llegar a requerir.[52]

[49] ¿La niebla de hoy nos produce aprensión pensando que el regreso al barco podría verse dificultado si la corriente nos apartara del naufragio? ¿El viaje en barco nos ha sentado mal? Tal vez los gases del escape han colaborado a nuestra indisposición. ¿La temperatura del agua es considerablemente menor a la que esperábamos? ¿El charter cambió de destino y el elegido posee características que no nos terminan de convencer para bucearlo Solo?

[50] Por ejemplo, si el naufragio al que tenemos planeado bajar es conocido por su alto riesgo de enredo con líneas de pesca y redes abandonadas, y nos damos cuenta —tarde— de que en esa oportunidad no contamos con los elementos de corte adecuados, deberíamos pensar si es prudente realizar tal buceada en modalidad Solo.

[51] «Cuando exista la posibilidad real…» es una cuestión altamente subjetiva. Sin embargo, nos debemos a nosotros mismos ser lo suficientemente honestos al evaluar los posibles riesgos de determinada buceada y ponderarlos, de la mejor manera que podamos, en relación con lo que creamos como la «posibilidad real» de que ocurran. Aquello de que cualquier buzo puede abortar cualquier buceada en cualquier momento por cualquier motivo también es válido buceando Solo. Además, buceando Solo no tenemos ninguna presión grupal para realizar la buceada: abortarla debería ser mucho más sencillo.

[52] Estas condiciones pueden no resultarnos evidentes a nosotros mismos, sino a aquellos que compartan el charter con nosotros y que esperamos nos las hagan ver de la manera adecuada para que las podamos entender y aceptar como tales. Si vamos al sitio de buceo por nuestra cuenta y no hay allí nadie que pueda oficiar de conciencia externa, esperemos poder reconocerlas por nosotros mismos. Es en estos casos que el conversar y discutir sobre el buceo Solo, lo bueno y lo malo de él, con defensores y detractores, nos aporta otros puntos de vista que nos pueden venir muy bien.

2.2. Autosuficiencia en el buceo Solo

Ser autosuficiente y bucear Solo no son lo mismo. Puede parecer lo mismo desde el punto de vista de la preparación previa y del equipamiento recomendado, pero hasta allí llega el asunto.

El buceador autosuficiente es potencialmente un buceador Solo. Puede estar perfectamente preparado para encarar una buceada Solo, pero no lo hace, no pone en práctica esa última condición necesaria para ser un verdadero buceador Solo.

Buceando Solo renunciamos en gran medida a esa idea de que «se nos puedan presentar percances», para desarrollar la mentalidad de «cuando los percances se nos presenten». ¿Parece lo mismo? No lo es. Esos percances son, para el buceador Solo, eventos que estamos esperando no porque los queramos, sino porque sabemos que más tarde o más temprano ocurrirán.

Ser autosuficiente, a secas, es básicamente ser capaz de solucionar por uno mismo los inconvenientes que se nos pudieran presentar durante la buceada. Y seguramente tendremos innumerables oportunidades de poner en práctica esas habilidades, utilizar las herramientas extra que estamos cargando y sacarle provecho a la redundancia que hemos implementado, pero siempre buceando en pareja o grupo.

Y aunque solucionemos el percance sin ayuda, lo habremos hecho bajo la sombrilla de la presencia de nuestro compañero o compañeros, incluso si no se percataran de ello.

Buceando Solo, nuestra perspectiva cambia en muchos aspectos. Las estrategias, los procedimientos, el propio equipamiento y hasta las herramientas que llevemos con nosotros seguramente diferirán si nos consideramos únicamente buzos autosuficientes o si, en cambio, estamos buceando Solo.

Buceando Solo ya no nos parece un derroche elegir equipamiento de la mejor calidad. Súbitamente, nos encontramos llevando con nosotros tres o cuatro herramientas de corte, en lugar de dos. ¿Reeles? ¿Luces? ¿Estroboscópicas? ¿SMB? Sus números aumentan cuando estamos buceando Solo. Y si no lo hacen... ¡deberían hacerlo! Ya no sufrimos por ese tercio o ese 50 % de gas de reserva, sino que en ciertas oportunidades hasta nos preguntamos si será suficiente, dadas las características de alguna buceada puntual.

Pero la mayor diferencia entre ser un buceador autosuficiente en pareja o grupo y ser un buceador Solo es el temple que el buceador Solo necesita, sobre todo en entornos profundos, de baja visibilidad, cubiertos y en buceadas con paradas de descompresión obligatoria.

MacGyver no buceaba Solo

MacGyver es un personaje de una serie televisiva de los años ochenta que siempre solucionaba cualquier tipo de problema en el que se encontrara, con gran inventiva. En temas de buceo en general, y de buceo Solo en particular, y aunque parezca contraintuitivo, ser autosuficientes es, en gran medida, lo opuesto a tener que ser como MacGyver.

Para solucionar los percances que se nos puedan presentar no utilizaremos un clip y una navaja suiza. Prestando especial atención al entorno en el que se desarrollará la buceada y llevando con nosotros el equipamiento y las herramientas adecuadas, debemos ser capaces de evitarlos antes de que sucedan, y si ocurren, solucionarlos sin tener que improvisar sobre la marcha.

Si tenemos que recurrir a la improvisación y la inventiva será porque habremos fallado en nuestra misión de planear para ser autosuficientes. Y si por obra del destino, con esa improvisación e inventiva, logramos solucionar el percance, será en buena medida una cuestión de suerte: nos acabamos de rifar la vida y, milagrosamente, nos ha salido bien. Esperemos aprender de esa peligrosa lección y trabajemos activamente para no volver a encontrarnos en ese tipo de situación. Es importante que el punto anterior se entienda muy pero muy bien: buceando Solo, no hay lugar para rifarse la supervivencia a escapes milagrosos.

¿Qué hacer cuando se produce una situación que era imposible de prever o para la cual, por la improbabilidad de su ocurrencia, no hemos tomado, en una decisión consciente, las medidas adecuadas en lo que a equipamiento o herramientas refiere? Ese es el único caso en el cual, con buen juicio, la improvisación y la inventiva serán el camino a seguir. No hay otro. Pero dos cosas deben quedar muy claras. La primera es que dicha situación debe ser prácticamente improbable; de lo contrario, habremos fallado en nuestra planificación, tal cual se comenta en el párrafo anterior. La segunda es que dependiendo de las condiciones de la buceada y del tipo de inconveniente que se produzca, las probabilidades de éxito —léase supervivencia— pueden llegar a ser escasas. Hagamos, entonces, el mayor esfuerzo por planear la buceada de manera adecuada.

Solo

No le quepa duda: luego de la primera buceada Solo que realice, usted habrá dado el paso que separa a los buceadores Solo de los autosuficientes.

¿Nervioso? Es inevitable. Su primera buceada Solo la ejecutará con un poco de aprehensión. Después de todo, es la primera vez que estará por sí mismo, sin compañero. Debe poner esfuerzo en hacer de ella y de las que la sucedan buceadas exitosas y disfrutables. Si no lo hace, si no las disfruta, ¿para qué hacerlo? ¿No tiene ya suficientes tragos amargos en su vida de superficie? A medida que vaya ganando soltura, irá sintiéndose más a gusto, menos preocupado, más libre. Aún seguirá disfrutando de buceadas en compañía de amigos, sin duda, pero algunas veces añorará ser el único dueño de su buceada; extrañará esa sensación de libertad y aventura que difícilmente logre cuando sienta que está cuidando o guiando otros buzos.

Por ello debe seguir adelante, aprendiendo, practicando, ganando experiencia. Las certificaciones, incluida la de buceador Solo, son el comienzo del camino, el punto de partida. Una vez que ya tenga algunas buceadas Solo debajo del cinturón, las que debería haber realizado con cautela, en ambientes conocidos, en total control de las situaciones, llegará el momento de seguir adelante en su desarrollo como buceador Solo. Ya habrá superado la prueba de ingreso. Continúe y disfrútelo.

2.3. Paradas de descompresión

Generalmente, el primer paso que los buceadores damos en el terreno del buceo técnico es la introducción de paradas de descompresión obligatorias en nuestras buceadas. Si usted no es un buceador calificado en buceadas con paradas de descompresión obligatorias, no intente hacerlas. Certifíquese primero y gane buena experiencia antes de agregarles la dificultad adicional de hacerlo Solo. Tal vez usted sea el Mozart del buceo y no requiera que alguien le enseñe a planear y ejecutar buceadas de descompresión; pero eso es altamente improbable, y usted no tiene manera poco dolorosa de comprobarlo a ciencia cierta. Por su bien, aunque se sienta un virtuoso del buceo, asuma que no lo es y persiga el aprendizaje adecuado, con un instructor real, de carne y hueso, que físicamente lo acompañe en sus buceadas de certificación.

Las buceadas con paradas de descompresión obligatorias presentan un nivel de riesgo considerablemente mayor al de aquellas sin esas paradas. Su planificación es más compleja y su ejecución también. Además, la existencia de un techo virtual que no podemos romper[53] obliga a descartar toda posibilidad de un ascenso de emergencia.

53   No lo podemos romper sin incrementar enormemente el riesgo de poder sufrir la enfermedad de descompresión.

Buceando Solo, las buceadas con paradas obligatorias de descompresión son aún más riesgosas. Sin ir más lejos, el procedimiento de los propios cambios de gases que se realizan en la mayoría de las buceadas con paradas de descompresión obligatorias acarrea mayores riesgos cuando no se tiene un compañero que valide el cambio de gas que estamos a punto de realizar.[54]

Descompresión obligatoria «sin querer»

¿Qué hacer si por culpa de un percance incurre en descompresión obligatoria y usted no está calificado para realizar ese tipo de buceadas? Ya lo sabe: siga las indicaciones de su computadora, no pierda la calma, respete la velocidad de ascenso de 9 metros (30 pies) por minuto y no contenga la respiración. La o las paradas que su computadora le indicará serán, desde el punto de vista práctico, como las paradas de seguridad a las que ya está acostumbrado.

Seguramente se encontrará en una buceada tipo deportiva, con un único gas. No tendrá que lidiar con la operativa de los cambios de gases durante el ascenso.[55] Esto es una ventaja desde el punto de vista de simplicidad, pero al mismo tiempo también es un arma de doble filo, ya que al tener que realizar dichas paradas de descompresión con su único gas de fondo, será mejor que haya acarreado con usted una cantidad suficiente y que no haya usado toda su reserva en solucionar el percance que le haya llevado a incurrir en la mencionada descompresión obligatoria.

En otras palabras, si incurre por error en descompresión obligatoria, no pierda la calma y obedezca a su computadora.[56] Si antes de comenzar el ascenso sospecha que el gas que le resta puede no ser suficiente para completar el ascenso con las ahora obligatorias paradas de descompresión,[57]

---

54   Respirar la mezcla de gas equivocada —por ejemplo, al realizar un cambio de gas en una parada de descompresión— es un error grave que puede costarnos la vida debido a las posibilidades tanto de toxicidad de oxígeno (*hiperoxia*) como de hipoxia.

55   Caso contrario, no entraría en descompresión «sin querer»: ha acarreado otros gases a propósito.

56   Para ello es imperativo que conozca su computadora al dedillo, aun aquellas características que no utilice frecuentemente. Es importante que nada en ella lo sorprenda en las profundidades.

57   Esto lo puede evaluar en base al volumen de gas disponible y al tiempo para emerger (TTS) que su computadora, seguramente, le está indicando. ¿Su computadora no le indica el TTS? Cámbiela. Para buceo serio, necesita herramientas adecuadas.

ajuste el nivel de conservadurismo de sus computadoras a lo mínimo que crea prudente, y si le sobra gas, utilícelo en una parada de seguridad adicional a 3 metros (10 pies).

Al emerger y ascender al barco, pida ayuda; hágase suministrar oxígeno y esté atento a posibles síntomas de la enfermedad de descompresión.

Un ejemplo práctico. ¿Nota esas dos cifras en color inverso en la parte superior derecha de la pantalla (figura 2.2)? Están resaltadas porque en ese instante mi profundidad era de 19 pies, un pie menos que la parada indicada. En este caso puntual, se trata de una parada de descompresión programada (nos damos cuenta por el tipo de gas que está siendo usado, Nitrox76, indicado en la línea inferior de la pantalla, casi al final de la fotografía), pero si se tratara de una parada de descompresión no planificada, la indicación sería exactamente la misma, excepto que no habría llevado conmigo una mezcla tan rica en oxígeno. Otro dato importante que se puede observar en la pantalla (misma figura) es que luego de ese minuto a 20 pies, habrá otra parada; en este caso, a 10 pies (las paradas van generalmente de 10 pies en 10 pies, sobre todo las últimas) por 9 o 10 minutos (fíjese que en el extremo inferior derecho de la computadora, el parámetro TTS —*time to surface*— indica que en ese punto aún quedan 11 minutos para emerger).

Imagen 2.2. Computadora indicando una parada de 1 minuto a 20 pies de profundidad.

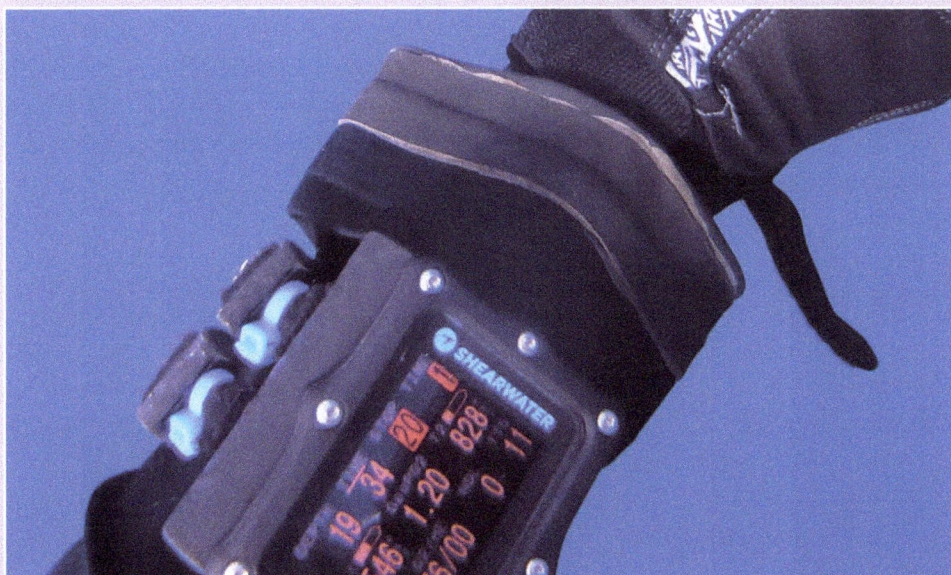

2.4. Antes de meterse, asegúrese de poder salir

Sepa dónde está

Al bucear, es sumamente importante ir formándose un mapa mental del recorrido que vamos realizando y del que aún nos falta por recorrer. Buceando Solo esto es aún más importante, ya que el buen retorno dependerá exclusivamente de nosotros. El buzo Solo debe tener un buen sentido para la navegación submarina, ya sea natural o con instrumentos. Si no la tiene, busque la forma de adquirirla. Hable con su instructor: él le podrá indicar qué hacer.

Bucear sin prestar atención al entorno, avanzar sin tener ese mapa mental que nos dice dónde estamos, desde dónde venimos y hacia dónde vamos, es la mejor manera de perderse. Esto es lo que generalmente se denomina *conciencia situacional*,[58] y es más que un mero plano tridimensional de recorridos y alternativas. Incorpora la dinámica que la buceada está teniendo y la que se proyecta que tendrá. Entrada y salida,[59] tiempos, volúmenes de gases, corrientes, otros elementos del entorno, otros buceadores cerca de nosotros, fauna, riesgos potenciales a nuestro alrededor y todo lo que nos rodea o nos pueda llegar a afectar, para bien o para mal. ¿Parece demasiado? No lo es. Muchas veces basta con tan solo prestar atención. A la larga, se transforma en un hábito inconsciente al que, de vez en cuando, hay que traer a primer plano para asegurarse de estar haciéndolo bien.

Debemos estar conscientes de la medida del tiempo que nos ha tomado llegar hasta donde estamos. También tenemos que intuir, en la medida de lo posible, el tiempo que nos llevará, de ahora en adelante, completar la buceada según el plan trazado.

Lo que no puede sucedernos es que al preguntarnos a nosotros mismos dónde estamos, cuánto tiempo hace que estamos buceando o cuánto nos llevará culminar la buceada desde el punto en el que nos encontramos, la respuesta que obtengamos de nuestra propia mente, sin mirar instrumentos, sea un rotundo «no tengo la menor idea». De suceder, es tan malo como que no tengamos una idea aproximada de a qué profundidad nos encontra-

---

58   Usualmente referido por el término en inglés: *situational awareness*.

59   «Entradas y salidas» del sitio en el cual se está buceando. Las entradas y salidas de un entorno cubierto no deben ser dejadas libradas a lo bueno o malo de nuestro mapa mental. En estos casos, debemos utilizar las herramientas adecuadas (reels, spools, marcadores, luces estroboscópicas, notas de profundidad, etcétera).

mos o cuánto gas nos queda en nuestros cilindros. Recordemos aquello de que los instrumentos son la herramienta con la que confirmamos lo que con algo de precisión ya sabíamos antes de mirarlos.

Perderse bajo el agua

Dependiendo del tipo de buceada de la que se trate, perderse bajo el agua puede implicar diferentes niveles de riesgo. Mientras que para buceadores deportivos, buceando un arrecife tropical, en aguas tranquilas y luminosas, perderse podría llegar a parecer algo no muy problemático, en otros entornos el resultado puede llegar a ser terrible.

Naufragios, cuevas o cualquier clase de estructura que nos limite el ascenso directo a la superficie desde algún punto en el que nos podríamos encontrar [60] constituyen un entorno muy peligroso para perderse. Perderse buceando en aguas abiertas en condiciones de baja visibilidad también puede convertirse en un problema serio. En ciertos lugares o circunstancias, el ascenso libre —eso es, por fuera de una línea de ascenso predeterminada para ello y por la cual la tripulación del barco que nos ha traído al sitio de buceo nos espera de regreso— puede constituir un importante riesgo a tener en cuenta. [61]

Las herramientas típicas que nos ayudan a prevenir este problema de vernos perdidos bajo el agua son la brújula, los reels, las luces de marcación y nuestra habilidad para navegar adecuadamente bajo el agua.

Buceando Solo, perderse bajo el agua no es menos probable, ni sus consecuencias, menos serias que al bucear en pareja o en grupo. Por ello, debemos tener especial cuidado, prestar atención a lo largo del camino, mantener una apropiada conciencia situacional, llevar con nosotros y utilizar las herramientas adecuadas, planear adecuadamente la buceada, respetar las estrategias y procedimientos planteados o aceptados como convenientes, y practicar asiduamente los procedimientos de emergencia.

60   Este tipo de entornos requiere entrenamiento especial, no incluido en los cursos o las certificaciones que tratan sobre el buceo en aguas abiertas. Si usted no lo tiene, no lo haga. Si le gusta la idea de hacerlo, primero aprenda y entrénese adecuadamente.

61   Realizar un ascenso libre en estas condiciones que nos haga emerger fuera de la vista de la tripulación del barco —por ejemplo, en condiciones de gran corriente, de espesa niebla o de ambas— puede hacernos perder en la superficie.

Penetración en entornos cubiertos buceando Solo

Si usted no está calificado para buceadas con penetración en entornos cubiertos, no intente hacerlas, ni Solo ni acompañado. No hay nada de malo en no estar calificado para bucear en estos entornos. Poder decir —y decirse— «no sé hacerlo» o «no estoy apto para esto» es una señal de madurez y prudencia. Certifíquese primero y luego gane buena experiencia en este tipo de entornos antes de agregarles la dificultad adicional de bucearlos Solo.

Unas palabras un poco más directas: penetrar en entornos cubiertos sin estar debidamente preparado es un acto de inconsciencia que le puede costar la vida. Si además de ello lo hace buceando Solo, estará jugando a la ruleta rusa. Muchas cosas pueden salir mal; los posibles percances pueden producirse en varios frentes, y usted no tendrá ni los medios ni el entrenamiento para hacerles frente. No lo haga.

Al igual que en el caso de las buceadas con paradas de descompresión obligatorias, aunque usted sienta que no necesita aprender a planear y ejecutar buceadas en entornos cubiertos con un instructor en forma personalizada, absténgase de intentarlo. Quedar atrapado, enredado o perderse dentro de un naufragio y ver cómo su gas se acaba sin poder solucionar el percance debe de ser una forma horrenda de morir.

Una palabra para buceadores de naufragios en cuevas y buceadores de cuevas en naufragios: aunque similares en varios aspectos, esos dos entornos no son iguales. Cada uno de ellos tiene sus particularidades y debe encararse apropiadamente.

Penetración en la zona de luz

Si usted no es un buceador calificado en buceadas con penetración en la zona de luz, no intente hacerlas, como decíamos, ni Solo ni acompañado. Primero certifíquese, entrene y gane experiencia en estos entornos.

En la fotografía 2.3 se aprecia uno de los tantos compartimientos penetrables en la zona de luz del naufragio USS Spiegel Grove, en Key Largo, Florida, Estados Unidos. Es muy fácil sentirse atraído a penetrarlo sin estar debidamente entrenado para ello. Buceando Solo, si no se está calificado para buceadas con penetración en entornos cubiertos, debemos obedecer al sentido común y no a impulsos repentinos. No hay nadie allí para darnos una bofetada de buen juicio.

El peligro de penetrar en la zona de luz, para aquellos buceadores que no están calificados para hacerlo, es que perfectamente puede suceder una

Imagen 2.3. Compartimento del naufragio USS Spiegel Grove, en Key Largo, Florida (EE. UU.)

pérdida repentina de la visibilidad que nos coloque en una situación de alto riesgo para la cual seguramente no tenemos ni la experiencia suficiente ni las herramientas adecuadas para enfrentarla. Si está calificado para hacerlo, recuerde que aunque estemos buceando Solo, puede haber otros buceadores en nuestra cercanía y ser ellos quienes perturben los sedimentos y hagan desaparecer la buena visibilidad en un instante.

Si planea penetrar una estructura en la zona de luz y por su forma, por los depósitos de sedimentos en su suelo o por la cercanía de otros buzos[62]

---

[62]   Que sean cualquier cosa menos muy experimentados. Si no conoce al dedillo el lugar al que está penetrando ni siquiera debería confiar en que esos otros buzos muy experimentados no reduzcan la visibilidad de manera repentina.

cree que es posible que la visibilidad empeore repentinamente, asuma que lo hará y tome las precauciones del caso.[63] Este difícilmente sea el caso de la fotografía anterior. En ella, y por las características del naufragio en general y de este pasadizo en particular, la posibilidad de un oscurecimiento total repentino en un día como el de la foto, con gran claridad y sin otros buzos alrededor, es casi nula. Pero el Spiegel Grove tiene muchos otros recintos que no son así; en ellos, el uso de líneas de vida y un buen control de la flotabilidad para no levantar sedimentos es fundamental.

Penetración «sin querer»

Quienes no estén capacitados para penetrar estructuras cubiertas deben prestar especial atención en no penetrarlas por error, lo cual fácilmente puede suceder buceando en entornos de baja visibilidad. Para ello, ese mapa mental que hemos mencionado antes, así como el uso de herramientas de navegación, es fundamental.

Si nos sucede que en condiciones de baja visibilidad penetramos sin querer una estructura submarina y nos encontramos repentinamente en la situación práctica de «estar perdidos», debemos proceder con máxima cautela[64] y echar mano de las herramientas de las que disponemos para evitar «perdernos más». Es hora de utilizar esos reels y spools, y esas luces de marcación,[65] y marcando nuestra posición actual comenzar a desandar el camino buscando la salida.

¿Cómo utilizar un reel para evitar perdernos más si ya estamos perdidos? Primeramente, reconozca que si se perdió y trata de retroceder sobre los supuestos pasos que lo llevaron hasta ese punto, sin ningún tipo de línea o luz de marcación, es perfectamente posible que su situación empeore (sigue perdido, pero ahora tiene menos gas y menos tiempo para solucionar el percance). Antes de salir despavorido a buscar la salida, deténgase, respire y piense. Tienda una línea de vida desde ese punto y siga el camino de retorno que considere más adecuado. Si ve que ese no era el correcto, podrá regresar total o parcialmente e intentar una nueva

---

63   Tienda líneas o coloque luces de marcación. En este último caso no pierda de vista que esas mismas luces de marcación pueden verse oscurecidas si la pérdida de visibilidad es importante.

64   Recuerde lo de detenerse, respirar, pensar y actuar.

65   Sin las cuales no debería estar buceando ese tipo de entorno.

ruta. Si es consistente, piensa con mente fría,[66] actúa en consecuencia y lleva con usted el gas suficiente, encontrará la salida.

Buceando en general, y haciéndolo Solo en particular, los reels y las luces de marcación son herramientas casi siempre imprescindibles: si no conocemos el sitio en el cual bucearemos, debemos llevarlas; si la visibilidad es cualquier cosa menos óptima, debemos llevarlas; si habrá otros buceadores recorriendo el mismo sitio, aunque no vayan con nosotros, debemos llevarlas. Y si lo piensa bien, a menos que bucee en un entorno calmo, abierto y luminoso, siempre debería llevarlas.

Quedar atrapado

Fallos en la estructura que estamos recorriendo pueden provocar que quedemos atrapados «a pesar de saber exactamente dónde estamos». Los naufragios son entornos muchas veces cambiantes, dinámicos, decadentes; debemos analizar estas posibilidades al penetrar estructuras de cualquier tipo. Tenemos que asegurarnos de que son lo suficientemente estables y de que no hay objetos sueltos que nos puedan cortar el paso, ya sea porque se desprenden por sí solos o con nuestra ayuda involuntaria.

Otra manera de quedar atrapado es que parte de nuestro equipo lo haga y no podamos liberarnos. Tal vez no tengamos la movilidad suficiente, allí donde nos encontremos, para soltarnos. O quizás no estemos cargando con nosotros las herramientas que lo permitirían. A este respecto, aquello de evitar conexiones metal-metal es fundamental para el buceador Solo.[67] Asegúrese de que todo aquello que tenga conectado, enganchado o colgando lo esté con al menos un punto en el que, de ser necesario, pueda ser cortado con la herramienta adecuada.

El buceador Solo debe anticipar estas situaciones y adquirir práctica en solucionarlas. Y debe llevar las herramientas necesarias para enfrentarlas si su probabilidad de ocurrencia es cualquier cosa menos despreciablemente ínfima.

¿Podemos quedar atrapados por una gran roca que por algún motivo se deslice, aun buceando en aguas abiertas? Tal vez en algún sitio sí, o al me-

---

[66]   El pánico es uno de los peores enemigos con los que los buceadores nos podemos topar. Entrar en pánico buceando Solo es casi casi una sentencia a sufrir serias lesiones (enfermedad de descompresión, sobre expansión pulmonar, golpes, etc.) y hasta la muerte.

[67]   En realidad, es una buena idea para todo buzo, en todo entorno o situación. Al menos, no causará ningún percance por sí mismo y bien puede ayudarnos a librarnos de uno.

nos no podemos negar categóricamente la posibilidad. Pero a menos que sepamos que en el sitio en el que vamos a bucear existen tales rocas posibles de deslizamiento, seguramente no le prestaremos a esa posibilidad mucho tiempo de planificación, ya que de por sí en aguas abiertas esto parece poco probable que nos suceda en la enorme mayoría de los sitios. Sin embargo, si vamos a penetrar un naufragio en entornos de poca visibilidad, deberíamos ser cautelosos al extremo, planear de manera acorde y proceder en consecuencia.

Estrategias de salida

En varios aspectos de la vida deberíamos plantearnos estrategias de salida antes de meternos donde sea que nos metamos; nos ahorraríamos muchas situaciones indeseables. Buceando Solo es fundamental que las tengamos, a pesar de que tal vez nunca las necesitemos. Ante un percance: ¿qué es lo primordial que debemos resolver? ¡Salir de allí! Retornar de la buceada.

Recuperar equipo o herramientas comprometidas no es el objetivo. Reparar una linterna en lo oscuro tampoco lo es. ¿Se nos rompió el reel? Déjelo, átelo para no perder la señalización del recorrido que hasta ese momento ha venido realizando y prosiga con otro. ¿Perdió un cilindro de descompresión o su regulador no funciona? Esperemos que haya planeado para ello y que el gas en sus otros cilindros le sea suficiente para cumplir con las obligaciones adquiridas hasta ese momento. ¿No puede volver a envainar de manera segura el cuchillo que acaba de utilizar? Esté preparado para tirarlo.

¿Ha calculado su gas de descompresión correctamente? ¿Lleva la cantidad adecuada? ¿Lleva la cantidad necesaria de gas de fondo para afrontar la descompresión si una de las botellas de descompresión no le funciona[68] o la pierde?[69] ¿Bajo qué condiciones la pregunta anterior puede tener una

---

68   Los reguladores de sus cilindros de descompresión podrán ser de la mejor calidad —en su caso, ¿lo son?—, pero aun así pueden fallar.

69   ¿Perderla? ¿Quién puede perder un cilindro de descompresión? No es imposible. Es más: en algunos casos, muchos buzos optan por dejar sus botellas de descompresión fuera de alguna porción de un naufragio en el que van a penetrar. Si ese es su caso, deberá planear adecuadamente cómo hacerlo y qué hacer si al salir sus botellas no están allí. Un procedimiento habitual es realizar esto al principio de la buceada, cuando la obligación de descompresión acumulada es aún posible de ser afrontada con el gas de fondo que llevamos con nosotros.

respuesta positiva? No se rife su retorno a la superficie. No apueste a que algo no fallará o que algo no sucederá.

Otro ejemplo es el informar de nuestro plan a quienes nos esperen de regreso. En el caso de buceadas desde un barco, esos «quienes» serán los tripulantes. Como mínimo, deberían anotar la hora en la que entramos al agua y la hora a la que deben esperarnos de regreso. Ellos sabrán qué hacer si no estamos de vuelta a tiempo. Si estamos buceando por nosotros mismos, sin nadie que nos espere de regreso en el sitio en el que estemos buceando, deberíamos buscar, por ejemplo, a un familiar o un amigo con el que tengamos alguna forma de comunicación efectiva —radio, teléfono, texto satelital— y dejarle a él un pequeño esquema de nuestro plan de buceo, incluidos sitios y tiempos. Acordaremos con él que le avisaremos cuando estemos listos para entrar al agua y que debería esperar por nuestra confirmación de regreso a la superficie en determinado lapso. En caso de no recibir esta última comunicación, deberá pedir ayuda siguiendo las instrucciones que también le daremos como parte de ese pequeño esquema. Simple.

2.5. Equipamiento: calidad y redundancia

Equipamiento básico

Para bucear Solo requerirá el mismo equipamiento básico que para cualquier otro tipo de buceo, esto es, protección térmica, patas de rana, máscara y compensador de flotabilidad. Usted ya sabe lo que son, qué funciones cumplen, qué características tienen y cómo seleccionarlos. Además, hay abundante información a ese respecto en internet.

Protección térmica

Asegúrese de que sea la adecuada; ni muy poco ni demasiado. Poca protección térmica, además de amargarle la buceada, puede conducirlo a sufrir de hipotermia. La *hipotermia*, condición definida por una temperatura corporal inferior a los 35 grados Celsius (95 Farenheit), produce temblores y confusión; puede llegar a producir alucinaciones y fallos en los sistemas cardíaco y respiratorio. Es mucho más que simplemente «sentir frío».

Demasiada protección térmica, y dependiendo del perfil de la buceada, puede incrementar el riesgo de ocurrencia de la *enfermedad de descompre-*

sión, y llegar incluso a producir agotamiento por calor (*heat exhaustion* o *heatstroke*), lo que puede provocar confusión, comportamiento irracional, náuseas y dolores de cabeza.

Patas de rana

Con respecto a las patas de rana, considere factores como peso y potencia. Dependiendo de sus propias características físicas, podrá preferir patas de rana más pesadas o más livianas. Recuerde que esto repercutirá en la potencia de desplazamiento que cada patada le proporciona y en el trabajo que esto requerirá de sus piernas. Investigue, pruebe y decida. Prepárese para ir cambiando de idea a medida que va buceando, lo que seguramente le hará acaparar varios pares de ellas de diferente tipo.

Para bucear naufragios en el océano, muchos buzos prefieren patas de rana de pala ancha, un tanto rígidas, pesadas. Usted deberá decidir esto por usted mismo, ya que es mayormente una cuestión de preferencias.

Tenga presente que en estrechos pasadizos dentro de los naufragios, las patas de rana grandes tienden a levantar más sedimentos cuando el tipo de patadas que esté realizando no es el adecuado al entorno.

Máscara

Con respecto a la máscara, debe llevar dos. Una ya sabe donde y la segunda en algún bolsillo de fácil acceso en caso de ser necesario.

Buceando Solo no se puede dar el lujo de perder la máscara y no contar con otra de repuesto. Esto puede acarrearle verdaderas dificultades en cualquier entorno que no sea un apacible mar en calma, con buena visibilidad y sin corrientes importantes.

Compensador de flotabilidad

Sea cual sea el tipo, modelo o marca de compensador de flotabilidad que utiliza en buceadas comunes, seguramente podrá seguir utilizándolo en sus buceadas Solo, al menos mientras siga realizando el mismo tipo de buceadas que venía haciendo. No obstante ello, asegúrese de que la capacidad de levante que posea sea adecuada y que la calidad y durabilidad estén a la altura de las necesidades y los riesgos que su falla involucraría.

Muchos buzos deportivos y la casi totalidad de los técnicos optan por el tipo de compensador de flotabilidad denominado *placa y ala*, esto es, una

A tener en cuenta. En buceadas realizadas dentro de los límites de no descompresión, el exceso de protección térmica puede provocar que la cantidad de nitrógeno absorbido durante la porción de fondo, incrementado significativamente por la mayor irrigación sanguínea que una elevada temperatura corporal provoca, le haga requerir paradas de descompresión que no tenía pensado realizar.

Sin importar que planee sus buceadas con tablas o computadora, con y sin paradas de descompresión obligatorias, el factor térmico —y otros, como ser agotamiento, trabajo excesivo y salud general— no es considerado ni monitoreado por ellas. Es su responsabilidad considerarlo y actuar en consecuencia. Hay computadoras que le permiten cambiar sobre la marcha los niveles de conservadurismo; por ejemplo, para reflejar estas condiciones y alterar, de creerlo necesario, el perfil de ascenso.

Especial atención a este respecto se necesita para el caso de estar utilizando protección térmica calefaccionada.

Peor aún si llega a producirse un fallo de la protección términca durante el ascenso. Bucear caliente y descomprimir frío es la peor de las combinaciones que pueden producirse durante una buceada, desde el punto de vista de las necesidades de descompresión.

placa, generalmente metálica,[70] y un ala separada de esta que se coloca entre el cilindro y la placa. Por supuesto, también hay configuraciones especiales para quienes prefieren bucear con cilindros montados a los costados.

Una ventaja adicional de estas configuraciones de placa y ala es la disponibilidad de alas con *vejiga*[71] *redundante* de varios tamaños. El ala posee dos vejigas en su interior y dos mangueras de inflador. La segunda puede ser utilizada en caso de falla de la primera. Estas alas con vejigas redundantes han despertado algunos debates respecto de su conveniencia (sí, somos muchos con demasiado tiempo libre). Poseen defensores comprometidos y acérrimos detractores, incluso dentro de la comunidad de buceadores Solo.

70   También las hay de fibra de carbono y plásticas (tengo una, que no utilizo, pero la tengo).

71   La vejiga es la cámara que contiene el gas que está dentro del ala.

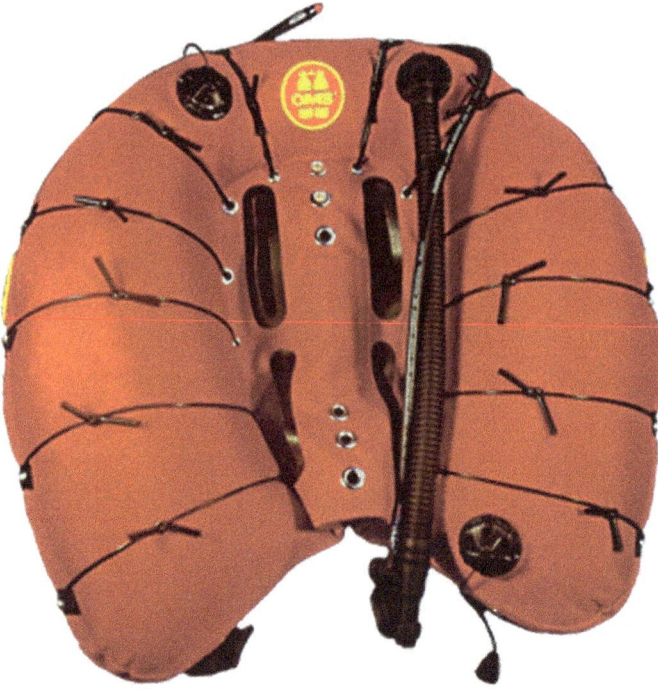

La doble vejiga

Por extraño que parezca, hay buzos que reniegan de los compensadores de flotabilidad de doble vejiga. No lo hacen por la seguridad extra, obviamente, sino por una visión minimalista en lo que respecta al equipamiento que deciden llevar consigo bajo el agua.[72]

La doble vejiga no ocupa lugar (vista desde el exterior, claro). Solamente se ve una manguera de inflador extra, que se la puede llevar muy fácilmente, fuera de casi toda interferencia. Pero es comprensible que ese «casi» sea el aspecto que más preocupa a quienes las rechazan.

Es cierto que agrega un punto de falla extra al sistema. Y uno importante, por cierto, ya que de provocar que el compensador de flotabilidad se infle descontroladamente por culpa de una falla, nos colocaría en una situación

---

[72]   Buceando Solo, el apego al extremo a esa estrategia minimalista puede no ser el mejor camino.

muy delicada.[73] El tener dos infladores, uno para cada vejiga, incrementa el riesgo y dificulta el plan de acción. Identificar cuál de los infladores es el descontrolado puede tomarnos segundos críticos que nos pueden provocar un ascenso descontrolado, con serias consecuencias.

Pero existen dos soluciones simples a este problema del incremento del riesgo. La primera es no conectar la manguera del segundo inflador y dejarla cerca del punto de conexión, debidamente asegurada pero de forma tal que conectarla, de necesitarla, sea rápido y sencillo. La segunda solución es ir un paso más allá y ni siquiera utilizar una segunda manguera proveniente del regulador, conformándonos con inflar esa segunda vejiga, de ser necesario, en forma manual (a pulmón).

También hay quienes afirman que algo que perfore la vejiga primaria —sobre todo, penetrando un naufragio— seguramente también perforará la segunda vejiga. Si eso sucede, no habríamos ganado nada, pero en realidad tampoco habríamos perdido. Además, no es una perforación o corte la única posibilidad de falla de una vejiga (en este caso, la primaria). Es más: las causas más comunes de falla del compensador de flotabilidad, en lo que a inflar o no la vejiga se refiere, están relacionadas al atascamiento de la válvula del inflador (generalmente, provocando que la vejiga se infle de forma descontrolada) y fallas en el sello de la manguera del inflador en la boca de la vejiga (generalmente, provocando que la vejiga no mantenga el volumen de gas que queremos y necesitamos). La redundancia difícilmente esté de más, y en este caso en concreto, no creo que lo esté.

Hay quienes prefieren utilizar su traje seco como alternativa de flotabilidad para el caso de tener un problema con su única vejiga.[74] Perfecto, puede hacerse, pero ¿por qué tiene que ser una u otra? ¿Por qué no llevar una segunda vejiga en su compensador de flotabilidad y, además, un traje seco? De esta forma, tendrá más opciones, más alternativas.

73   En buceadas con paradas de descompresión obligatorias, la pérdida de control de la flotabilidad por una falla en un inflador es un gran riesgo que no debe perderse de vista y para el cual es necesario tener un plan de acción eficaz, debidamente probado y suficientemente practicado.

74   Un argumento en contra de esto es que los trajes secos no están pensados para ser usados de esta manera. Un segundo argumento, de más peso aún, es que no todos los buzos utilizan en todas sus buceadas trajes secos.

Calidad

Para bucear debemos utilizar el mejor equipamiento al que podamos acceder y mantenerlo en óptimas condiciones de funcionamiento. Siempre. Para bucear Solo, ese «mejor equipamiento al que podamos acceder» debe, además, poder cumplir con las demandas de calidad y fiabilidad que esta actividad impone.

Aunque las siguientes palabras no sean muy bonitas de decir, no por ello son inválidas: si no puede acceder al equipamiento adecuado para realizar el deporte de riesgo que desea, no lo haga. O, al menos, no lo haga a los extremos en los cuales los márgenes de seguridad se reduzcan tanto que lo puedan poner en una situación comprometida si se produce aquello cuya probabilidad de ocurrencia no sea ínfima. Recuerde a Murphy.[75]

Si pensamos en paracaidismo, seguramente nos será muy fácil comprender el porqué de la necesidad de contar con equipamiento adecuado y en forma. La idea de caer desde un avión y estrellarse en el suelo con un paracaídas que falló en su apertura es lo suficientemente gráfica como para disuadir argumentos contrarios a la premisa de solamente utilizar buen equipamiento y en buenas condiciones. No cuesta mucho imaginar que si al paracaídas se le rompen las cuerdas y se va volando, abandonándonos a 500 metros (1.600 pies) de altura, nos enfrentaremos a una situación bastante «fea», por decir algo.

Lamentablemente para el buceo, el hecho de que este se desarrolle en un ambiente con connotaciones relajantes y que la imagen de coloridos arrecifes y aguas claras sea la primera que nos viene a la mente al pensar en él es un fuerte punto en contra cuando queremos hacer notar en forma tajante sus riesgos. Pero subir abruptamente hasta la superficie luego de una buceada de 30 minutos a 60 metros (200 pies) —por ejemplo, porque nuestro compensador de flotabilidad se ha inflado en forma descontrolada— no tendrá un final mucho más apacible y menos doloroso que caer desde un avión con un paracaídas que no se abra.

Sí, el equipamiento puede llegar a ser caro, y elegir el mejor costará aún un poco más. Pero recuerde por qué bucea: porque quiere. No tiene que hacerlo, nadie lo obliga. No es su trabajo; el alimento de su familia no depende de que lo haga. Ese equipamiento que debe adquirir es parte de un *hobby*, un capricho, un gusto que se da y en el que está arriesgando su vida de manera mucho mayor a si se queda en el sillón mirando televisión y atendiendo

---

75   Ley de MURPHY: «Si algo puede salir mal, saldrá mal».

el teléfono. No espere, entonces, invertir menos en su equipo de buceo que en el televisor, el sistema de sonido y el teléfono que usa. El dinero que ahorrará si adquiere equipamiento de menor calidad es dinero que recibe por arriesgar su vida en un entorno hostil. Piense en eso antes de dudar y decidirse por ahorrar unos pesos en la compra de su próximo regulador, compensador de flotabilidad o computadoras[76] de buceo.

Pero no es solamente un tema de dinero. Investigue, infórmese. Muchas veces, lo mejor no es lo más costoso, y al mismo tiempo, lo más costoso no solamente puede no ser lo mejor, sino que, peor aún, puede ni siquiera ser adecuado a nuestras necesidades.

Redundancia

Podremos ser muy conscientes y atentos a los detalles; nuestro equipamiento podrá ser de la mejor calidad y estar debidamente mantenido. Pero aun así, buceando Solo es extremadamente importante que asumamos que más temprano que tarde sufriremos alguna falla crítica en alguna parte de ese equipamiento que nos mantiene con vida. Sabemos muy bien que toda pieza de nuestro equipo puede fallar en el momento más inoportuno, y es nuestra obligación como buenos planificadores de cada buceada asumir que lo hará en el peor momento la próxima vez que saltemos al océano.

Para el buceador Solo es fundamental contar con respaldo en todas aquellas funciones que nos sean imprescindibles para completar la buceada de manera exitosa. Recuerde: no habrá nadie allí para prestarle una herramienta que ya no tenga y necesite, o para ayudarlo a desenredarse de una línea de pesca o de un cable si sus herramientas de corte no son adecuadas o si la única que tiene con usted se le cae de las manos y no puede alcanzarla. La redundancia adecuada es una necesidad irrenunciable. Además, el elemento redundante debe ser tan bueno y útil como el primario; de lo contrario, no servirá a su propósito.

Su cámara de fotos no necesita ser redundante. Sus reguladores sí. También su suministro de gas, su máscara, sus implementos de corte, luces, reels, SMB o bolsas de elevación, los elementos que intervengan en el control de la flotabilidad y varios etcéteras.

Mención especial merece su computadora de buceo. No porque sea más importante que su regulador, sino porque para algunos buceadores, su vital importancia no es tan obvia como debería serlo. El mejor respaldo de

76   «Computadoras», así, en plural.

una computadora de buceo que falla es otra computadora de buceo. Ol-vídese de las tablas, por favor; lleve una segunda y, tal vez, dependiendo del tipo de buceada, hasta una tercera computadora de buceo, todas ellas capaces de servirlo adecuadamente y por separado.

«Elementos de corte» fueron mencionados en un párrafo más arriba. ¡Lleve tres! Todos ellos, de buena calidad y tamaño adecuado. Sea capaz de alcanzar varios de ellos con cualquier mano en cualquier posición. La redun-dancia no es meramente una cuestión de números, sino de funciones. Un cuchillo pequeño y sin mucho filo no es el respaldo adecuado a ese cuchillo principal, grande y filoso que seguramente escogió luego de haberlo pensa-do detenidamente.

Lo mismo con sus luces. Dos pueden no ser suficientes. ¿Qué hará si una no funciona y la otra se le cae de la mano? Una diminuta linterna de respal-do, que no pueda efectivamente ayudarlo en una situación de emergencia, es lo mismo que nada.

Del gas me imagino que no tenemos mucho que hablar. Contar con un suministro de gas redundante, ya sea en un cilindro adicional o en un juego de cilindros dobles con *manifold* aislador, o en dos cilindros independientes montados a los costados si ese es su estilo, es de primordial importancia.

Cuando lo peor suceda, no queremos arrepentirnos de no haber inverti-do lo suficiente en aquello que nos es crítico para mantenernos con vida[77] en la práctica de una actividad totalmente opcional.

2.6. Reguladores y cilindros

Reguladores

Se descarta que los reguladores deben ser de buena calidad. Más aún: tie-nen que ser los mejores que pueda comprar, todos ellos, sin excepción.

Piense la función que cada regulador cumple. Realmente deténgase a pensar en el servicio que cada uno de sus reguladores cumple; los de sus cilindros de fondo, los de sus cilindros de descompresión, los de sus otros cilindros (gas de viaje, pony, etc.).

---

[77]   Bucear Solo no es barato. Si no puede hacerlo bien, no lo haga: no vale la pena morir por ello.

Piense durante cuanto tiempo lo utilizará y en qué momento comenzará y dejará de utilizarlos; piense qué resultado, bueno o malo, obtendrá de su correcto funcionamiento o de su falla. ¿Qué sucedería si el regulador de uno de sus cilindros de descompresión dejara de funcionar? ¿Puede cumplir sus obligaciones de descompresión? ¿Siempre? ¿En todo caso?

Válvulas

¿Yoke o DIN? Si puede escoger, escoja DIN. ¿Por qué no podría escoger? Bueno, si ya tiene media docena de cilindros y tres o cuatro juegos de reguladores yoke, cambiarlos puede resultar un poco caro. Sin embargo, si ese no es el caso, comience a comprar DIN. Si ya tiene algún equipamiento, como ser un par de cilindros y un regulador, tal vez comenzar a migrar a DIN no le signifique un gasto desmesurado; siempre es mejor comenzar a ir por el mejor camino, sobre todo cuando el tipo de buceo que comenzará a encarar en el corto plazo presenta mayores niveles de riesgo que el que generalmente ha venido realizando.

¿Es realmente tan importante utilizar o comenzar a migrar a DIN? Depende. ¿Acaso las conexiones yoke no son adecuadas, resistentes o seguras? Sin duda que sí. Pero las DIN son mejores. Si va a cambiar o a adquirir nuevo equipamiento, ¿por qué no pasarse a aquello que sea mejor? ¿Cuánto mejor es DIN que yoke? Lo suficiente para que la casi totalidad de los buceadores técnicos opten por DIN. Seguir con aquello que no es mejor puede no ser la mejor idea.

Las conexiones DIN son más seguras y resistentes mecánicamente. Están menos expuestas en lo que a su perfil de contorno se refiere. El *O-ring*, que muchas veces se sale y se pierde en el regulador, es de mayor tamaño y resistencia, menos frágil, más fácil de reemplazar y más fácil de ver si está comprometido. Además, con el regulador conectado a la válvula, el *O-ring* queda más protegido y menos sujeto a estrés mecánico.

Evite a toda costa el uso de esos adaptadores que convierten un regulador DIN en uno yoke, tan usados con cilindros con válvula yoke. Si viaja a menudo a lugares donde es difícil encontrar cilindros con válvula DIN, es preferible adquirir reguladores adicionales con válvula yoke.

Válvulas H

El primer paso hacia la redundancia, que muchos buzos que no quieren cargar sobre sus espaldas pesados cilindros dobles prefieren, es el utilizar válvulas *H*. Son válvulas dobles, con cuello simple, que se conecta a un cilindro simple, pero que ofrece una doble configuración interna y doble puerto de salida. En otras palabras, permiten la conexión de dos reguladores —primeras etapas— simultáneos, ofreciendo la posibilidad de abrir o cerrar cada camino de manera independiente.

Las válvulas *H* han reemplazado a las anteriormente tan comunes válvulas *Y*. Seguramente se deba a que estas válvulas *H* son una opción más eficiente —¿económica de producir?— para sus fabricantes por su modularidad.[78] Al mismo tiempo, las válvulas *H* permiten mayor flexibilidad a la hora de seleccionar el modelo de regulador a utilizar[79] que muchas válvulas *Y*. Además, brindan mayor libertad con respecto a cómo montar los reguladores en ellas,[80] ya que los puertos suelen estar físicamente más alejados uno del otro.

El verdadero cometido de las válvulas *H* —y de las ya casi extintas válvulas *Y*— es la de ofrecer redundancia ante una falla de la primera etapa de alguno de nuestros reguladores primarios[81] o en caso de un escape descontrolado de gas en alguna segunda etapa.[82]

Obviamente, las válvulas *H* —o las *Y*— no contribuyen en nada a transformar nuestra fuente de gas en redundante. Se trata de un solo cilindro, una única fuente de gas.

Cilindros

¿Acero o aluminio? Acero para los cilindros de fondo, sin duda. Ya debe saber que las características de flotabilidad son mejores, en general, en cilindros de acero. Son generalmente más pequeños que los de aluminio de igual capacidad y pesan menos. Si los cuida, si los enjuaga adecuadamente luego de sus buceadas, no serán menos resistentes al agua salada que los de aluminio. Pero, por supuesto, son más costosos.

Para cilindros pony, o de descompresión, los de aluminio son muy usados por la mayoría de los buceadores, a todo nivel. No es que no se pueda utilizar de acero para estos casos, pero no es lo más común, y muchos ya nos hemos acostumbrado a su forma y tamaño. Pero si quiere ir todo de acero, hágalo.

Con respecto a su tamaño, seguramente los utilizará de diferente capacidad, dependiendo del tipo de buceada que vaya a realizar. Es común,

---

78   Una vez más, no somos los buzos el principal motivo de muchas de las decisiones que la industria toma.

79   Algunos modelos de reguladores, por su tamaño o la ubicación de sus puertos, no podían ser utilizados con algunas válvulas Y de cuerpo pequeño.

80   Algunos modelos de reguladores de orientación horizontal no pueden ser montados en muchas válvulas Y si se quiere utilizar el quinto puerto de baja presión que opcionalmente está disponible.

81   En plural, porque ahora son dos.

82   Son de gran utilidad en entornos de baja temperatura en los que algunas segundas etapas puedan tender a congelarse abiertas.

para aquellos buceadores que bucean a menudo, poseer una decena o más de cilindros de diferente tamaño: pequeños, medianos y grandes, simples y dobles, de descompresión, viajeros y ponys.

El proceso habitual de planificación de buceadas, el verdadero, el que realizamos más a menudo en la vida real, parte generalmente del tipo de cilindros que tenemos disponibles y llega luego al resto de los parámetros del perfil de la próxima buceada. En otras palabras, por lo general planeamos las buceadas partiendo de los cilindros que tenemos disponibles y no al revés, como muchas veces, indirectamente, parece que se sugiere en los libros de texto.

Suministro de gas redundante

Con suficiente gas podremos solucionar casi cualquier tipo de problema que se nos pueda presentar. Sin gas suficiente, cualquier inconveniente puede rápidamente convertirse en una pesadilla. Por ello, contar con una fuente de gas independiente, lista para ser utilizada cuando se la necesite y de capacidad suficiente para por lo menos sacarnos de cualquier punto de la buceada en el que nos encontremos, es el pilar fundamental de lo que denominamos como *autosuficiencia* al hablar del buceo Solo.

Este suministro independiente puede ser desde un pequeño cilindro de 4 litros (30 pies cúbicos) hasta uno mayor de 10 litros (80 pies cúbicos). A dicha configuración se la denomina generalmente como *cilindro* o *botella pony*. Debe estar dotado de su propio regulador, completo con primera y segunda etapa, y en lo posible, con su propio manómetro (SPG, por las siglas en inglés de *submersible pressure gauge*). Dicho regulador debe ser de primerísima calidad; recuerde que será utilizado en situaciones de emergencia, en las que la falla de este regulador es un lujo que no nos podemos permitir.

Ahora bien, esa «capacidad suficiente para por lo menos sacarnos de cualquier punto de la buceada en el que nos encontremos», tal cual fuera mencionada anteriormente, puede no sernos suficiente, o al menos no sernos prudentemente suficiente. Recuerde que en situaciones complicadas, nuestro consumo de gas se incrementa; algunas veces, de forma considerable. Si sufrimos un percance buceando Solo, y sobre todo si sabemos que nuestra fuente de gas redundante es escasa, nos encontraremos en una de esas situaciones complicadas que incrementarán considerablemente nuestro consumo de gas.

¿Va a bucear Solo? ¿Su fuente de gas redundante es un cilindro pony? Lleve uno grande. Un cilindro de 10 litros (80 cuft) será más apropiado

Algunos buzos utilizan para sus botellas pony *manómetros de botón*. Estos son pequeños SPG, muchas veces de 3 centímetros (1 pulgada) o menos de diámetro, que se montan directamente sobre el puerto de alta presión de la primera etapa reguladora. Esto hace del SPG un elemento menos factible de enredarse o de «estar en el camino».

El punto negativo de esto es que muchas veces su lectura se dificulta durante la buceada. El punto positivo de este punto negativo es que leer el SPG del cilindro pony —el de escape— durante la buceada no es generalmente algo importante. Una vez que comenzamos a utilizar el pony, comienza el aborto de la buceada, y leer el contenido de gas en el pony no es ya algo necesario. Se supone que antes de la buceada hemos calculado que el gas en él es suficiente para, por lo menos, permitirnos retornar desde el punto más alejado. Además, si no es suficiente, ya nos daremos cuenta.

Imagen 2.6. SPG con manómetro

que uno menor, al mismo tiempo, aunque según sus cálculos tal vez el más pequeño sería suficiente para traerlo de regreso desde el punto más alejado.[83]

Cilindros dobles

Muchos buzos prefieren el uso de cilindros dobles para una verdadera redundancia de suministro de gas, ya sea montados en la espalda o en los costados. Es cierto: el cilindro o botella pony nos brinda redundancia con menor peso y en una configuración que muchos buzos consideran más ágil. Sin embargo, por su tamaño limitado, también nos limita en el alcance que podemos darle a la buceada.

Cilindros dobles de 12 o 15 litros (100 o 120 cuft) son cada día más comunes en buceadas técnicas en circuito abierto. Presentan mejores características de flotabilidad que, por ejemplo, un cilindro simple de 18 litros (150 cuft). Además, bucear con cilindros dobles tiene su encanto y nos brinda mayor estabilidad que la combinación cilindro simple y pony.[84]

Una configuración de dos cilindros de 12 litros (100 pies cúbicos) es más que suficiente para casi cualquier tipo de buceada deportiva que se nos pueda ocurrir,[85] y para muchas buceadas técnicas también.

Una nota importante con respecto al uso de cilindros dobles montados en la espalda y a la redundancia que estos proveen: es imperativo que el buzo practique los ejercicios de válvulas[86] de manera frecuente y con el tipo

---

83   Recuerde que antes de emprender el regreso desde ese «punto más alejado», tiene que ser capaz de poder emprender el regreso.

84   Los cilindros dobles se montan directamente sobre la placa a nuestras espaldas, haciendo muchas veces que el centro de gravedad del conjunto buzo-cilindros nos quede más cómodo que cuando sobre la misma placa montamos un cilindro simple utilizando un adaptador que lo separa de ella.

85   Esto es, sin paradas obligatorias de descompresión y dentro del límite de los 40 metros (132 pies) de profundidad.

86   Los ejercicios de válvulas consisten generalmente en aislar los cilindros entre sí, cerrando el *manifold* que los une, y luego cerrar, cambiar y abrir nuevamente cada una de las válvulas, cambiando de segunda etapa según se necesite, para luego retornar al estado original (todo abierto). El buzo debe realizar este ejercicio de manera casi automática y en el menor tiempo posible. Recordemos que, generalmente, un cilindro de 10 litros (80 pies cúbicos) que comience lleno se vaciará en menos de dos minutos si se lo deja perder aire a ritmo pleno. Por más grandes que sean sus cilindros dobles, el tiempo que se tome en aislar el problema le será de vital importancia.

de protección térmica que acostumbra a usar. De no hacerlo, puede suce-
derle que ante una emergencia que requiera aislar uno de los reguladores
no pueda hacerlo, o el hacerlo le tome demasiado tiempo. Esto, literalmente, anulará por completo la redundancia de la que en teoría dispone
con respecto al suministro de gas y lo dejará rápidamente en una situación
muy comprometida.

Un método de contingencia ante la imposibilidad —por el motivo que
sea— de realizar estos ejercicios de válvula rápida y efectivamente es dejar el *manifold* que une a ambos cilindros cerrado y utilizar ambos cilindros
en lo que sería una configuración de dobles independientes. En tal caso, el
buzo debe ir cambiando cada poco tiempo el regulador desde el cual está
respirando para consumir el gas de ambos cilindros de la manera lo más
pareja posible, tal y como se hace con cilindros dobles en configuraciones
de montaje lateral.

Spare Air y similares

No son para bucear Solo. No me malentienda: pueden ser muy útiles en
múltiples circunstancias, pero no para lo que aquí nos convoca. No tienen
la capacidad suficiente para permitirle al buceador Solo solucionar efectivamente la gran mayoría de las emergencias con el suministro de gas que se
le pudieran presentar.

¿Puede ser útil como fuente de gas redundante buceando a 10 metros
(30 pies) en un cálido arrecife de aguas tranquilas y luminosas? Tal vez sí.[87]
Pero la mayoría de las buceadas Solo seguramente no se realizarán en tales entornos. De ser así, bucear Solo no merecería mayores consideraciones especiales.

Crean una falsa sensación de seguridad que, de necesitar recurrir a su
fuente de gas redundante, puede llegar a costarle la vida. Si bucea Solo a

---

[87]   Usemos como ejemplo la unidad que se comercializa como de 6 pies cúbicos
(170 litros) y hagamos un cálculo simple, buceando a 30 pies (2 ata). Si nuestro SAC es de
0,6 pies cúbicos (17 litros) por minuto y respiramos de él de manera calma, nos daría una
autonomía de 5 minutos (6 pies cúbicos dividido entre 2 ata, y eso dividido entre 0,6 pies
cúbico por minuto a 1 ata; o 170 litros dividido entre 2 ata, y ello dividido entre 17 litros
por minuto). Algunos podrán argumentar que cinco minutos son suficientes si estamos buceando a 30 pies. Allá ellos.

40 metros (132 pies)[88] y en naufragios, aunque tal vez solamente realice penetraciones muy cortas con la salida a la vista, cargando con usted una gruesa protección térmica y en entornos con poca visibilidad y corrientes importantes o variables, lo último de lo que querrá que su vida dependa es de un minúsculo cilindro.

A pesar de lo dicho, usted puede argumentar que la diferencia de precio entre esos minicilindros y una botella pony con un buen regulador hace que valga la pena correr un poco más de riesgo en algunas buceadas. Si ese es su argumento, tal vez no debería pensar en bucear Solo; búsquese otro pasatiempo en el que el ahorro de dinero no le cueste la vida.

Recuerde a MURPHY: si algo puede salir mal, saldrá mal.

2.7. Enredo y herramientas de corte

Enredarse durante una buceada es cuando menos un poco inquietante, sobre todo si estamos recorriendo o penetrando un naufragio u otra estructura similar.

Los naufragios, aun los naturales, conforman una especie de arrecife artificial que atrae mucha vida animal y en consecuencia pescadores. Es común en ellos encontrar una enorme cantidad de trozos de líneas de pesca, redes, cuerdas de diferentes grosores y hasta cables eléctricos colgando por fuera y por dentro de ellos. Trozos del naufragio —varillas o partes de la estructura que se han ido desprendiendo— también son cosas con las que el buceador puede verse enredado.

Si bien es cierto que en la mayoría de los casos esto no parece ser un problema mayor,[89] en otros puede llegar a ser una experiencia aterradora.[90] Sin embargo, e independientemente de lo que en cada caso nos parezca, un

---

88   A 30 metros (100 pies), la presión absoluta es de 4 ata. Para ese mismo buzo, con un SAC de 0,6 pies cúbicos (17 litros) por minuto, esos 6 pies cúbicos (170 litros) por minuto de capacidad ya nos darían solamente dos minutos y medio de tiempo de autonomía. Considere ahora que en su función de suministro de aire redundante, el buzo recurrirá a él en una emergencia; y que en ella seguramente su ritmo de consumo de gas será considerablemente mayor. Esos dos minutos y medio pueden fácilmente convertirse en un minuto o menos.

89   Por ejemplo, buceando en un luminoso arrecife junto a nuestro compañero.

90   Imagínese buceando dentro de un oscuro naufragio y justo a la hora en la que deberíamos comenzar el regreso.

enredo bajo el agua siempre es una situación delicada; no solamente por la situación en sí misma, sino porque puede llevar al buzo a perder la calma, lo que rápidamente puede convertirse en pánico.[91]

Buceando Solo, el enredo es un poco más atemorizante. Debemos conservar la calma y proceder con cautela para evitar enredarnos más. Recordemos que no hay nadie allí para darnos una mano en desenredarnos; somos nuestra única fuente de ayuda.

El criterio es el que todos los buzos ya conocen: detenerse para no seguir enredándose, respirar para darse una pausa, calmarnos si estamos nerviosos y permitirnos tomar unos segundos para pensar la mejor ruta de acción. Por último, debemos actuar tranquilos, sin perder la calma, pero con decisión.

Lo que en ese momento necesitamos es contar con las herramientas de corte adecuadas. La ubicación de estas también es importante; de nada nos servirán si no podemos alcanzarlas. El lugar preferido por muchos buzos para al menos algunas de sus herramientas de corte es ese triángulo que se forma con los dos hombros y el punto donde estaría la hebilla del cinturón. Tratemos de evitar llevar todas las herramientas de corte en la parte inferior de las piernas; es muy posible que no podamos alcanzarlas en ciertas condiciones de enredo (imagínese dentro de un pasaje restrictivo en el que no le es tan fácil girar o doblarse). Además, allí pueden convertirse en un riego de enredo adicional; aunque seguramente no resultará difícil de solucionar, sería mejor no sufrirlo en primer lugar.

¿Cree que es posible que una herramienta de corte se le caiga de las manos, sobre todo al utilizarla en entornos con poca visibilidad y usando gruesos guantes de neopreno? Claro que sí. ¿Se le puede caer dos veces? Tal vez sí. ¿Puede suceder que al caérsele no pueda recuperarla y tenga que utilizar otra (recuerde que puede estar enredado y su movilidad puede verse en gran medida reducida)? También puede que sí. En el mejor de los casos, y dado que la respuesta a estas preguntas difícilmente sea un categórico «no», debemos asumir que por lo menos será un tímido «sí».

Buceando Solo necesitamos redundancia de la redundancia. Lleve tres o más, dependiendo del entorno y las condiciones del sitio.

---

91   El pánico, durante una buceada, puede desencadenar serios problemas para el buzo y sus acompañantes.

Imagen 2.7. Diferentes herramientas de corte para todo tipo de buceada y de entorno.

Tipo y calidad de las herramientas de corte

Existen diferentes tipos de herramientas de corte (ver imagen 2.7), algunas específicamente pensadas para nosotros, los buceadores: cortadores de línea de diferentes tipos y tamaños; tijeras, algunas que, además, funcionan como cuchillo; cuchillos varios (con punta, sin punta, serrados, lisos, de doble cara).

A primera vista, todas parecen adecuadas para cortar líneas de pesca y cuerdas de fibras naturales o sintéticas, incluso algunas de buen tamaño.

Si va a recorrer un naufragio «a lo turista», por el exterior, con mínima penetración, en aguas cálidas, con amplia visibilidad y luz abundante, rodeado de una veintena de buzos y hombro con hombro con su compañero, la posibilidad de enredarse en una línea de pesca o algo similar puede no parecer muy preocupante. Seguro podrá liberarse por sí solo o con la abundante ayuda con la que contará, y tal vez no necesite ni siquiera echar mano a sus herramientas de corte: sus compañeros estarán más que dispuestos a utilizar las suyas. Pero buceando Solo,[92] la realidad puede ser diferente.

92   No habrá nadie allí para ayudarnos, para prestarnos una herramienta de corte más adecuada.

Por ello, a la hora de elegir la más adecuada, hay algunos aspectos importantes de considerar. En primer lugar, no elija la más barata,[93] la más pequeña, la que tenga el peor agarre, la de menos filo. En otras palabras, no compre lo peor que encuentre. Ahorrarse un poco de dinero puede no ser la mejor idea al adquirir una herramienta que, en caso de realmente necesitarla, será la que deberá salvarle la vida. Una herramienta de mala calidad no le servirá de mucho cuando la situación se ponga complicada y le dará una falsa sensación de seguridad, lo que puede hacerlo dejar de lado la herramienta que sí necesitará.[94]

Por otro lado, tampoco tiene que hacer la inversión de su vida en una herramienta de corte.[95] ¿Por qué? Porque una herramienta ridículamente costosa puede ponerlo en la difícil situación de tener que pensar si llevarla o dejarla en el barco «para no perderla» en su próxima buceada, lo cual sería una muy mala decisión. Cómprese una de buena calidad, que sirva perfectamente al fin que planea darle, pero que al mismo tiempo no le cause ninguna angustia golpearla, romperla, usarla para hacer palanca o tirarla si fuese necesario.

¿Titanio sí o titanio no? El titanio tiene la desventaja de ser espontáneamente inflamable en condiciones de gran concentración de oxígeno.[96] Los cilindros de descompresión tienen alta concentración de oxígeno, a alta presión; los componentes de un posible accidente están allí. Esto no significa que se producirá; tal vez nunca lo haga, y de hecho no ha habido aún reportes de accidentes a este respecto —que yo sepa—, pero la probabilidad de que ocurra no es igual a cero.[97]

---

93   «Barato» o «caro» son términos muy relativos y poco específicos. Déjeme expresarlo de otra manera: en lo relacionado específicamente con el precio de las herramientas de corte —y en general, de cualquier tipo de herramienta que adquiera para bucear— que compre, no elija una que cueste menos de lo que en otro momento gastaría en tonterías o cosas innecesarias (todos sabemos —o nos lo podemos imaginar bastante bien— a qué me refiero con «tonterías o cosas innecesarias»).

94   De ocurrir un percance que debería haber sido anticipado como posible (cuya probabilidad de ocurrencia no sea ínfima).

95   O ninguna otra, en general.

96   Jonas HINK y Erik JANSEN: «Titanium in a hyperbaric oxygen environment may pose a fire risk».

97   F. E. LITMAN, F. M. CHURCH y E. M. KINDDRMAN: *A sutdy of metal ignitions*, I: «The spontaneous ignition of titanium».

Cuchillos

Quienes buceamos Solo recorremos entornos muy diferentes y en condiciones muy variadas y variables. Verse enredado dentro de un naufragio a 50 metros (160 pies), con escasa visibilidad, en un pasaje estrecho, vistiendo gruesa protección térmica, es suficiente para preocupar al más ducho. Allí, lo que menos queremos es recordar que nuestra herramienta de corte es un poco pequeña y que puede no ser tan fácil manejarla con destreza en esa situación en particular.[98] Tampoco es un buen momento para ponernos a pensar que por la forma de su mango o empuñadura, podría llegar a ser un poco difícil aplicarle la presión que estamos imaginando será necesaria para que corte con facilidad los cables que vimos colgando del techo unos metros más atrás y que temamos sean la causa del enredo.

A menos que como buceador Solo decida alejarse de los naufragios y todo tipo de estructura submarina similar, necesitará mirar este asunto de las herramientas de corte desde el punto de vista de un buceador de naufragios. Afortunadamente, esto le cubrirá de más en aquellas situaciones en las que no bucee naufragios.

Para bucear naufragios debería tener al menos un cuchillo de tamaño medio. Pero no se olvide de la tan mentada redundancia y lleve al menos dos; tres, porque estamos buceando Solo.[99] Que sea pesado, de buen mango, filoso, resistente y con el que pueda cortar cualquier línea de pesca, cualquier cuerda y hasta algunos cables eléctricos; que además sirva para hacer palanca contra piezas del naufragio que hayan «capturado» partes de su equipo; que le pueda servir de martillo improvisado y como una pequeña extensión de su brazo para alcanzar algo a donde sus dedos tal vez no lleguen. En condiciones de poca visibilidad, se lo puede usar como anclaje para atar el reel y utilizarlo como línea de auxilio para regresar a un naufragio del cual haya sido barrido por la corriente.

Si en algún momento se pregunta a sí mismo sobre la conveniencia de elegir un cuchillo primario serrado o liso, casi con seguridad la respuesta correcta será: ¡ambos! Los buenos cuchillos serrados son ideales para cortar cuerdas de gran tamaño.

¿Tijeras? Mmmh... A pesar de que muchas de ellas son buenas para cortar diferentes líneas y hasta cables de cierto grosor, a quienes buceamos

---

98   Por ejemplo, gruesos guantes, frío extremo, poca visibilidad, lejos de donde podría caer si se nos escapa de las manos, etcétera.

99   Tres es dos, dos es uno, uno es ninguno.

en aguas frías muchas veces se nos dificulta su uso con guantes gruesos. La gran mayoría de ellas poseen un agarre que no permite aplicar buena fuerza, sobre todo en ciertas posiciones en las que nos pueda tocar utilizarlas. No obstante ello, unas buenas tijeras podrían ser un buen respaldo a su cuchillo primario.

Repitamos lo que se ha venido expresando: no es buena estrategia apostarse el final feliz de una posible situación de enredo a un cuchillo corto, con poco filo, ni a un cortador de líneas o una pequeña tijera. Incluya al menos un cuchillo adecuado al entorno donde buceará. No se olvide ni le reste importancia a la redundancia. Y no se deje intimidar: que llevar uno o dos cuchillos medianos o grandes no le cause aprensión.[100] [101]

Recuerde que los cuchillos no son juguetes, en especial cuando están bien afilados. El buceador debe tener la madurez suficiente para no ponerse a jugar con ellos; aquel que no la tenga no debería estar buceando Solo, o al menos debería quedarse en el arrecife a poca profundidad, en aguas abiertas, claras y templadas. Para él, una tijera, un cortador de línea o un cuchillo sin punta son lo más recomendable, por su bien y el de sus compañeros de barco y de océano.

[100]   Debemos agradecer por ello a algunos artículos y notas que sistemáticamente ridiculizan el llevar cuchillos que no parezcan juguetes y tildan semejante osadía de comportamiento o actitud «puramente a lo macho». Nada más alejado de la realidad. Se olvidan de que no todo el buceo se realiza a 10 metros (30 pies) de profundidad en un luminoso arrecife y que no toda situación de enredo sucede con una solitaria y delgada línea de pesca ni se soluciona en cinco segundos con un pequeño cuchillo desafilado.

[101]   Muchas veces, el problema se centra en que quienes ridiculizan el utilizar cuchillos grandes olvidan mencionar el entorno de aplicación de sus afirmaciones. Tal vez se estén refiriendo a buceadas básicas, en entornos amigables y con abundante ayuda por parte de terceros; olvidan que hay otras condiciones de buceo en las cuales un gran número de buceadores incursionan a diario, o tal vez no lo dicen para que no se malentienda que, indirectamente, están recomendando a buceadores no experimentados bucear en esos entornos o de esa otra manera.

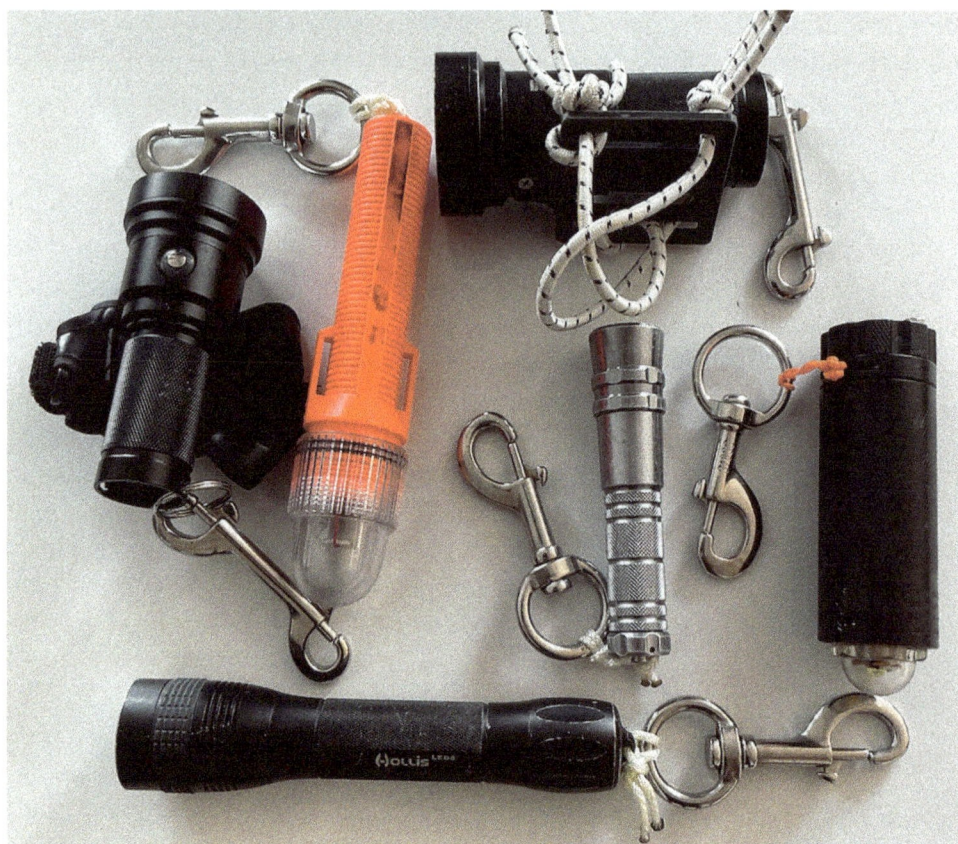

Imagen 2.8. Diferentes tipos de linternas y luces de marcación comúnmente utilizadas por buzos en diferentes entornos.

2.8. Linternas y luces de marcación

Sabemos la importancia que para el buceador poseen las linternas. Sabemos también que aunque muchas veces puedan ser consideradas una herramienta de respaldo,[102] son, para el buceador Solo, una herramienta primaria, necesaria y hasta imprescindible.

---

102   A menos que estemos realizando una buceada nocturna, en la que sabemos que nuestras linternas jugarán un rol primordial, el uso de luz artificial puede ser considerado para muchos buceadores deportivos un accesorio. Sin embargo, para el buceador Solo, las linternas son un accesorio necesario en prácticamente toda buceada.

Recordemos que buceando Solo debemos llevar con nosotros las herramientas suficientes para afrontar aquellas situaciones indeseables cuya probabilidad de ocurrencia no sea ínfima. En otras palabras, si existe aunque más no sea la mínima posibilidad de que podamos llegar a necesitar una linterna en nuestra próxima buceada, debemos asumir que lo haremos y llevar no solamente una, sino la redundancia que el sitio, las condiciones y nuestro plan nos dicten como adecuadas.

Una linterna puede fallar. Dos linternas también pueden fallar. Pero si están debidamente mantenidas, si les hemos colocado baterías nuevas o hemos cargado adecuadamente las que sean recargables antes de cada buceada, si les limpiamos los sellos y cuidamos de los *O-rings* cuando lo requieran, habremos reducido considerablemente esta posibilidad.

Si para la buceada que vamos a realizar esa linterna es un accesorio que seguramente no vayamos a utilizar, llevar una linterna primaria puede ser suficiente, aunque en algunos casos podría ser prudente agregar al menos una de respaldo.[103] Pero si pensamos utilizarla, o la posibilidad de que lo vayamos a hacer no es ínfima, deberíamos llevar con nosotros como mínimo dos linternas. Esto podría ser dos primarias o una primaria y una de respaldo.[104]

Todos sabemos lo que se entiende por *linterna primaria*. Es aquella de buena potencia, con un buen haz de luz, muchas veces de brillo ajustable para poder reducir la potencia si hay partículas flotando en el agua que puedan reflejar la luz y dificultarnos la visión, de autonomía suficiente

---

[103] Nótese que es común el uso de oraciones condicionales durante prácticamente todo el libro. En este caso, el «podría ser prudente agregar» hace una recomendación y no da la orden de hacer lo que se recomienda. Como se indicara, este libro apunta a brindar información para que el lector —en este caso, el buzo— la piense, la analice y tome de ella lo que en su caso particular le sirva, en un acto de decisión consciente, y no un mero reflejo ante una imposición. De poco sirve dar órdenes que, sabemos, van a ser desobedecidas luego. Es preferible que el buzo comprenda los porqués y decida por sí mismo qué hacer. En este caso puntual, si la buceada que tenemos por delante es a plena luz del día, en un sitio que se sabe luminoso y de buena visibilidad, y si en él no hay posibilidades de penetración, ¿cuántos buceadores que ya sepan eso llevarán una linterna de respaldo? Con llevar una primara «por las dudas» ya habremos satisfecho en nuestra mente la posibilidad —remota— de necesitarla. Establecer como un mandamiento el cargar con una de respaldo —adicional—, porque tal vez en algunos casos se la pudiera llegar a necesitar para algo menor —recuerde las características del sitio—, será una incitación a la desobediencia que puede extenderse luego a otros aspectos donde no debería hacérselo.

[104] Tres es dos, dos es uno y uno es ninguno.

para al menos una vez y media o dos veces el tiempo durante el cual pensamos utilizarla.

Hasta no hace mucho tiempo, las linternas primarias preferidas por muchos buceadores avanzados y técnicos eran las de frasco (*canister*), que llevan la batería en una caja cilíndrica colgada en alguna parte del compensador de flotabilidad y conectada a la cabeza de luz mediante un cable. Hoy, el desarrollo de la tecnología nos brinda potentes linternas, con haces de luz de muy buena calidad, buenos tiempos de autonomía y pesos reducidos que son de una sola pieza, adecuadas para ser llevadas en la mano y que reducen las posibilidades de enredo.

Por su parte, una *linterna de respaldo* es una linterna más pequeña, pero no mucho más. También debe ser capaz de sernos útil en el entorno en el que bucearemos, y debe tener un tiempo de autonomía comparable al de la primaria. Una pequeña linterna de poca potencia y con poca autonomía no es en realidad respaldo de nada: solamente ocupará espacio y nos dará un falso sentido de seguridad. Evítelas.

Si piensa penetrar entornos cubiertos o bucear en entornos de poca visibilidad, tal vez deba pensar en llevar con usted tres linternas primarias y una de respaldo, o dos primarias y dos de respaldo. Si la buceada será larga y el tiempo de autonomía de sus linternas es menor a una vez y media o dos veces dicho tiempo de buceada, deberá cargar con usted linternas primarias extra.

Cuidado: si bien, por un lado, la calidad de las buenas linternas ha ido mejorando, debemos estar alertas ante la aparición en el mercado de linternas de muy baja calidad —y bajo precio— pero de aspectos que sugieren lo contrario; estas linternas, que parecen de buena calidad, son muchas veces difíciles de reconocer como tales. Si sus linternas no son de una marca reconocida o si no tiene experiencia real con ellas, pruébelas antes de depender de ellas «ciegamente»: así lo dejarán, sin poder ver, si no cumplen con las expectativas que ha puesto en ellas.

A pesar de lo dicho en los párrafos anteriores, los entornos en los que bucearemos pueden variar mucho, tal y como lo harán sus condiciones. Por ello, cada buceador debe seleccionar el tipo de linternas más adecuado a cada ocasión. Una linterna que en ciertas buceadas bien podría ser nuestra primaria podría, en otro tipo de entorno o situación, no ser más que una de respaldo.

Luces de marcación

Las luces de marcación, generalmente estroboscópicas, tienen gran cabida en nuestro arsenal de herramientas, sobre todo cuando buceamos en entornos de poca visibilidad. Son útiles para marcar el punto de salida (la línea de amarre u otra similar).

También pueden ser colocadas a lo largo del camino para tener referencias visuales a la distancia. Esto es sumamente útil al penetrar estructuras, entornos encubiertos e incluso al recorrer restos abiertos de naufragios o similares, que, a pesar de no tener techo, pueden ofrecer pasajes muy puntuales entre el campo de restos esparcidos por el fondo.

Es importante tener presente que estas luces de marcación no son un reemplazo para el uso de una línea de vida, sino un complemento de ellas. Situaciones de pérdida repentina de visibilidad —por ejemplo, debido a la remoción de sedimentos— puede perfectamente oscurecer el entorno lo suficiente para que no seamos capaces de percibir la luz proveniente de ellas.

También recordemos que son equipos electrónicos que, más tarde o más temprano, fallarán,[105] y que esto puede suceder en el peor momento. Lleve con usted un respaldo del respaldo y no se juegue la vida al buen funcionamiento de una sola de estas herramientas.

2.9. Reels, spools y SMB

Los reels son herramientas casi imprescindibles en el arsenal de todo tipo de buceador y particularmente imprescindibles —sin el «casi»— en el del buceador Solo. Su uso ya nos debería ser más que conocido. Todo aquel que haya realizado un curso básico de buceo de naufragios ha tenido oportunidad de tender un reel por entre las barandas, las ventanas o lo que fuere de un naufragio o estructura similar. Y, por supuesto, todos hemos pasado por momentos en los cuales nuestros reels se han convertido en una bola de cuerda enredada que ha servido de momento de risa y distensión a todos a nuestro alrededor.

¿Necesitamos marcar el camino de regreso a la línea de ascenso? ¿Queremos mirar dentro de un puente de mando? ¿Estamos interesados en darle un vistazo a tan solo la parte exterior de una caverna, pero la visibilidad no es la mejor? ¿Hay otros buzos a nuestro alrededor y tememos que la visibilidad pueda deteriorarse rápidamente? ¿Vamos a lanzar una bolsa de elevación?

---

105   Ley de MURPHY: «Si algo puede salir mal, saldrá mal».

Imagen 2.9. Diferentes tipos y tamaños de reels, con líneas de diferentes largos y grosores.

El ascenso con reel o spool[106] y SMB[107] es algo que también debería ser muy practicado por todo tipo de buceador, especialmente por el buceador Solo. La importancia de poder realizar un buen ascenso en todo sitio y ante cualquier condición de entorno es primordial, sobre todo en buceadas con paradas de descompresión obligatorias.

En caso de tener que crear nuestra propia línea de ascenso, fija, atada al naufragio, el ahora en desuso *Jersey reel* —un reel de carrete largo con hilo sisal (nos referiremos a él enseguida)— o sus sustitutos más modernos

106   El *spool*, o *spool de dedo* (*finger spool*), como se lo llama en algunas oportunidades, es un reel pequeño, en el cual se colocan un par de dedos —por lo general, el pulgar y el índice o el mayor— a cada lado de la cavidad que este posee en su centro, para hacerlo girar fácilmente.

107   *SMB* es la sigla en inglés de *surface marker buoy*. También se utiliza el nombre *DSMB*, por la sigla *delayed surface marker buoy*, la que hace referencia a las SMB que intentan indicar que el buzo aún no está en la superficie pero viene en ascenso. Muchos utilizamos ambos términos de manera indiferente.

—reels de gran tamaño con cuerdas de gran resistencia—, junto a una bolsa de elevación —o en su defecto, un SMB grande—, nos brinda una solución que, una vez en la superficie, nos ayudará a permanecer sobre el naufragio y no a la deriva.

Otra habilidad que el buceador Solo debería dominar es el retorno al naufragio con reel —y cuchillo— en entornos de poca visibilidad.[108] Ser barrido del naufragio por la corriente y no poder regresar a él por no encontrar el camino es, en ciertos entornos, un problema mayor si las condiciones son adversas. Y ni hablemos sobre el poder saltar de un lugar a otro, en busca de la otra punta de una línea de vida cortada, utilizando un reel o spool, especialmente en entornos de poca o nada de visibilidad. Todo buceador Solo —y por qué no también quienes no buceen Solo— que penetre naufragios, aunque más no sea en la zona de luz, debería estar entrenado para ello.

Las principales características que debemos observar en los reels son el tamaño —y peso—, el largo de la línea que portan y su grosor. A mayor grosor, menor distancia para un cuerpo de reel dado. Pero el grosor de la línea dicta su aplicabilidad para determinados entornos. Por ejemplo, para naufragios se utilizan líneas más gruesas que para otros entornos, y a su vez, las necesidades de longitud son generalmente menores.[109] Muchos buceadores de naufragios reemplazan las líneas de algunos de sus reels por unas de calibre considerablemente mayor;[110] esto les otorga mayor resistencia ante rupturas.

Aunque ahora ya esté un poco en desuso, hasta hace pocos años era bastante común, al menos entre buceadores de naufragios en la costa noreste de los Estados Unidos, el uso de lo que por allí se llama *Jersey reel*. Es un carrete de entre 3 y 6 pulgadas (7 y 15 centímetros), de diámetro y de unas 12 a 18 pulgadas (30 a 45 centímetros) de largo, en el que se llevaban entre 100 y 250 pies (30 y 75 metros), a veces más, de hilo sisal de 1/4 o 5/16 de pulgada. Su finalidad era la de lanzar una bolsa de elevación para establecer una línea de ascenso, en caso de necesitarla, desde el naufragio en el que el buzo se encontrara. La ventaja del hilo sisal es que al ser biode-

---

108   Por ejemplo, la costa noreste de los Estados Unidos, donde la visibilidad en las profundidades es escasa, las corrientes pueden ser importantes y las condiciones en la superficie pueden llegar a no cooperar con el retorno al barco si rompemos superficie lejos de él o si, por ejemplo, hay espesa niebla entre él y nosotros.

109   Los naufragios, incluso los más grandes, ofrecen caminos de penetración bastante menores que las cuevas, aun las más pequeñas.

110   Colocar líneas de 1/8 de pulgada (3,17 milímetros), 3/16 de pulgada (4,76 milímetros) o hasta 1/4 de pulgada (6,35 milímetros) es una buena práctica en el buceo de naufragios.

gradable, podía ser abandonado en la superficie, dejando el otro extremo atado al naufragio, sabiendo que con el tiempo se descompondrá. Hoy día ha sido suplantado en gran parte por reels de gran tamaño de 5, 6 o más pulgadas (12 centímetros o más) de diámetro, con cuerda de nailon o, en algunos contados casos, con otras cuerdas más robustas[111] —tal parece que la biodegradabilidad ha cedido espacio a la practicidad— que, aunque tengan menor alcance, son aptos para la gran parte de los naufragios que se visitan.

Reel o reel de penetración

Más allá de que penetrar naufragios no sea nuestro principal objetivo, llevar con nosotros un reel de penetración puede resultarnos útil. Buceando Solo, debemos estar preparados para todo, ¿recuerda?

Los reels o *reels de penetración*, que en general, y por fuera de definiciones más rebuscadas, son lo mismo, vienen en diferentes modelos y tamaños. Algunos traen un agarre lateral; otros lo traen en la misma dirección del carrete. Cuál elegir es una cuestión de preferencia.

El tamaño debe estar de acuerdo a la cantidad de línea que necesitemos y al espesor que prefiramos. También debemos considerar practicidad; llevar colgados un par de reels de 8 pulgadas (15 centímetros) de diámetro no es lo más cómodo que se nos pueda ocurrir en ciertas condiciones. Dimensione sus reels de acuerdo con las necesidades de su próxima buceada, pero deje un poco de lugar para situaciones indeseables.

Spools

Los spools son los preferidos de muchos buzos para el lanzamiento de SMB, o como reels auxiliares en caso de tener que saltar de un lado a otro, por ejemplo para buscar una cuerda perdida o un extremo cortado. Son simples de utilizar, fáciles de llevar —casi no ocupan espacio— y, como no podía ser de otra manera, los hay de diferentes precios y calidades. Si nuestra intención es bucear Solo en naufragios o estructuras similares, lo recomendable es cargar con nosotros al menos un par de ellos como complemento a nuestro reel o reels primarios.

---

[111]   He visto utilizar paracord 550 en reels de buceo; de hecho, yo mismo poseo un par que utilizo para mis clases de naufragios. No obstante ello, para uso submarino es preferible el uso de cuerdas de polipropileno, por su resistencia al agua.

Imagen 2.10. Dos SMB listas para ser desplegadas cuando se requiera.

Reel o spool y SMB o bolsa de elevación

El uso de un SMB o una bolsa de elevación junto a un reel o spool se ha convertido en un método bastante común de implementar una línea de ascenso cuando no tenemos una línea fija disponible.

Ya sea que se ha planeado para ascender de esa manera o que, por el motivo que sea, hemos perdido la línea de ascenso, el uso de una SMB nos facilita un ascenso controlado y nos brinda una buena referencia a la hora de realizar las paradas de seguridad o descompresión.

Buceando Solo, y muchas veces también cuando lo hacemos en compañía, nos resulta conveniente contar con estas herramientas ya ensambladas entre sí para facilitar su despliegue y evitar tener que realizar el ensamble a mitad de agua, tal vez solucionando algún otro percance al mismo tiempo.

Ya sea que la dejemos ir desde donde comenzamos el ascenso o que ascendamos con ella hasta la primera parada de descompresión o seguridad,[112] podemos adaptar el uso de un mismo spool o reel a diferentes profundidades, lo que lo hace más cómodas y normaliza nuestras herramientas.

2.10. Verse abandonado o perderse en la superficie

Verse abandonado por el barco que lo ha llevado al punto de buceo o perderse en la superficie son pensamientos atemorizantes que alguna vez han cruzado por la mente de todo buzo.[113] Y no es para menos: perderse en alta mar es un tema que preocupa a los practicantes de todo tipo de actividad marina. Como tal, ha sido y sin duda seguirá siendo foco de artículos esporádicos y noticias, algunas un tanto sensacionalistas. Incluso publicaciones de renombre no vinculadas a temas náuticos, como *Mecánica Popular* y *Scientific American*, se han ocupado del tema. Los buzos no estamos solos en este asunto.

Ser olvidado por distracción

La verdad es que la probabilidad de que el charter en el que hayamos ido a bucear nos deje abandonados por descuido es realmente muy baja. El motivo por el cual al pensar en ello nos parezca un problema desproporcionadamente grande se debe más que nada a las serias consecuencias que, de suceder, puede acarrear. Morir ya no ocupa el primer lugar en la lista de las peores consecuencias: ese sitio ahora lo ocupa el padecer una larga agonía que puede durar días. Desafortunadamente, sabemos que esa probabilidad «realmente muy baja» mencionada algunos renglones más arriba es mayor que cero. Buzos han sido abandonados por descuido y seguramente también lo serán en el futuro. Ha sucedido, puede volver a suceder y seguramente lo hará.

---

112   En realidad, unos metros antes de llegar a la profundidad de dicha parada, ya que tenemos que considerar la inercia en nuestro movimiento ascendente.

113   La película *Open Water* (2003) cuenta la historia de una pareja abandonada por el bote que los había llevado a bucear. Si bien los sucesos de la historia son fantasía y se desarrollan en el mar Caribe, la propia película está inspirada en la tragedia de Eileen y Tom LONERGAN, abandonados por su bote mientras buceaban en la Gran Barrera de Coral, en Australia, en 1998. La tripulación del bote no se dio cuenta de lo ocurrido hasta dos días después. Nunca se los volvió a ver.

Buceando Solo, sin compañero que alerte de nuestra ausencia a una tripulación que puede estar distraída, los riesgos de ocurrencia podrían ser considerados mayores que si tuviéramos tal compañero de buceada (a menos, por supuesto, que ambos nos extraviáramos juntos). En otras palabras, buceando Solo no hay razón para suponer que las probabilidades de ser abandonados en el mar por culpa de una distracción de la tripulación mejoran con respecto a las que tendríamos si estuviéramos buceando en pareja o en equipo. Pero sin duda alguna, seguirán siendo realmente muy bajas.

Eso sí: es mi impresión que usted tiene muchas más probabilidades de sufrir la enfermedad de descompresión que de ser abandonado por el charter por puro error de conteo. ¡Y el resultado final puede ser aún peor!

El abandono

Es lógico pensar que si alguien se va a olvidar de un buzo en el agua, lo hará allí donde la rotación de buzos es muy elevada, y la tripulación del charter difícilmente conozca o recuerde a todos los buzos que utilizan sus servicios.

Para ser abandonado por el barco, no solamente la tripulación debe cometer la omisión de no darse cuenta de que usted no ha regresado: también otros buzos en el charter, incluyendo quienes estuvieran ubicados cerca de donde usted tenía o tiene parte de su equipamiento y donde se alistó para la buceada, no se han percatado de su ausencia. Justamente para evitar que esto suceda, la tripulación lleva una lista de cuántos y quiénes son cada uno de los buzos a bordo que zarparon de puerto en el barco y deben regresar a él, lista que en inglés se denomina *roll call*.

La tripulación también lleva una lista de quienes van saltando al agua, a qué hora lo han hecho y por cuánto tiempo estarán allí. Por ello, además de haber pasado desapercibido para la tripulación y el resto de los buzos a bordo, usted tiene que ser el último en emerger y hacerlo después de la hora convenida. ¿Cuánto después? Considerablemente después, sobre todo si el barco está amarrado al naufragio en el que se está buceando, ya que alguien de la tripulación debe descender a liberar la línea de amarre sin encontrarse con usted en ella realizando su parada de seguridad o las de descompresión que requiriera.

Accidentes pasan. Después de todo, sabemos que si algo puede salir mal, saldrá mal, pero no sobredimensione sus probabilidades por culpa de lo grave de sus consecuencias.

Perderse en la superficie

Perderse en la superficie es otro cantar. Sin importar cuán profesionales sean los tripulantes del charter o cuán bien organizados estén, si el buzo es barrido por la corriente lejos del barco, es posible que no sea visto ni escuchado; en particular, en condiciones de baja visibilidad debido a oleaje extremo[114] o a espesa niebla, o si el charter se suelta de su amarre y comienza a alejarse del sitio a causa de la corriente y la imposibilidad de encender sus motores[115] para mantener una posición más o menos fija y constante.

Si el sitio o el entorno donde se realizará la buceada es proclive a presentar corrientes fuertes o variables, y si la visibilidad dentro y fuera del agua puede llegar a verse comprometida, muchas veces se opta por poner en práctica procedimientos estrictos de descenso y ascenso. «Descienda y ascienda por la cuerda» puede ser uno de ellos; esa cuerda es generalmente la línea de amarre y, algunas veces, un conjunto de líneas adicionales, como ser las conocidas *línea carolina* y *línea de agarre* (*trail line*).

En la charla que el capitán del charter o un miembro de su tripulación realiza al comienzo del viaje se explica el procedimiento a seguir por todos y cada uno de los buzos para el descenso y el ascenso, entre otras cosas. Sígalo, no improvise.

En entornos de poca visibilidad, desobedecer —queriendo o sin querer— los procedimientos de descenso y ascenso indicados por la tripulación seguramente hará que el buzo no llegue al punto específico que intenta visitar o al que debe regresar. Si se trataba de un naufragio, descender libremente puede ocasionar que lleguemos a la arena quién sabe dónde. Seguramente no encontraremos el naufragio, y por ende, tampoco la línea de ascenso, lo que sumado a corrientes moderadas nos hará emerger considerablemente lejos del bote. Tal vez se nos dificulte el nadar en la superficie de regreso al charter y puede suceder que la tripulación no nos vea ni escuche; de allí la insistencia de las tripulaciones en este tipo de entornos de descender y ascender tal y como se ha indicado.

---

114   El oleaje no dificulta la visibilidad. Sin embargo, al encontrarnos en un entorno con movimientos —distracciones— en el fondo del campo de visión que nos rodea, existe la posibilidad de que nuestra capacidad para ver un objeto pequeño y lejano alejándose se vea sustancialmente reducida.

115   Con buzos en el agua, las hélices expuestas permanecen inmóviles para evitar accidentes.

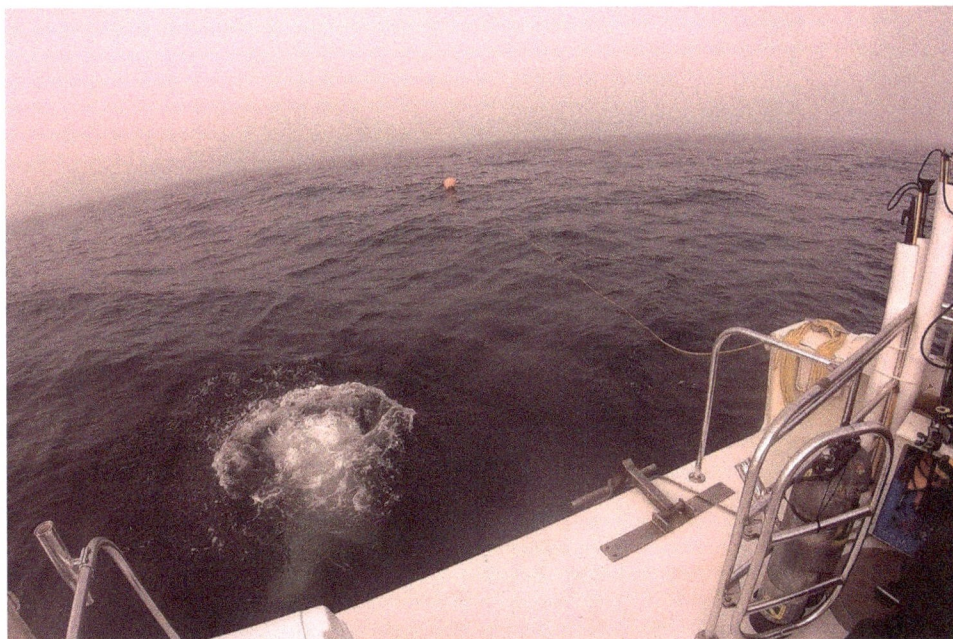

Imagen 2.11. Espesa niebla en Nueva Jersey, Estados Unidos. La visibilidad es de no más de 20 metros (60 pies); tal vez menos. Más allá de la boya donde termina la línea de agarre no hay más de 10 metros (30 pies) hasta donde comienza a perderse la visibilidad rápidamente.

Imagen 2.12. Casi la misma toma que en la fotografía anterior, pero en un día sin niebla.

Si además hubiera niebla, no tenemos que emerger muy lejos del bote para que no podamos verlo.

Perderse en la superficie al ser arrastrado por la corriente es, en el mejor de los casos, sumamente preocupante.

En esas condiciones puede que ni siquiera los silbatos o las modernas cornetas que algunos buceadores colocan en la manguera del inflador del BCD nos sean útiles para llamar la atención de la tripulación. Afortunadamente, existen una serie de herramientas a considerar para estos casos. Si bucea Solo, y si lo puede llegar a hacer en condiciones como estas, considere seriamente adquirir algunas.

SMB

En caso de extraviarnos en la superficie, tener con nosotros un SMB (*surface marker buoy*) es una gran ayuda y, en muchos casos, directamente un requerimiento. El buzo en el agua y a la distancia pasa fácilmente desapercibido para quien no lo esté buscando. Si el mar está picado, esta situación empeora considerablemente y puede que no lo vean aunque lo busquen. Por ello, llevar con nosotros un tubo de colores llamativos —anaranjado o, en su defecto, amarillo brillante— que se extienda un metro y medio o dos (5 a 7 pies) sobre la superficie nos permite ser vistos a la distancia. Si está cayendo la noche, podríamos colocarle una luz de marcación estroboscópica en la punta.

La SMB —¿o es «el» SMB?— es algo que todo buceador debería llevar consigo en toda buceada que realice. Pero existen otras herramientas a nuestro alcance que nos ofrecen, de una u otra forma, cierta ayuda en estos casos. Algunas de ellas, como ser bengalas o tinta para marcar a nuestro alrededor una gran superficie de un color llamativo, referidas habitualmente en textos o libros de buceo, ya han dejado de ser parte del arsenal de los buceadores recreativos, si es que alguna vez lo han sido.

Lo tiempos cambian y las tecnologías se actualizan, y en lo concerniente a pedido de auxilio, los PLB (*personal locator beacon*, que puede traducirse a algo así como «indicadores de localización personales») son un camino generalmente[116] más seguro.

---

116   Depende de dónde —en el mundo— nos encontremos buceando.

Imagen 2.13. En Florida, Estados Unidos, esperando ser recogido por el charter. Esta foto no se debe a haberme perdido en la superficie, sino a que allí es común ascender libremente con SMB y reel; luego, el charter pasa a recoger a los buzos, uno por uno, guiado por los SMB. Se trata de una práctica más segura de lo que al leer sobre ella pueda parecer.

PLB (personal locator beacon)

Los PLB son dispositivos que mediante la activación manual por parte del usuario transmiten una señal de pedido de auxilio en la banda satelital de 406 MHz. Esta, al ser reenviada a una estación en tierra, da inicio al proceso de rescate, cuyos procedimientos puntuales dependerán de dónde en el mundo nos encontremos. Si, este sistema satelital tiene cobertura mundial, al menos en lo que a la transmisión de la señal de auxilio se refiere.[117]

117   Esperemos que haya alguien allí para ir a buscarnos. Si bien el dispositivo está diseñado para funcionar en todo el mundo, su efectividad en ciertos lugares dependerá de otros factores que debemos considerar.

Modelos anteriores utilizaban la banda de los 121,5 MHz. Esa señal ha dejado de ser monitoreada por el sistema de satélites, aunque puede ser monitoreada por sistemas locales, los cuales, de hecho, la utilizan o pueden utilizar para ayudar a triangular la posición del usuario en apuros. Tan es así que hoy día aún se producen modelos de doble banda (121,5 y 406 MHz).

Los PLB modernos obtienen su posición de la constelación de satélites de GPS que orbitan la Tierra. Por ello, podemos inferir que nuestra posición, transmitida en la señal de pedido de auxilio, es bastante precisa. Estos PLB, una vez activados, transmitirán la señal de pedido de auxilio por lo menos durante 24 horas —este es el requerimiento que el fabricante debe cumplir en lo que respecta a la duración de la batería—, con lo cual las coordenadas se irán actualizando a medida que las corrientes muevan a buzo de un lugar a otro.

El principal inconveniente de la gran mayoría de los PLB, desde nuestro punto de vista de buzos, es que requieren de un contenedor presurizado para poder ser llevados a las profundidades. De nada nos servirá dejarlos en el barco antes de saltar al agua. Afortunadamente, existen algunos modelos que poseen como accesorio estándar —vendido por separado, por supuesto— el contenedor que le permite ser sumergido. Tal es el caso del Garmin inReach Mini, que ofrece un contenedor que lo protegerá hasta los 100 metros (330 pies) de profundidad. Este artículo no solamente ofrece prestaciones de PLB, sino que además permite comunicación satelital bidireccional via mensajes de texto, lo que podría llegar a ser útil en ciertas condiciones de emergencia.

Imagen 2.14.
PLB Garmin y su caja protectora para poder sumergirlo.

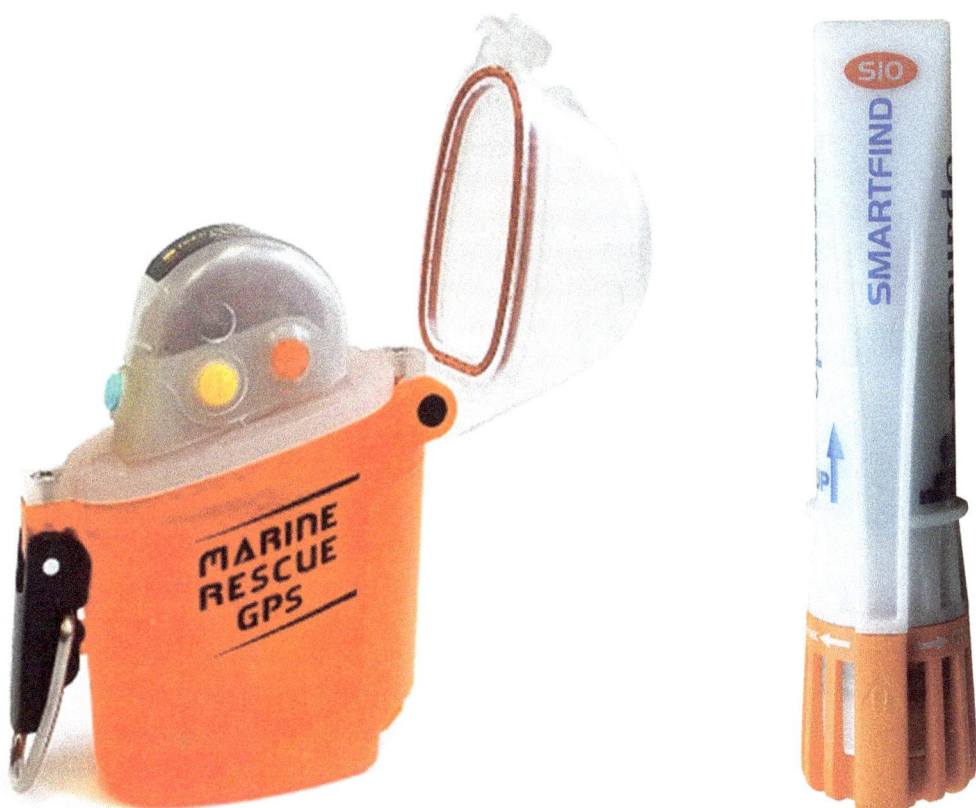

Imagen 2.15. Ejemplos de localizadores personales no satelitales.

Localizadores personales no satelitales (VHF)

A diferencia de los PLB, estos otros localizadores personales transmiten la señal de pedido de auxilio directamente a los barcos u operadores de rescate que se encuentren dentro de la línea de horizonte (y un poco más). Si bien esto limita su rango de alcance considerablemente, en muchos casos permite una respuesta mucho más rápida y menos burocrática. El pedido de auxilio puede ser recibido por el propio charter desde el que estábamos buceando u otros barcos cercanos, sin tener que pasar por el sistema satélite-tierra-servicio de rescate.

La posición aún se determina mediante la función de receptor GPS incluida, pero, tal y como se indicó en el párrafo anterior, la transmisión del pedido de auxilio no es satelital sino local.

El Nautilus Marine Rescue GPS es un ejemplo de estos dispositivos, y viene listo para ser sumergido hasta 130 metros (425 pies). El McMurdo S10 es otro ejemplo; viene listo para ser sumergido hasta 60 metros (200 pies).

¿Cuál elegir?

Dependerá de dónde estemos buceando. Si nos encontramos cerca de la costa, donde abundan los barcos y los servicios de rescate son eficientes, lo más conveniente puede llegar a ser un localizador personal no satelital. Habrá abundantes oportunidades de rescate, incluido el propio charter que nos ha llevado al sitio de buceo. Si, en cambio, vamos a bucear a lugares más apartados, o con condiciones más severas, un PLB satelital puede ser la mejor opción.

Ante la duda, si va a bucear a un sitio que no conoce y del cual no tiene idea de cómo operan los servicios de rescate, lleve ambos. Ya ha gastado miles de dólares en equipamiento; unos pocos cientos más no lo dejarán en bancarrota y le pueden salvar la vida.

¿Qué hacer si nos perdemos en la superficie?

Lo primero que debemos hacer es tratar de no perder el control. Antes de entrar en pánico y activar un PLB satelital que tal vez tengamos con nosotros, asegurémonos de estar definitivamente perdidos. Con el océano tan solo un poco picado se nos dificulta mucho poder ver botes a tan solo unas decenas de metros de distancia (una centena o más de pies), sobre todo si son botes bajos. Infle su SMB, si aún no lo ha hecho; dese un par de minutos para buscar su bote en el horizonte. Trate de recordar si durante la charla informativa, o en algún otro momento, la tripulación comentó que iría a dejar o recoger otros buzos a otros sitios mientras usted se encontrara bajo el agua.

Luego de unos minutos de búsqueda infructuosa, y si le queda claro que ha sido dejado abandonado, olvidado o a propósito, y si posee un PLB, úselo. Si tiene ambos tipos de PLB, local y satelital, utilice primero el local, y si tras esperar un rato no tiene resultados, utilice el satelital.

Mientras espera ser rescatado, ya sea que tenga un PLB o no, prepárese para lo que puede ser un buen rato de espera, arrastrado por la corriente. Déjese arrastrar, no luche contra ella;[118] guarde sus fuerzas y conserve re-

---

[118]   A menos que esté a poca distancia de una solución y crea realísticamente que la puede alcanzar.

cursos para cuando sean eficaces. Los equipos de rescate tomarán en cuenta las corrientes y establecerán un patrón de búsqueda acorde. Por su parte, los PLB irán actualizando sus coordenadas según vayan cambiando.

Cúbrase del sol, ponga su flotabilidad lo más positiva que pueda. ¿Posee más de 1 SMB? Póngalas a trabajar. ¿Lleva con usted, además de un SMB, una bolsa de elevación? Ínflela y conéctela al BCD (para no tener que estar agarrándola): puede hacerlo más visible para los equipos de búsqueda y rescate (sobre todo, los aéreos).

¿Es usted extremista y quiere estar seguro de extender su supervivencia perdido en alta mar más allá de un par de días?[119] Lleve con usted en el bolsillo de su traje un par de botellas de agua potable;[120] no afectarán su flotabilidad durante la buceada ni le agregarán peso.

Es una situación extrema, no se lo voy a negar. Parece bastante obvio afirmar que si nos vemos envueltos en ella, debemos poner lo máximo de nuestra parte para arribar a un desenlace feliz. Después de todo, ya estamos en una situación muy mala; de ahora en más, solo queda mejorar. Y para mejorar necesitamos, entre otras cosas, estar tranquilos para no tomar decisiones que dificulten nuestro rescate.

[119] Yo no lo soy.

[120] Si va a llevar botellas de plástico, destápelas antes de sumergirse y quíteles el poco de aire que tienen para asegurarse de que en su interior solamente hay agua. Tápelas nuevamente. No necesitará asegurar las tapas de ninguna manera especial: el agua dentro de la botella, al igual que aquella en la que estará buceando, es incompresible; la botella no estará sometida a ningún estrés mecánico.

Gas

3

3.1. Enfermedad de descompresión

Al descender, y también durante la etapa de fondo, la mayor presión ambiente provoca que nuestros tejidos absorban y almacenen los gases inertes que le llegan desde nuestro cilindro de gas. El sistema circulatorio recoge este gas de los pulmones y lo transporta al resto del organismo. La diferencia de presiones[121] es el motor que provoca la absorción. Durante el ascenso, el sentido de la diferencia de presiones se invierte y los tejidos comienzan —a diferentes profundidades— a eliminar el exceso de gas previamente absorbido.[122]

Considerando todo ello, la *enfermedad de descompresión* se produce por un rápido ascenso que provoca que el gas inerte almacenado en los tejidos no tenga tiempo de ser debidamente transportado por el sistema circula-

---

[121] La presión ambiente se incrementa a medida que aumenta la profundidad. La presión parcial de los gases en los pulmones la sigue de manera casi instantánea. La presión parcial de los gases en los pulmones es ahora mayor que la del sistema circulatorio, por lo que este último comienza a absorberlo y transportarlo hacia el resto del organismo, que posee una presión parcial menor.

[122] Al ascender, la presión ambiente disminuye y la presión parcial de los gases en los pulmones la sigue de manera casi instantánea. Los gases en el sistema circulatorio, ahora con una presión parcial mayor que la existente en el sistema respiratorio, comienzan a ser eliminados hacia este, y desde los pulmones, hacia fuera del organismo. El proceso continúa de la misma manera, con los gases previamente absorbidos y almacenados en los tejidos, ahora con mayor presión parcial que en el sistema circulatorio, difundiéndose hacia este último y de él a los pulmones.

torio a los pulmones para ser exhalado fuera del organismo antes de que se formen burbujas dentro del cuerpo por culpa de una rápida disminución de la presión ambiente. Normalmente evitamos esa rápida disminución de la presión ambiente de dos maneras. Primeramente, limitamos la velocidad de ascenso a 9 metros (30 pies) por minuto.[123] La descompresión, o eliminación de los gases inertes previamente absorbidos, la realizamos al ir ascendiendo. En segundo lugar, y para aquellas buceadas en las cuales se ha absorbido una mayor cantidad de gas inerte que las que esa velocidad de ascenso nos permita eliminar de manera segura, realizamos paradas de descompresión en nuestro camino a la superficie.

La condición necesaria y suficiente para la aparición de la enfermedad de descompresión es una y solamente una: no realizar la descompresión suficiente,[124] [125] [126] ya sea por ascender más velozmente de lo debido, por no

[123]   Este valor de 9 metros (30 pies) por minuto ha venido cambiando a medida que la experiencia nos ha mostrado la necesidad de ello. Sin embargo, hay que hacer notar tres puntos importantes. El primero es que en los últimos metros o pies del ascenso, luego de la parada de seguridad o de la última parada de descompresión, es ampliamente aceptado hoy día que la velocidad de ascenso puede —y tal vez debería— ser reducida lo máximo posible. El segundo es que por debajo de los 9 metros (30 pies) de profundidad no es conveniente reducir la velocidad de ascenso por debajo de esos 9 metros (30 pies) por minuto. La idea intuitiva de que más despacio debería ser mejor no es cierta. Algunos tejidos continúan absorbiendo gases inertes que deberán ser eliminados antes de emerger. En tercer lugar, y para buceadas profundas, algunos buzos utilizan velocidades de ascenso mayores en las primeras etapas de dicho ascenso, ya que el gradiente de la presión ambiente por metro o pie ascendido es porcentualmente menor al existente a menores profundidades; no haga esto a menos que sepa muy bien lo que está haciendo.

[124]   El hecho de que establecer esa suficiencia sea una tarea difícil e incierta no cambia la tautología implícita en ella. Si no hacemos suficiente descompresión, sufriremos la enfermedad de descompresión; por lo tanto, si sufrimos la enfermedad de descompresión es porque no hemos realizado la descompresión suficiente. No hay consideraciones que puedan alterar ese juicio.

[125]   Los factores tan conocidos por todos, como ser el perfil de la buceada —profundidades, tiempos, temperaturas, esfuerzo realizado— o un estado físico de salud que nos predisponga a sufrirla, crean o modifican las condiciones y, por ende, intervienen en que la cantidad de descompresión planeada y realizada pueda o no ser suficiente. Pero si al final de la buceada no sufrimos la enfermedad de descompresión es porque lo ha sido. Si la sufrimos es porque no; independientemente de que en nuestras previsiones —plan— debería haberlo sido.

[126]   La idea —aceptada por algunos buceadores, defendida por algunos propulsores de algunos algoritmos y empujada por algunos fabricantes y vendedores de algunas

habernos detenido lo suficiente durante el ascenso o por ambos motivos. Esto es independiente de que se trate de una buceada con paradas de descompresión obligatorias o de una realizada dentro de los límites aceptados de no descompresión.

En las buceadas dentro de los límites de no descompresión también se produce, obviamente, absorción de gases inertes durante el descenso, el tiempo de fondo y parte del ascenso. Las tablas de no descompresión, así como los programas de planificación de buceadas y las indicaciones de las computadoras de buceo, siguen un algoritmo específico que podrá ser mejor o peor, dinámico y en tiempo real o estático y ejecutado durante el momento de la planificación, pero algoritmo al fin de cuentas.

Con todo esto, debemos reconocer que la tan mentada frase «toda buceada es una buceada de descompresión» es, lamentablemente para los buceadores deportivos, muy cierta.

¿En qué difiere esto en el caso de buceadores Solo? Que solamente lo hace desde un punto de vista operativo, durante la ejecución de la buceada. No hay allí un compañero que nos ayude con recursos cuya falta nos puede hacer sufrir la enfermedad de descompresión.[127] No tenemos alguien con cabeza fría para calmarnos antes de entrar en pánico si es que una situación repentina comienza a escalar en esa dirección. O incluso para guiarnos si caemos víctimas de narcosis.

Buceando Solo, debemos mantener muchas cosas bajo control, sin posibilidad de fallas. Nuestro plan de buceada debe atender esa necesidad. Nuestra ejecución de la buceada requiere que tengamos mucho mayor control en todo momento.

La enfermedad descompresión en sí misma es exactamente igual de mala para el buceador Solo que para el que bucea en pareja o grupo. Sin embargo, el primero debe tener presente que evitarla requiere de él mayor previsión y un poco de trabajo extra. Si está realizando buceadas con paradas de descompresión mandatorias, sabrá del riesgo extra que ejecutarlas Solo implica.

Si los síntomas aparecen, sobre todo luego de finalizada la buceada, reconózcalos, no los niegue. Busque ayuda. Avísele a la tripulación del charter, preste atención a la evolución de los síntomas.

....

computadoras de buceo— de que ahorrarse unos minutos de tiempo de descompresión arroja «una buceada más eficiente» es, en el mejor de los casos, peligrosa.

127   Por ejemplo, gas para realizar una parada de seguridad o descompresión, ayuda para corregir un problema de flotabilidad y evitar sufrir un ascenso descontrolado, o una SMB para implementar una línea de ascenso de emergencia.

Si está buceando Solo sin otros buzos alrededor y no lo está haciendo desde un charter donde la tripulación pueda prestarle ayuda, deberá recurrir a otras personas a su alrededor una vez que llegue a tierra. Prepare alguna cartilla con instrucciones —pocas, simples— que pueda entregarle a quienes no son buzos y nada saben de nuestros males y sus soluciones. Tenga con usted oxígeno y un adecuado kit de primeros auxilios, tal vez en su vehículo o con sus equipos en tierra. Una buena radio nunca estará de más; averigüe qué canales son monitoreados localmente por las autoridades y los servicios de emergencia.

Si bucea por usted mismo en algún lugar remoto, sin otras personas alrededor, ni siquiera turistas en la playa, sepa que estará corriendo un riesgo aún mayor. Ya no está solamente buceando Solo: además, estará solo luego de emerger y llegar a tierra. Debe tener una estrategia de salida adecuada, un procedimiento de emergencia efectivo. En estos casos, y desde el punto de vista exclusivo de la enfermedad de descompresión, aléjese de los límites, utilice parámetros más conservadores, planee una buceada más simple.

3.2. Narcosis

Narcosis, a secas, es el término más general para referirse al efecto narcótico que el buceador experimenta en las profundidades debido a la mayor presión parcial de ciertos gases contenidos en la mezcla que respira. Páginas y más páginas sobre este tema pueden encontrarse fácilmente en internet.

Estamos acostumbrados a repetir que el nitrógeno es narcótico a presiones de unas pocas atmósferas, y lo es. Pero tenemos que recordar que hoy es ampliamente aceptado que el oxígeno es tan narcótico como el nitrógeno. Por ello, los nombres a los que estábamos tan acostumbrados de «narcosis de nitrógeno» o «narcosis de gases inertes» no son del todo oportunos.

Lamentablemente, la palabra *narcosis* en sí misma nos resulta un tanto benigna; tiende a disimular la gravedad del efecto. Si tuviera un nombre más aterrador, la veríamos como el disparador de problemas potencialmente graves que realmente es, sobre todo para el buceador Solo.

La narcosis afecta en diferentes grados nuestras funciones cognitivas. Nos puede poner en grave riesgo, dependiendo de la severidad con la que se manifieste. Es casi un consenso entre profesionales de medicina hiperbárica que no hay inmunidad ante ella; todos somos, en mayor o menor grado, susceptibles y nos afectará a una u otra profundidad, sin excepciones aparentes. Un buzo con experiencia puede aprender a reconocerla en algunos casos y tal vez sea capaz de actuar en consecuencia; pero aun así, el riesgo que presenta no debe ser menospreciado.[128]

Las condiciones del entorno y la propia buceada juegan un papel importantísimo en cómo y con qué severidad puede manifestarse la narcosis. Esa variabilidad provoca que algunos buzos no la tomen con la debida seriedad; tal vez se deba a que han estado «a esas profundidades o más» en reiteradas ocasiones y nunca «han notado» sus efectos. Puede ser que la sufrieran y no se dieran cuenta. Pero también pueden no haberse dado otras circunstancias que la fomentaran.

Un factor importante en la aparición de la narcosis es el esfuerzo que el buzo realiza durante la buceada. Cuando nos esforzamos más, acortamos el ciclo respiratorio, no evacuamos completamente el gas de nuestros pulmones antes de tomar la siguiente bocanada y más dióxido de carbono producimos y retenemos. Ello puede rápidamente llevarnos a una condición de *hipercapnia* —demasiado CO_2 en el torrente sanguíneo—, lo que puede incrementar la severidad de la narcosis.

Al bucear Solo, debemos hacerlo con mayor tranquilidad, sin prisa, realizando el menor esfuerzo posible y asegurándonos de respirar de la manera adecuada. Estudios se han hecho y se siguen haciendo. Resultados se revelan, se aceptan, se ponen a prueba, se modifican, se niegan, se vuelven a aceptar, se ajustan y así sucesivamente. Pero dos afirmaciones parecen seguir siendo válidas: reduzca el esfuerzo al mínimo y no se crea inmune a la narcosis.

Tampoco desarrolle una obsesión con ella. Si bucea en pareja o en grupo y le sucede, sepa reconocerla y tome acción. Es bueno que se mentalice que más temprano que tarde le sucederá a usted o a alguno de sus compañeros. Si bucea Solo, conozca sus limitaciones, no se crea un superhombre. Sepa hasta qué profundidades puede bucear de manera más o menos segura, en lo que a la aparición de la narcosis se refiere. Espérela, reconózcala y actúe, aunque debo admitir que reconocerla en uno mismo no es tan simple (y la mayoría de las veces no sucederá).

Buceando Solo, la mejor prevención ante la narcosis a nuestro alcance es utilizar mezclas que reemplacen parte de su contenido por he-

128   Debemos aprender a considerar que aquello que nos inhabilita para tomar buenas decisiones es un foco de riesgo que debemos atender adecuadamente.

lio.[129] [130] De esta manera, en lo que a la narcosis se refiere, podemos bucear por ejemplo a 50 metros (160 pies), y más, tal como si lo hiciéramos con aire a 30 metros (100 pies) o menos. Las mezclas con helio nos permiten ajustar lo que se denomina *profundidad narcótica equivalente*, que es básicamente lo mencionado en la oración anterior: hacer que la mezcla se comporte, desde el punto de vista de su efecto narcótico, como si el buzo estuviera buceando con aire a una profundidad menor.

El principal problema que presentan las mezclas con helio es el precio. Cargar un par de cilindros dobles de 15 litros (120 cuft) con un 35 % de helio puede fácilmente costar de 150 a 200 dólares (al menos en la costa noreste de los Estados Unidos, en 2022). Y, por supuesto, no se trata de ir al centro de buceo y pedirle que le pongan cierto porcentaje de helio en sus cilindros: usted tendrá que capacitarse adecuadamente antes de poder bucear con helio.

3.3. Toxicidad de oxígeno

Cuando el PPO2 (*presión parcial de oxígeno*) de la mezcla respirada es mayor a 0,21 ata, valor que corresponde a respirar aire en la superficie,[131] nuestro organismo se encuentra en una condición de *hiperoxia*.[132]

---

129   El helio no presenta características narcóticas a las profundidades en las cuales el buceo recreativo, ya sea deportivo o técnico, mayormente se realiza.

130   Sin embargo, el helio, a grandes profundidades y con las grandes velocidades de descenso utilizadas por los buceadores recreativos —decenas de metros o pies por minuto—, puede conducir a lo que se conoce como *síndrome neurológico —o nervioso— de alta presión (SNAP)* o *HPNS (high pressure nervous syndrome*, en inglés). Algunos autores sitúan el punto de peligro para la aparición de este síndrome en los 120 metros (400 pies), mientras que otros lo hacen a profundidades mayores. Este SNAP puede ser tan o más peligroso que la propia narcosis, ya que el buzo puede llegar a convulsionar a consecuencia de él.

131   En la superficie, la presión atmosférica o presión total es de 1 atm. El aire contiene un 21 % de oxígeno, por lo que la presión parcial de oxígeno (PPO2) será el 21 % de 1 atm de presión, esto es, 0,21 atm. El cambio de nomenclatura de la unidad *atm* por *ata* es, como lo explicáramos en su momento, simplemente para indicar que ese valor corresponde a *atmósferas absolutas*.

132   En este sentido, hiperoxia es, en sí mismo, solamente un término, una etiqueta que define esta condición clínica de un mayor nivel de oxígeno en los tejidos al que se ha arribado a consecuencia de una dosis elevada de oxígeno en el sistema circulatorio (hiperoxemia), a la cual a su vez se llega por respirar una elevada PPO2.

Dependiendo de cuán elevados sean los aludidos niveles de oxígeno (dosis) y por cuánto tiempo estén presentes (tiempo de exposición), puede suceder que dicha hiperoxia dé lugar a dos variantes de la denominada toxicidad de oxígeno: *toxicidad de oxígeno pulmonar o de cuerpo completo*, y *toxicidad de oxígeno del sistema nervioso central o CNS* (por las siglas de su equivalente en inglés *central nervous system*), las que no son mutuamente excluyentes.

Toxicidad de oxígeno pulmonar o de cuerpo completo

Exposiciones a PPO_2 de 0,5 ata y superiores comenzarán a afectar a nuestros tejidos en mayor o menor grado, dependiendo de la dosis y del tiempo de exposición. Sus síntomas o consecuencias más comunes son tos, irritación de garganta, trastornos respiratorios, molestias o dolor al llenar los pulmones y acumulación de fluidos en ellos, espasmos en los músculos de manos y cara, picazón en la piel, dolores en el pecho, dolores de cabeza, mareos, confusión, visión borrosa y malestares en general, pero sin seguir ningún orden predeterminado.

Para facilitar los cálculos, y siguiendo métodos empíricos, se ha establecido la unidad denominada *OTU*, por las siglas en inglés de *oxygen tolerance unit*, con la cual poder cuantificar fácilmente las dosis de oxígeno recibidas en diferentes tiempos y a diferentes PPO_2. Esto permite un cálculo sencillo de la dosis total por buceada y, en caso de buceadas múltiples, por día o días de buceo consecutivos. Una OTU se define como la dosis equivalente a la que se recibiría respirando oxígeno puro a 1 ata (en la superficie) durante un minuto.

Los valores de la tabla 3.1[133] expresan, para diferentes PPO_2, los tiempos máximos recomendados por NOAA para buceadas simples —una sola buceada— y el valor correspondiente de OTU por minuto que esas dosis producen. Por ejemplo, a una profundidad de 30 mts (100 ft o 4 ata), durante 25 minutos, con EAN30:

$$PPO_2 = 4 \text{ ata} \times 0,30 = 1,2 \text{ ata}$$

[133]   Fuente: *NOAA Diving Manual*, Administración Nacional Oceánica y Atmosférica del Departamento de Comercio de los Estados Unidos.

PO2 (en ata)	Máxima exposición simple (en minutos)	OTU por minuto
1,80	—	2,21
1,75	—	2,14
1,70	—	2,07
1,65	—	2,00
1,60	45	1,92
1,55	83	1,85
1,50	120	1,78
1,45	135	1,70
1,40	150	1,63
1,35	165	1,55
1,30	180	1,48
1,25	195	1,40
1,20	210	1,32
1,15	225	1,24
1,10	240	1,16
1,05	270	1,08
1,00	300	1,00
0,95	330	0,92
0,90	360	0,83
0,85	405	0,74
0,80	450	0,65
0,75	510	0,56
0,70	570	0,47
0,65	645	0,37
0,60	720	0,27
0,55	—	0,15
0,50	—	0,00

Tabla 3.1
Toxicidad
pulmonar o de
cuerpo entero

Días de exposición	OTU promedio por día	OTU totales
1	850	850
2	700	1.400
3	620	1.860
4	525	2.100
5	460	2.300
6	420	2.520
7	380	2.660
8	350	2.800
9	330	2.970
10	310	3.100
11	300	3.300
12	300	3600
13	300	3900
14	300	4200
15 o más	300	—

De la tabla 3.1, a una PPO2 de 1,2 ata le corresponden 1,32 OTU por minuto. En 25 minutos, esto representa:

$$1,32 \text{ OTU/min} \times 25 \text{ min} = 30 \text{ OTU}$$

En el ejemplo anterior se observa claramente que los 25 minutos que dura la buceada son considerablemente menores que el máximo de 210 minutos que la tabla 3.1 (segunda columna) lista como límite máximo de exposición simple para 1,2 ata (primera columna).

Para buceadas multinivel, en las que los niveles posean diferencias importantes de profundidad entre ellos, se pueden realizar cálculos parciales de OTU por nivel, dependiendo de la dosis y del tiempo de exposición en cada uno de esos niveles, y sumar los resultados parciales para obtener el total.

Si se realiza más de una buceada a la exposición máxima de 1,6 ata (primera columna de la tabla 3.1), NOAA sugiere realizar un intervalo de superficie de al menos 90 minutos entre buceadas. Si una o más buceadas en un período de 24 horas llegan o superan el límite máximo de exposición simple (segunda columna de la tabla 3.1), NOAA sugiere un intervalo de al menos 2 horas antes de proseguir con las buceadas. Un intervalo de 12 horas reinicializa el conteo de estas exposiciones.

La tabla 3.2 lista la exposición máxima recomendada para buceadas simples y repetitivas realizadas en uno o más días consecutivos. En ella, la primera columna lista el número de días por los que se extienden las buceadas repetitivas en cuestión. La segunda columna lista el límite diario para cada caso, un mero promedio diario del valor total indicado en la tercera columna. Nótese que a medida que el número de días crece, dicho límite diario disminuye hasta llegar a 300 OTU.

Toxicidad de oxígeno CNS

Exposiciones a PPO2 de 1,2 o 1,3 ata y superiores pueden comenzar a afectar los tejidos de nuestro sistema nervioso central. La industria recomienda mantener las exposiciones máximas en cada buceada a valores menores a 1,4 ata para las porciones de fondo y de 1,6 ata para las paradas de descompresión. Dada la gravedad de las consecuencias que esta toxicidad de oxígeno CNS posee, tal vez sea conveniente revisar esta estrategia a valores un poco más conservadores, sobre todo buceando Solo, donde no contamos con ayuda de terceros. Utilizar valores máximos de 1,2 ata para las porciones de fondo y 1,4 ata para las paradas de descompresión nos ofrece un menor nivel de riesgo a cambio, por supuesto, de una mayor absorción de nitrógeno y un mayor tiempo de descompresión. Pero buceamos por *hobby*, no deberíamos estar tan apurados que no podamos tomarnos unos minutos extra para reducir el mencionado riesgo. Piénselo.

A diferencia de la toxicidad de oxígeno pulmonar o de cuerpo completo, esta toxicidad de oxígeno CNS puede producirse con tiempos de exposición muy breves, y su severidad también estará de cierta manera relacionada a la dosis y al mencionado tiempo de exposición.

Es bien aceptado en nuestra disciplina que el riesgo de sufrir la toxicidad de oxígeno CNS se dispara luego de un breve período a una PPO2 de 1,6 ata o más. El manual de buceo de NOAA cita como posible, para que esto ocurra, un rango de tiempos entre aproximadamente 5 y 50 minutos, aclarando que esto es altamente variable.

PO2 (en ata)	% CNS por minuto	Límite para una buceada simple (en minutos)	Límite para 24 horas (en minutos)
0,6	0,14	720	720
0,7	0,18	570	570
0,8	0,22	450	450
0,9	0,28	360	360
1	0,33	300	300
1,1	0,37	270	270
1,2	0,48	210	240
1,3	0,56	180	210
1,4	0,67	150	180
1,5	0,83	120	180
1,6	2,22	45	150

Tabla 3.3. Toxicidad CNS

A la lista de síntomas o consecuencias de la toxicidad de oxígeno pulmonar o de cuerpo completo se le suman náuseas y convulsiones. Esto le da un grado de severidad mucho mayor, ya que no cuesta mucho imaginarnos el mal rato que las náuseas nos pueden hacer pasar y las consecuencias que nos pueden traer aparejadas, fundamentalmente debido a que nos dificultarán el proceder, comprometiendo seriamente nuestra seguridad. Las convulsiones, por su parte, son un caso extremo, con consecuencias que pueden llegar a ser fulminantes y que perfectamente pueden producirse repentinamente y sin ningún otro síntoma previo. Convulsionar bajo el agua tiene una gran probabilidad de conducirnos al ahogamiento.

Buceando en general, y haciéndolo Solo en particular, la posibilidad de sufrir la toxicidad de oxígeno CNS es algo que no podemos darnos el lujo de desatender, explícitamente durante las etapas de planificación, y debemos vigilar activamente durante la ejecución de todas y cada una de nuestras buceadas. Recordemos, además, que otros síntomas más benignos no siempre están presentes y que el buzo puede pasar directamente a convulsionar sin aviso previo.

NOAA ha confeccionado una tabla (ver tabla 3.3) con límites de exposición en minutos, dependiendo de la PPO2 a la que nos estemos exponiendo. En ella vemos que para una PPO2 de 1,2 ata, el límite de tiempo de exposición es de 210 minutos en una buceada simple o 240 minutos para un rango de 24 horas con buceadas repetitivas. En buceadas múltiples es común calcular el porcentaje de la dosis total a la que hemos estado expuestos «hasta ahora» para saber cuánto nos queda para poder exponernos sin pasarnos del límite (100 %). Para ello, la segunda columna («% CNS por minuto») facilita el cálculo, simplemente mediante la multiplicación de los minutos que hayamos buceado y la PPO2 a la que lo hayamos hecho. Sumando porcentajes, se simplifica la interpolación de tiempos a diferentes PPO2. El resultado final no puede superar el 100 %, aunque los componentes porcentuales hayan sido calculados a diferentes PPO2. Por ejemplo: con EAN30, primero a una profundidad de 30 mts (100 ft o 4 ata), durante 25 minutos; luego a 20 metros (60 ft o 3 ata),[134] por otros 30 minutos:

$$PPO2 \text{ @ } 4 \text{ ata} = 4 \text{ ata} \times 0,3 = 1,2 \text{ ata}$$
$$PPO2 \text{ @ } 3 \text{ ata} = 3 \text{ ata} \times 0,3 = 0,9 \text{ ata}$$

De la tabla de toxicidad CNS, a una PPO2 de 1,2 ata le corresponde una dosis máxima de 210 minutos; los 25 minutos que dura la buceada representan $(25 \times 100) \div 210 = 12$ %. De la misma tabla, a una PPO2 de 0,9 ata le corresponde una dosis máxima de 360 minutos; los 30 minutos que dura la buceada representan $(30 \times 100) \div 360 = 9$ %. El porcentaje total de CNS es $12 \% + 9 \% = 21 \%$.

Ahora bien, ese 100 % de CNS indicado como dosis máxima por buceada o por período de 24 horas parece ser, según algunas voces de la industria, un poco agresivo. Una gran parte de dicha industria recomienda utilizar —y utiliza— el 80 % de esos límites como límite verdadero. Las consecuencias de la toxicidad de oxígeno CNS pueden ser tales que bien ameritan ser extracautos en este sentido.

Pero hay más. Algunos buceadores hacen los mayores esfuerzos por mantener ese porcentaje de CNS al final de cada buceada en valores que oscilen entre el 30 y el 50 % de los valores máximos originales (100 %), so-

---

[134] Veinte metros es, desde todo punto de vista práctico, equivalente a 60 pies y 3 ata (ver apartado 1.8 «El micrómetro, la tiza y el hacha»).

bre todo al utilizar mezclas ricas en oxígeno como parte de sus estrategias de descompresión.

Toxicidad de oxígeno: software de planificación

Veamos cómo sería el valor de las OTU calculadas por MultiDeco para la buceada de uno de los ejemplos anteriores, el relativo a la toxicidad de oxígeno pulmonar:

```
MultiDeco 4.17 by Ross Hemingway,
 ZHL code by Erik C. Baker.
 Decompression model: ZHL16-C + GF
 DIVE PLAN
 Surface interval = 5 day 0 hr 0 min.
 Elevation = 0m
 Conservatism = GF 55/75
 Dec to  30m                (1)  Nitrox 30  18m/min descent.
 Level   30m     21:20      (23) Nitrox 30  1.19  ppO2, 25m ead
 Asc to   6m                (25) Nitrox 30  -9m/min ascent.
 Stop at  6m      0:20      (26) Nitrox 30  0.48  ppO2, 4m ead
 Stop at  3m      3:00      (29) Nitrox 30  0.39  ppO2, 2m ead
 Surface                    (30) Nitrox 30  -3m/min ascent.
 OTU's this dive: 31
 CNS Total: 11.1%
 Gas density: 4.8g/l
 2025.9 ltr  Nitrox 30
 2025.9 ltr  TOTAL
DIVE PLAN COMPLETE
```

El valor dado por MultiDeco es de 31 OTU, bastante cercano al calculado a mano. Nótese que para obtener un tiempo de buceada de 25 minutos, tal y como lo habíamos planteado originalmente en el ejemplo mencionado, debemos recortar el tiempo de fondo. Aun así, el valor de las OTU es bastante similar.

Veamos ahora el valor del porcentaje de CNS en otro de los ejemplos, el relativo a la toxicidad de oxígeno CNS:

```
MultiDeco 4.17 by Ross Hemingway,
 ZHL code by Erik C. Baker.
 Decompression model: ZHL16-C + GF
 DIVE PLAN
 Surface interval = 5 day 0 hr 0 min.
 Elevation = 0m
 Conservatism = GF 55/75
 Dec to   30m            (1)   Nitrox 30   18m/min descent.
 Level    30m  21:20 (23)  Nitrox 30   1.19  ppO2, 25m ead
 Asc to   20m            (24)  Nitrox 30   -9m/min ascent.
 Level    20m  20:00 (44)  Nitrox 30   0.90  ppO2, 17m ead
 Asc to    6m            (45)  Nitrox 30   -9m/min ascent.
 Stop at   6m   0:20 (46)  Nitrox 30   0.48  ppO2,  4m ead
 Stop at   3m   8:00 (54)  Nitrox 30   0.39  ppO2,  2m ead
 Surface            (55)  Nitrox 30   -3m/min ascent.
 OTU's this dive: 48
 CNS Total: 16.5%
 Gas density: 4.8g/l
 3330.0 ltr  Nitrox 30
 3330 ltr   TOTAL
DIVE PLAN COMPLETE
```

Lo primero que vemos es que para que el plan tenga la misma duración que el ejemplo —esto es, 25 minutos + 30 minutos = 55 minutos—, el tiempo de fondo de la segunda parte de la buceada también debe ser recortado para obtener un tiempo total de buceada (*run time*) igual a 55 minutos. Ahora bien, esto ha afectado el valor del porcentaje de CNS: ahora es tan solo 16,5 % (en lugar del 21 % calculado originalmente). Estas diferencias son un ejemplo de la practicidad que ofrece el software de planificación. Planificar esto mismo a lápiz y papel hubiera sido considerablemente más engorroso.

Si quisiéramos ver cómo quedarían los números con los valores originales de tiempo de fondo de 25 y 30 minutos, lo que incrementará el tiempo total de la buceada (*run time*), basta con cambiar dos valores, apretar un botón y el resultado es:

```
MultiDeco 4.17 by Ross Hemingway,
 ZHL code by Erik C. Baker.
 Decompression model: ZHL16-C + GF
 DIVE PLAN
 Surface interval = 5 day 0 hr 0 min.
 Elevation = 0m
 Conservatism = GF 55/75
 Dec to  30m            (1)   Nitrox 30  18m/min descent.
 Level   30m  23:20      (25)  Nitrox 30  1.19  ppO2, 25m ead
 Asc to  20m            (26)  Nitrox 30  -9m/min ascent.
 Level   20m  30:00      (56)  Nitrox 30  0.90  ppO2, 17m ead
 Asc to   6m            (57)  Nitrox 30  -9m/min ascent.
 Stop at  6m   0:20      (58)  Nitrox 30  0.48  ppO2,  4m ead
 Stop at  3m  15:00      (73)  Nitrox 30  0.39  ppO2,  2m ead
 Surface                (74)  Nitrox 30  -3m/min ascent.
 OTU's this dive: 58
 CNS Total: 20.1%
 Gas density: 4.8g/l
 4240.4 ltr  Nitrox 30
 4240.4 ltr   TOTAL
DIVE PLAN COMPLETE
```

Vemos que desde el punto de vista de la toxicidad de oxígeno, en sus dos variantes, estamos bien: 59 OTU (de un máximo diario de 300) y 20 % de CNS (de un máximo recomendado del 80 %). Si utilizamos el criterio mencionado de no superar el 50 % del límite de CNS, con ese 20 % aún estamos dentro del rango indicado del 80 %.

El uso de software de planificación es una gran ventaja; nos permite plantearnos diferentes escenarios, jugar con diferentes grupos de valores y ajustar los parámetros de la buceada a nuestro interés.

3.4. Hipoxia

Por definición, la *hipoxia* es toda condición de déficit de oxígeno en nuestro organismo. Los buzos somos especialmente susceptibles a ella cuando reducimos, a propósito, la cantidad de oxígeno en la mezcla que estamos respirando. Por ejemplo, cuando buceamos a profundidades en las cuales nos tenemos que cuidar seriamente de la narcosis y de la toxicidad de oxígeno.[135] [136] Buceando con aire o Nitrox, la hipoxia no nos es relevante.

Hoy se acepta mayoritariamente que los niveles de PPO2 necesarios para mantener las funciones fisiológicas normales oscilan entre 0,18 y 0,16 ata. El aire contiene un 21 % de fracción de oxígeno (FO2) y para el Nitrox esta es aún mayor, lo que en la superficie nos provee una presión parcial de oxígeno (PPO2) mayor o igual 0,21 ata, dependiendo del tipo de mezcla elegida. Al descender, dicha PPO2 aumentará con el aumento de la presión ambiente, lo que nos aleja aún más de esta condición de hipoxia.

Sin embargo, con mezclas que contengan menos de un 16 % de oxígeno, la situación es diferente. Estas mezclas reciben el calificativo de *mezclas hipóxicas* y no pueden ser respiradas en la superficie, bajo penas que pueden rápidamente llegar hasta la pérdida de la conciencia y la asfixia. Cuanto menor sea la FO2 de la mezcla, más profundo será el punto a partir del cual podremos comenzar a respirarla. Por ejemplo, mezclas con un 10 % de oxígeno serán seguras para respirar a partir de los 6 u 8 metros (20 o 25 pies).[137] [138]

135   Lo hacemos reemplazando parte o todo el nitrógeno y parte del oxígeno por helio. El helio es un gas ligero que no exhibe efectos narcóticos necesarios de considerar.

136   Trimix es una familia de mezclas en la cual utilizamos helio por los fines ya mencionados. Helitrox, por su parte, es una versión limitada de Trimix orientada a quienes comienzan a trabajar este tipo de mezclas a profundidades que generalmente caen dentro del rango del buceo deportivo (40 metros [132 pies]). Pueden contener hasta un 35 % de helio, como máximo, y deben contener un 21 % de oxígeno. Cuando la mezcla contiene solamente helio y oxígeno, sin nitrógeno, recibe el nombre de Heliox.

137   Dependiendo del tipo de buceo que realicemos, podemos utilizar un cilindro de viaje (*traveller gas*) para ser respirado durante el descenso y tal vez parte del ascenso, a aquellas profundidades a las que nuestro gas de fondo no es adecuado.

138   O podemos respirar de uno de nuestros cilindros de descompresión, asegurándonos, por supuesto, que sea apto para su uso a la profundidad en la que lo utilizaremos.

Con valores de PPO2 entre 0,14 y 0,16 ata comienza la aparición de síntomas, como ser pérdida de agilidad mental, confusión, torpeza y efectos similares a la narcosis. Valores de PPO2 menores a 0,12 agudizarán dichos síntomas y pueden poner al buzo inconsciente, llevándolo a un estado de coma y posteriormente a la muerte por asfixia.

Desde el punto vista exclusivo de la hipoxia, poco importa si el buzo bucea Solo, en pareja o en equipo. Sin embargo, buceando Solo debe prestársele especial atención a la posibilidad de ocurrencia de esta condición, dado que no obtendremos ayuda de terceros si se nos presenta un problema. Por ejemplo, en buceadas técnicas con cambios de gases, ya no dispondremos de la validación por parte de un compañero de la mezcla a la que intentamos cambiar; es imperioso que lo hagamos correctamente cada una de las veces.

3.5. Hipercapnia

Hipercapnia es la condición de exceso de dióxido de carbono (CO_2) en el sistema circulatorio y que normalmente es referida como *retención de CO_2*. Por lo general, sus causas se centran en un mal proceso de respiración, en un exceso de esfuerzo físico por parte del buzo o en ambas; pero no son las únicas, y su aparición puede escalar rápidamente debido a una acumulación de otros factores.

El efecto Haldane, que refiere a una disminución de la solubilidad del CO_2 en la sangre, se atribuye a una condición completamente diferente: la *hiperoxia*. Un exceso de oxígeno en el torrente sanguíneo puede producir una retención de CO_2 en otros tejidos debido a una disminución de la habilidad de transportar ese CO_2 para su eliminación fuera del organismo por parte del sistema respiratorio.

En el caso de buceadores con recirculadores (*rebreathers*), y ante una falla en el sistema de absorción de CO_2, el buzo puede encontrarse respirando una mezcla contaminada con dicho gas.

Los síntomas de la hipercapnia son dolores de cabeza, confusión, letargo y «falta de aliento».[139] Puede producir irregularidades en los procesos cardíacos e hiperventilación, desorientación, pánico, convulsiones y pérdida del conocimiento. Los síntomas mencionados no son una lista progresi-

---

139 «Falta de aliento», o falta de aire, es como normalmente llamamos a esa sensación de no poder respirar, de no poder hacerlo en forma profunda o de que, aunque respiremos, no estamos tomando lo suficiente.

va: pueden darse o no, y en cualquier orden (el buzo puede convulsionar sin haber experimentado otros síntomas previos).

Para todo buceador es de primordial importancia prestar especial atención a una adecuada ejecución del proceso respiratorio, en todo entorno y tipo de buceada.[140] Lo mismo en lo concerniente a minimizar el esfuerzo físico. El buceo recreativo es —o debería ser— una actividad placentera, un pasatiempo; no es una actividad que deba demandar esfuerzo, al menos bajo el agua. Sin embargo, en el mundo real, fuera de los libros, los textos y las recomendaciones políticamente correctas, sabemos que algunas veces las buceadas no transcurren de esa manera. Si eso sucede, detengámonos, recuperemos el aliento, calmémonos, regresemos nuestro ciclo respiratorio a su manera ideal y prestemos atención a la aparición de algún síntoma que pueda requerir tomar otras acciones (por ejemplo, abortar la buceada inmediatamente).

Como todas las posibles contrariedades con las cuales los buzos nos podemos encontrar, las consecuencias de la hipercapnia solamente pueden empeorar al bucear Solo, dado que no hay allí nadie para ayudarnos.

3.6. Contradifusión isobárica (ICD)

La *contradifusión isobárica* o *ICD*, por las siglas del término en inglés (*isobaric counter difussion*), es uno de esos temas que aún no nos quedan lo suficientemente claros. Los modelos parecen no ajustarse del todo a los resultados que la poca experimentación parece arrojar, sobre todo en lo relativo al oído medio, el cual es, por ahora, el punto neurálgico de este tema en lo que a los buceadores recreativos compete.

Afortunadamente, la ICD parece ser un problema solamente en buceadas profundas con mezclas ricas en helio y pobres en nitrógeno (o sin nitrógeno, como es el caso del Heliox). Nuestros tejidos se van saturando con helio hasta que se produce su supersaturación. Cuando llega la hora de hacer el primer cambio de gas a la primera mezcla de descompresión, si esta es rica en nitrógeno y pobre o carente de helio, puede ocurrir que la diferencia de presión parcial entre el ahora abundante nitrógeno del torrente sanguí-

---

140   Al bucear con circuito abierto estamos acostumbrados a alterar nuestro ciclo respiratorio para producir pequeños ajustes y cambios de flotabilidad. No es buen proceder extender dichos cambios más allá de la necesidad de ajustar la flotabilidad y normalizar una respiración errática, lenta o incompleta.

neo y el pobre nitrógeno de algún tejido en particular genere un ritmo de difusión del nitrógeno hacia ese tejido que produzca un estado de extrasupersaturación de gases inertes (el nitrógeno entrante y el helio existente y saliente), sea lo que sea que esto significa.

«Pero el nitrógeno se difundirá hacia los tejidos más lentamente de lo que el helio sale de ellos», se podría argumentar. Es cierto, pero el oído medio parece ser una excepción en lo que a esa dinámica de intercambios se refiere. En él, el intercambio de gases se produce a través de varios tejidos o membranas que limitan la difusión de dichos gases en ambos sentidos entre partes del tejido y el sistema circulatorio encargado de transportar dichos gases desde y hacia los pulmones. David DOOLETTE y Simon MITCHELL, quienes proponen esta visión, apuntan fundamentalmente a buceadas que involucran mezclas de fondo del tipo Heliox, sin nitrógeno, a pesar de que en su publicación[141] utilizan como ejemplo el caso de un buceador que utilizó Trimix como diluyente en su recirculador.

Una solución práctica al problema se centra en la diferencia en la solubilidad que el nitrógeno y el helio poseen. El nitrógeno es un poco menos de 5 veces más soluble en lípidos que el helio; por lo tanto, si no dejamos que la fracción o porcentaje de nitrógeno (FN2), aumente más de un quinto de lo que la fracción de helio (FHe) se reduce,[142] estaríamos, aparentemente, fuera de esa condición de extrasupersaturación.

Si aceptamos, de buena fe,[143] esa regla de un quinto y planeamos en bucear alrededor de los cien metros (330 pies) de profundidad, seguramente utilizaremos mezclas de Trimix con porcentajes de oxígeno que oscilarán en el entorno del 10 % y que tendrán un porcentaje de helio seguramente cercano al 50 %. Realizando un cambio a una primera mezcla de descompresión con 36 % de oxígeno y agregándole un poco de helio —digamos un 20 %—, quedamos a una diferencia entre el nitrógeno de la mezcla de fondo y la primera mezcla de descompresión de un 4 %, un valor inferior al 6 % que

141   David J. DOOLETTE y Simon J. MITCHELL: *Biophysical basis for inner ear decompression sickness.*

142   Steve BURTON: *Isobaric Counter Diffusion: How to avoid an Isobaric Counter Diffusion hit.*

143   Hasta donde yo sé, no ha habido experimentación que confirme inequívocamente la validez de dicha regla de un quinto. Puede parecer una buena idea, tener cierta lógica que la respalde, pero carece de suficiente comprobación empírica. Haber realizado multitud de buceadas exitosas siguiendo ese principio no es suficiente para validarlo. Tal vez, la mayor solubilidad del nitrógeno con respecto al helio no juega el papel que estamos suponiendo o no lo hace en la medida que le asignamos.

representaría la quinta parte de ese 30 % de disminución de helio que acaba de producirse al cambiar de mezcla.[144]

¿Cuál es la solución? ¿Cuál es el mejor camino a seguir? Como siempre, cada uno debe elegir su propia estrategia y buscar sus propias soluciones. Pero tal vez sería buena idea dejar que en cuestiones de difusión de gases inertes, el algoritmo decida.[145] Después de todo, eso es lo que persiguen los algoritmos en los modelos de gas disuelto: modelar la difusión, de forma tal que los resultados del modelo se ajusten a los obtenidos empíricamente (como todo modelo, en todo ámbito). Deje que su programa de planificación de buceadas le indique posibles problemas de ICD. Si esto ocurre, agregue un poco de helio a la primera mezcla de descompresión hasta que el aviso desaparezca.

Si quiere «curarse en salud», además de prestar atención a lo que el algoritmo arroje, asegúrese de estar dentro de los parámetros de la regla de un quinto mencionada más arriba. ¿No lo está? Agréguele un poco de helio a la primera mezcla de descompresión y recalcule.

Otra forma de ICD es la que se produce respirando las mencionadas mezclas de descompresión pobres en helio o sin él mientras estamos inmersos en una mezcla rica en helio, y se denomina *ICD superficial*. Este es el principal motivo por el cual no inflamos nuestros trajes secos desde el cilindro principal con Heliox o Trimix con elevada FHe, sino que cargamos con nosotros un pequeño cilindro con aire o argón. En algunos casos, podemos llegar a conectar el inflador del traje seco a un cilindro de descompresión que no posea helio.

3.7. SAC y RMV

Sabemos que nuestro consumo de gas dependerá fundamentalmente del tiempo y la profundidad de la buceada en cuestión. Dos parámetros utilizados para determinar la cantidad de gas que necesitaremos para una

---

144   Estos porcentajes y comparaciones son relativos al total del gas. Ese 30 % de disminución de helio referido es la diferencia entre el 50 % contenido en la mezcla de fondo y el 20 % contenido en la primera mezcla de descompresión sugerida: 50 menos 20 es 30.

145   Es un poco el estilo de Glenn H. TAYLOR, de la NOAA Undersea Research Center de la Universidad de Carolina del Norte, en su artículo del 2005 sobre CDI: «Counterdiffusion diving: using isobaric mix switching to reduce decompression time».

buceada puntual son el *SAC*[146] y el *RMV*,[147] que si bien están relacionados, no son lo mismo.[148] [149]

Ambos representan el volumen de gas consumido, en litros o pies cúbicos, por minuto. Pero mientras que el SAC está dado a 1 ata (en la superficie), el RMV está expresado a una profundidad que debe ser especificada en cada caso. En otras palabras, dado un SAC, sabemos que se trata de un consumo en superficie; dado un RMV, tenemos que indicar a qué profundidad corresponde (el RMV a 1 ata —expresado como RMV @ 1 ata— será igual al SAC).

Sabemos que la profundidad expresada en atmósferas absolutas y el volumen de un gas en un contenedor flexible[150] son inversamente proporcionales.[151] Por ende, para obtener el RMV a 3 ata partiendo de un SAC dado, solamente tenemos que multiplicar ese SAC por 3 ata.

$$RMV = SAC \text{ (en lts/min.ata)} \times profundidad \text{ (en ata)}$$

Para un SAC de 20 lts/min.ata:

$$RMV \text{ @ 3 ata}^{[152]} = 20 \text{ lts/min.ata} \times 3 \text{ ata} = 60 \text{ lts/min}^{[153]}$$

146   *SAC* es la sigla de *surface air consumption*. En español sería «consumo de aire en superficie», pero como la sigla en inglés abunda en la literatura de varios idiomas, seguiremos usándola.

147   *RMV* es la sigla de *respiratory minute volume*. En español sería «volumen respirado por minuto», pero también, como para SAC, utilizaremos la sigla en inglés.

148   Diferentes fuentes definen el SAC y el RMV de diferentes maneras; no mucho, pero lo suficiente como para poder crear cierta confusión en principiantes.

149   MultiDeco es un ejemplo de lo indicado en la nota anterior. Para él, el RMV que se debe incluir en su pantalla de configuración es en realidad el SAC (RMV a 1 ata). Shearwater, en sus computadoras de buceo con aire integrado, calcula y nos despliega un valor de SAC expresado en base presión y no volumen. Lo expresa en *psi* o *bar por minuto*, y es un promedio del ritmo de disminución de la presión en nuestros cilindros durante los últimos dos minutos. SHEARWATER llama RMVa lo que aquí llamamos SAC.

150   Nuestros pulmones son un contenedor flexible.

151   Ley de BOYLE.

152   «RMV @ 3 ata» significa 'RMV a 3 ata'.

153   Para los puristas de las unidades, el SAC en realidad está expresado en lts/min.ata, litros por minuto por ata. Pero ese último «por ata» generalmente se omite,

Otro ejemplo. Dado un SAC de 0,7 cuft/min.ata, el RMV a 100 pies de profundidad (4 ata) se calcula como:

$$0,7 \text{ cuft/min.ata} \times 4 \text{ ata} = 2,8 \text{ cuft/min}$$

Lo que generalmente escribimos simplemente como:

$$0,7 \times 4 = 2,8 \text{ cuft/min}$$

O directamente:

$$0,7 \times 4 = 2,8$$

Para los que odian operar con unidades, $0,7 \times 4 = 2,8$ estará bien, siempre y cuando sepan de lo que se está hablando. En este caso, sabemos que 0,7 es el SAC, y 2,8 es el RMV @ 4 ata.

Si usted es de los que prefiere llamar RMV al SAC o asignarle unidades de presión a cualquiera de esos parámetros, allá usted. Hágalo como quiera, siempre y cuando sepa en todo momento lo que tiene entre manos, cómo se mide y cómo se usa. Cuando hable con otros buceadores, tenga en cuenta que puede haber diferencias en los nombres y los contenidos.

Estableciendo nuestro SAC

Nuestros pulmones tienen un volumen aproximado de 6 litros (0,212 pies cúbicos) para un hombre adulto típico y 4 litros (0,15 pies cúbicos) para una mujer adulta típica. Para calcular el volumen de gas inspirado —y expirado— en un minuto tenemos que hacer algunas simplificaciones y asumir ciertos parámetros que incluyen el número de respiraciones por minuto, el volumen corriente o *tidal*, el volumen de reserva inspiratorio y algunos otros. O podemos ir directamente a utilizar datos empíricos, que es lo que muchos buzos hacemos, y lo que haremos aquí.

....

me imagino que por cuestiones de simplicidad. Al operar, vemos que al multiplicar el SAC en lts/min.ata por 3 ata, ambos «ata» se cancelan.

Recordemos que ese SAC corresponde a situaciones de trabajo moderado. Si nos esforzamos más de lo debido o estamos bajo elevado estrés, nuestro SAC se disparará de manera considerable.

La experiencia nos dice que considerar un SAC de 20 litros (0,7 pies cúbicos) por minuto por ata es dar casi en el blanco —en realidad, un poco por encima— para la enorme mayoría de los buceadores hombre; para mujeres podemos utilizar 17 litros (0,6 pies cúbicos) por minuto por ata. Eso haremos hasta que establezcamos nuestro propio SAC de manera más exacta,[154] tal y como se discutirá más abajo. No se fanatice con la exactitud. No hay, desde un punto de vista práctico, un valor único, exacto, aplicable a toda buceada bajo toda condición; en realidad, habrá un abanico de valores aproximados que irá encontrando a medida que vaya acumulando buceadas. A menos, claro, que siempre bucee el mismo perfil y en las mismas condiciones; en ese caso, su SAC puede llegar a ser siempre el mismo, y tal vez con dos cifras significativas (como ser 0,58). Pero esto, en realidad, no tiene mucho sentido práctico.

Midiendo nuestro propio SAC

Vamos a medir nuestro consumo de gas en una buceada controlada y a calcular, en base a ello, nuestro SAC. Para ello mantengamos una importante porción de la buceada a profundidad constante y buceando al ritmo típico que llevamos en nuestras buceadas normales.

Asumamos, por ejemplo, que descenderemos a 10 mts (33 ft o 2 ata) y bucearemos a esa profundidad por 10 minutos.[155]

Anotemos en una pizarra o bloc de notas las presiones inicial y final;[156] obtendremos así la cantidad de *bar* o *psi* que a esa profundidad hemos consumido en ese tiempo. Para proseguir con el ejemplo, supongamos que nos ha dado 40 bar (600 psi).

El siguiente paso es expresar ese gas consumido en litros o pies cúbicos. Hagámoslo primero en unidades imperiales. Supongamos que el cilindro que hemos utilizado es de 120 pies cúbicos y que la presión de trabajo es de 3.440 psi. Esto significa que esos 3.440 psi corresponden a 120 pies cúbicos, por lo cual los 600 psi del ejemplo corresponderán a:

---

154   Ver sección 1.8 «El micrómetro, la tiza y el hacha».

155   Cuanto mayor sea el tiempo empleado en la medida, más independiente de errores de medida de tiempo será.

156   La presión inicial y final a ese período de 10 minutos.

$$(120 \text{ cuft} \times 600 \text{ psi}) \div 3.440 \text{ psi} = 21 \text{ cuft}$$

Es una regla de tres: si 3.440 psi corresponden a 120 cuft, ¿cuántos pies cúbicos corresponden a 600 psi?

Para el caso métrico el cálculo es más simple. Basta con multiplicar esos 40 bar que hemos consumido durante el ejercicio por el volumen del cilindro, que en este caso asumimos es de 15 litros (15 litros que, en realidad, deberían haber sido expresado como 15 lts/bar o 15 lts/ata, para ser más genéricos y estar en sintonía con la nomenclatura elegida para este libro):[157]

$$15 \text{ lts/bar} \times 40 \text{ bar} = 600 \text{ lts}$$

Entonces, tenemos 21 cuft (600 lts) de gas consumidos durante el experimento, que duró 10 minutos (según el ejemplo elegido), por lo cual el consumo por minuto será de 2,1 cuft/min (60 lts/min). ¿Se comprende? Se han dividido esos 21 cuft (600 lts) entre 10 minutos.

El paso final es extrapolar desde la profundidad a la que se ha realizado la medida (2 ata) hacia la superficie:

$$2,1 \text{ cuft/min} \div 2 \text{ ata} = 1,05 \text{ cuft/min.ata};$$
$$\text{SAC} = 1,05 \text{ cuft/min.ata}$$

$$60 \text{ lts/min} \div 2 \text{ ata} = 30 \text{ lts/min.ata};$$
$$\text{SAC} = 30 \text{ lts/min.ata}$$

Ambas cantidades son por minuto a 1 ata. Nótese las unidades en las operaciones anteriores. Es claro que la unidad de medida del SAC es lts/min.ata (aclarado por si le estaba causando interrogantes en los párrafos anteriores).

¿Notó que el resultado es un poco más elevado que el valor de 20 lts/min.ata (0,7 cuft/min.ata) indicados más arriba como valores típicos? Esto se debe a que para simplificar la operativa hemos asumido valores redondeados para el gas supuestamente consumido en el ejercicio en esos 10 minutos que tomó (40 bar y 600 psi). A pesar de ello, no son valores disparatados, y

---

[157]   Imaginemos un volumen de gas de 3.450 litros a nuestro alrededor, en la superficie (no hay dudas de lo que la unidad *litro* significa en ese caso). Ahora comprimimos ese gas a 230 bar o atm de presión. ¿Qué resultado obtenemos? 3.450 lts ÷ 230 bar = 15 lts/bar.

seguramente más de un buzo, en más de una oportunidad, queriendo medir estas cantidades de esta manera, obtendrá valores más o menos similares. A medida que se gane soltura en el proceso de medida y se logre realizar el ejercicio en el agua con mayor precisión en permanecer a profundidad constante y realizar poco esfuerzo durante él, se mejorará la exactitud del valor obtenido, el que bien podría llegar a ser casi la mitad del aquí obtenido.

Primero repita el ejercicio con lápiz y papel hasta comprenderlo completamente. Luego podrá tomar sus propias medidas en una buceada y calcular su verdadero SAC.

La exactitud siempre es bienvenida. Sin embargo, recuerde que la elevada variabilidad de este parámetro, el SAC, con respecto al nivel de esfuerzo realizado y a cuán tranquilos estemos durante la buceada hará que el valor de cada buceada —o de cada tipo de buceada— pueda tener ciertas variaciones, aun cuando todo ocurra según lo planeado.

Calcular nuestro SAC con datos de nuestra bitácora (dive log)

Si lleva una bitácora más o menos precisa de las buceadas que ha venido realizando, podrá, en principio, calcular su SAC tomando los valores allí indicados. A este SAC podemos llamarlo «SAC bruto» (*gross SAC*, en inglés) o, como prefiero llamarlo yo, «SAC sucio».

Por un lado, el valor obtenido no será tan exacto como el que se obtendría siguiendo el procedimiento delineado en el apartado anterior, ya que lo de «profundidad constante» no se cumplirá. Pero por otro, si se trata de buceadas que nos sean típicas, el valor obtenido será más simple de extrapolar a otras buceadas típicas —y probablemente a otras no tan típicas—, lo cual corregirá, al menos en parte, el problema de la exactitud recién referido. Inténtelo, a ver qué obtiene.

Por ejemplo, una buceada a 30 metros con el mismo cilindro de 15 litros, con un consumo de 130 bar en 20 minutos arrojaría un SAC de:

$$(15 \text{ lts/bar} \times 130 \text{ bar}) \div (20 \text{ minutos} \times 4 \text{ ata}) = 25 \text{ lts/min.ata}$$

En unidades imperiales, y con el mismo cilindro del ejemplo de más arriba (120 cuft), una buceada a 100 pies en la que ha consumido 2.000 psi de los 3.440 con los que comenzó y que le llevó un tiempo de 20 minutos arrojaría un SAC de:

$$(120 \text{ cuft} \times 2000 \text{ psi}) \div (3440 \text{ psi} \times 20 \text{ minutos} \times 4 \text{ ata}) = 0,9 \text{ cuft/min.ata}$$

Es cierto que esos 0,9 cuft/min o esos 25 lts/min son valores calculados de manera poco ortodoxa, pero si sus buceadas son bastante similares unas de otras, bien puede ser usado de manera bastante precisa para el cálculo de gas, que es para lo que queremos el SAC.

Repita este mismo proceso para sus últimas 10, 20 o 30 buceadas en su bitácora. ¿Qué valor ha obtenido? ¿Tiene sentido? ¿Siguen algún patrón?

Ahora bien, si las imperfecciones de este procedimiento no le gustan, no lo utilice. Pero el resultado que obtendrá, si deja de lado la incomodidad que provoca calcular un SAC donde se mezclan profundidades que no son constantes con el ascenso y descenso, será un buen valor práctico. Deje fuera del cálculo las paradas de descompresión, que seguramente se realizarán con otro gas, y el valor que obtendrá será bastante bueno (si lo calcula bien, por supuesto).

Si realiza buceadas dentro de los límites de no descompresión, anote tiempo y presión antes de realizar la parada de seguridad para mejorar la exactitud.

Calcular nuestro SAC con datos importados de nuestra computadora de buceo

Muchas computadoras de buceo permiten exportar su bitácora (*dive log*) a algún tipo de software de escritorio, tal vez provisto por el mismo fabricante de dicha computadora u otro cualquiera.

Si su computadora está integrada con su regulador (primera etapa) y va registrando la presión en sus cilindros[158] a medida que la buceada se desarrolla, podrá calcular su SAC con esos datos. Es lo mismo que el caso del apartado anterior «Calcular nuestro SAC con datos de nuestra bitácora»; el hecho de que nuestra bitácora ahora sea electrónica no cambiará el proceso.

Cargue el programa que sea, importe o seleccione la buceada que quiera analizar. Dependiendo de cómo opere su programa en particular, el proceso puede ser tan solo leer un valor de SAC global para la buceada o un conjunto de valores, generalmente mostrado como una gráfica en función del tiempo

---

[158]   Para ello necesitará disponer de los transmisores adecuados en su primera etapa reguladora.

del valor del SAC, expresado en unidades de presión y calculado en función de algunos minutos para cada valor.

Lea a fondo y comprenda la forma de cálculo y las unidades en que el resultado se expresa. Los métodos pueden variar entre diferentes modelos o marcas de computadoras. Es imperativo que realmente comprenda a fondo la manera en la que su computadora calcula el SAC.

3.8. ¿Cuánto gas?

Calculemos cuánto gas necesitamos llevar con nosotros para realizar una buceada:

Profundidad: 20 mts (65 ft o 3 ata)
Gas (Dalton): 1,4 ata ÷ 3 ata = 0,28 ⟶ EAN28
Tiempo: 30 minutos
SAC: 20 lts/min.ata (0,7 cuft/min.ata)

El gas que utilizaremos durante la buceada[159] será:

20 lts/min.ata × 30 min × 3 ata = 1.800 lts[160]

En unidades imperiales sería:

0,7 cuft/min.ata × 30 min × 3 ata = 63 cuft

Es así de fácil.

---

159   «Supuestamente», porque nada está escrito en piedra. Si todo sale bien, si todo va acorde al plan, esperamos utilizar esa cantidad de gas. Pero no podemos estar seguros de que así será; solamente esperar a que así sea.

160   Unidades, hay que observar las unidades. O al menos eso es lo que los profesores de Física repiten una y otra vez.

Regla de tercios

La recomendación de utilizar para la buceada solamente dos tercios del gas transportado, dejando el último tercio como reserva. Es lo que se conoce como *regla de tercios* (*rule of thirds*), y proviene de las trincheras del buceo de cuevas. La forma en la que ellos la recitan es un poco diferente. Para ellos, el primer tercio es para penetrar, el segundo tercio es para regresar y el último tercio es la reserva. Esto se debe a que generalmente, en las cuevas, el camino de ida y de vuelta es igual, o al menos bastante similar.

Algunos buceadores incrementan un poco el margen de reserva, planeando utilizar solamente el 60 % del gas para la buceada (en lugar del 67 % resultante de la regla de tercios) y dejando el 40 % (en lugar del 33 % resultante de la regla de tercios) como reserva. Lo importante aquí es comprender que la reserva no tiene por qué ser un tercio o el 40 %, sino que es necesario planear cada buceada a conciencia. Si la buceada podría llegar a ser más demandante de lo habitual, no viene nada mal incrementar ese margen de reserva. Sobre todo buceando Solo. Dividir el gas 50/50, mitad y mitad para gas de uso y de reserva, no debería sonarnos excesivo si la buceada lo amerita. Todo depende de las circunstancias.

¿Utiliza una configuración de doble cilindro (en la espalda o a los costados) y le parece prudente incrementar un poco más el volumen de gas para contar con una reserva mayor? Lleve un pony, que ya no sería la fuente de gas redundante que en configuraciones de cilindro simple se utiliza. Este pony —cualquier pony, en realidad— no tiene por qué ser un cilindro diminuto de 30 o 40 pies cúbicos (4 o 5 litros), sino que bien puede ser un cilindro de 80 o 100 pies cúbicos (10 o 12 litros) o más.

Determinemos ahora cuánto gas de reserva, para ser utilizado si se produce algún inconveniente —con nosotros o alguien más—, necesitaríamos en el ejemplo anterior, siguiendo la regla de tercios:

$$1.800 \text{ litros} \times 3 \div 2 = 2.700 \text{ litros}$$

Si nuestro cilindro tiene una presión de trabajo de 230 bar, el cilindro tendría que ser de al menos:

$$2.700 \text{ litros} \div 230 \text{ bar} = 12 \text{ litros/bar}[161]$$

En el sistema imperial sería:

$$63 \text{ cuft} \times 3 \div 2 = 95 \text{ cuft}$$

El camino inverso

Elijamos primero el destino (profundidad) y calculemos el tiempo de fondo de manera tal de poder realizar la buceada con los cilindros que ya poseemos.

Profundidad: 30 mts (100 ft o 4 ata)
Gas de fondo: 1,4 ata ÷ 4 ata = 0,35 —> EAN34[162]
Seguimos suponiendo un SAC de 20 lts/min.ata (0,7 cuft/min.ata)
Nuestro cilindro es de 150 cuft (18 lts/ata)[163]
Presión de trabajo del cilindro: 4.400 psi (230 bar)
Capacidad del cilindro a 1 ata: 18 lts/ata × 230 bar = 4.140 lts
Volumen utilizable: 150 cuft × 2 ÷ 3 = 100 cuft
(4.140 lts × 2 ÷ 3 = 2.760 lts)
Volumen de reserva: 50 cuft (1.380 lts)
NDL para EAN34 a 4 ata (tabla NOAA para EAN34): 39 minutos
Tiempo de buceada de acuerdo con el volumen
transportado y nuestro SAC:
Imperial: 100 cuft ÷ (0,7 cuft/min.ata × 4 ata) = 35 minutos
Métrico: 2.760 lts ÷ (20 lts/min.ata × 4 ata) = 34,5 minutos

161   Ver 1.10 «Algo sobre unidades».
162   EAN34 es un valor más común que EAN35. Tal vez se deba a que suena mejor. A 4 ata, la PPO2 será de 0,34 × 4 ata = 1,36 ata.
163   Ver 1.10 «Algo sobre unidades».

La buceada así planteada es realizable. El gas será, en principio, suficiente, y el NDL indicado por la tabla es 9 minutos mayor.

Diferencias entre tablas y programas de planificación de buceadas

El uso de tablas de no descompresión es algo que todo buzo debería dominar. A los buceadores técnicos y quienes aspiren a serlo se le agregan además las tablas de descompresión. Estas últimas también son fáciles de conseguir en internet; las hay de diferentes organizaciones y para diferentes mezclas de gas de fondo y descompresión.

En buceador Solo no necesariamente tiene que ser un buceador técnico. Sin embargo, gran parte de ellos lo son, y los que no, harían bien en comenzar a capacitarse en ese sentido. A pesar de lo expresado, la planificación de buceadas reales, esas que van a ser ejecutadas, debería ser realizada en alguno de los tantos programas de planificación de buceadas disponibles en el mercado. Hagámoslo, para ver qué diferencias hay. Utilizaremos MultiDeco para reproducir la buceada del ejemplo anterior:

```
MultiDeco 4.17 by Ross Hemingway,
 ZHL code by Erik C. Baker.
 Decompression model: ZHL16-C + GF
 DIVE PLAN
 Surface interval = 5 day 0 hr 0 min.
 Elevation = 0ft
 Conservatism = GF 55/75
 Dec to  100ft             (1)   Nitrox 34   60ft/min descent.
 Level   100ft  25:20 (27)  Nitrox 34   1.37  ppO2, 78ft ead
 Asc to   20ft             (29)  Nitrox 34   -30ft/min ascent.
 Stop at  20ft   0:20 (30)  Nitrox 34   0.55  ppO2, 11ft ead
 Stop at  10ft   4:00 (34)  Nitrox 34   0.44  ppO2, 3ft ead
 Surface              (35)  Nitrox 34   -10ft/min ascent.
 OTU's this dive: 44
 CNS Total: 17.2%
 Gas density: 4.9g/l
 83.8 cu ft  Nitrox 34
 83.8 cu ft  TOTAL
DIVE PLAN COMPLETE
```

Primeramente, vemos que MultiDeco nos marca paradas de descompresión. Para mantener el tiempo total de la buceada en 35 minutos, hemos reducido el tiempo de fondo, comenzando el ascenso en el minuto 29. Esto provoca un menor consumo de gas, ya que parte de esos 35 minutos totales los pasaremos a menor profundidad, descomprimiendo.

Dos paradas de descompresión obligatorias: la primera a 20 pies (6 metros) por 20 segundos y la segunda a 10 pies (3 metros) por 4 minutos. Esto se debe a que la configuración que le hemos dado al programa es más conservadora que la implícita en la tabla de la NOAA (al igual que muchas otras).

Quedarse sin gas

Buceando Solo, cada buzo es su única fuente de gas. No hay a quién acudir para que nos socorra con un poco del suyo. Si bien esto puede no ser enteramente cierto, ya que en más de una oportunidad puede haber otros buzos a quien recurrir en las proximidades, poder llegar a ellos para que nos auxilien puede no ser tan simple, y bajo ningún concepto debería ser una contingencia con la que debemos contar. Por ello es imprescindible calcular correctamente la cantidad de gas que vamos a necesitar y apegarse a los procedimientos que nos hayamos planteado en cuanto a la administración de ese recurso escaso.

¿Cuánto gas debemos llevar? El que calculemos como necesario, más una contingencia suficiente para retornar a la superficie o llegar a la primera parada de descompresión desde el punto más alejado. Buceando Solo, la reserva de gas que llevamos con nosotros es justamente para nosotros (a menos que un tercero se nos acerque con problemas de gas, por supuesto).

A tener en cuenta. Una nota importante para quienes sienten que cargar con una cantidad importante de gas de contingencia es ineficiente, molesto y seriamente limitante: ese gas de contingencia puede ser la diferencia entre regresar de la buceada o no.

Si bucea asiduamente, tarde o temprano lo necesitará. Si bucea Solo, debe estar preparado para ello en cada una de sus buceadas; nunca sabrá de antemano si hoy será el día. Aun si bucea en pareja o en grupo, y aunque lo haga esporádicamente, las consecuencias de quedarse sin gas pueden llegar a ser tan extremas que es una imprudencia no estar debidamente preparado para ello en todo momento.

Pérdida de gas

Un escape de gas desde cualquier parte de nuestro equipo puede rápidamente colocarnos en una situación muy comprometida. Aquello que parecía ser un gran volumen de gas de contingencia puede pasar a ser el escaso recurso que nos salve la vida, y algunas veces por un estrecho margen.

Las pérdidas de gas son generalmente consecuencia de fallas en nuestro equipamiento, desde un simple *o-ring* hasta una ruptura en alguno de nuestros reguladores o válvulas, daños en el sistema de mangueras o en sus conectores, daños en manómetros, infladores, etcétera. Recordemos que un cilindro de 10 litros (80 pies cúbicos) completamente cargado, perdiendo gas en corrida libre, se agotará totalmente en dos minutos y medio o menos.[164] Buceando Solo, disponer de una fuente de gas independiente y redundante es una necesidad.

Si bucea con cilindros dobles en montaje lateral (*side mounting*), su suministro de gas ya ofrece esa independencia y redundancia mencionadas. Cumpla con los procedimientos delineados y vaya alternando el consumo de cada cilindro para mantener los volúmenes de gas en cada uno de ellos dentro de los márgenes de equivalencia recomendados (generalmente, unos pocos cientos de psi o unas pocas decenas de bar).

Si bucea con cilindros dobles montados a la espalda —mis preferidos— y cuenta con un *manifold* aislador —sin él, no tendrá la independencia ni la redundancia necesarias—, debe estar plenamente seguro de que ante un fallo podrá rápidamente cerrar el *manifold* para preservar al menos uno de los dos cilindros, separándolo del que presenta el problema. Para ello debe practicar asiduamente la habilidad de válvulas —aislar, abrir y cerrar— y debe hacerlo con todas las configuraciones de cilindros que posea —las alturas de las válvulas pueden variar de unos a otros— y para todos los tipos de protección térmica que utiliza. Resulta bastante sencillo alcanzar las válvulas con un traje húmedo de tres milímetros en climas templados, pero es una verdadera proeza hacerlo con traje seco y una buena camada de ropa interior en aguas frías.

Si no puede hacerlo, si no domina la mencionada habilidad de válvulas en tiempo récord, deberá llevar el *manifold* cerrado, como si se tratara de dos cilindros independientes, y cambiar de regulador (segunda etapa) frecuentemente para mantener los cilindros con volúmenes aproximados (tal y como

---

164   Hay varios videos, fáciles de encontrar en internet, con experimentos sobre el tiempo que demora un cilindro en descargarse por completo ante una pérdida de gas catastrófica. Búsquelos y véalos.

se hace con cilindros dobles en configuraciones de montaje lateral). Esto es fundamental para conservar la redundancia, ya que si un cilindro se torna inusable —por fallas en el regulador, sus mangueras o lo que fuere—, el otro aún conservará una cantidad de gas suficiente para abortar la buceada.

Tenga presente que en el peor de los casos, su volumen de reserva puede verse afectado y pasar a ser menor al tercio planeado, porque el tercio de uno de los cilindros, que en realidad es un sexto del total —la mitad del tercio de reserva mencionado—, puede repentinamente pasar a ser inaccesible, como es el caso de los cilindros de montaje lateral. Planee adecuadamente esta reserva.

Extravío de algún cilindro de gas

Existen buceadas en las cuales perder uno o más cilindros de gas es una posibilidad real. Por ejemplo, y dependiendo del perfil de la buceada, podemos optar por dejar uno o más cilindros por el camino «para recogerlos luego», práctica bastante común en algunos tipos de buceo (sobre todo en lo que respecta a los cilindros de descompresión).

Buceando Solo, tal vez esta pueda no ser la mejor idea. Buena sorpresa sería que al llegar al punto donde deberíamos recogerlos, ellos no estuvieran allí y no tuviéramos a quién recurrir por ayuda. Sin embargo, eso dependerá de la buceada en concreto y de si podemos implementar alguna estrategia de contingencia.

Supongamos que vamos a penetrar un naufragio y que decidimos dejar nuestros cilindros de descompresión fuera de él para poder movernos con mayor libertad por su interior. En este caso, podemos planear realizar la penetración al principio de la buceada, asegurándonos de que al salir de ella aún tendremos en nuestros cilindros de fondo el gas adecuado y suficiente para realizar el ascenso y cumplir las obligaciones de descompresión en las que hayamos incurrido si nuestros cilindros de descompresión no están allí. Lo del gas «adecuado» viene por asegurarse de que la mezcla pueda ser respirada durante todo el camino hasta la superficie.[165]

En estos casos, también sería bueno recordar a los buceadores que nos acompañen en el charter que nos lleve al sitio de buceo que no deben recoger cilindros «con los que se encuentren por el camino», para evitar que buzos distraídos retiren nuestros cilindros creyendo que se le han «extravia-

---

[165] Lo que no sucederá si utilizamos mezclas hipóxicas. Sin embargo, en estos casos, y como dichas mezclas son utilizadas para buceadas a profundidades importantes, la posibilidad de no haber incurrido en mucha descompresión obligatoria es prácticamente nula.

do» a otro buzo. Podemos anexarles un marcador estroboscópico y atarlos de alguna manera a la estructura del barco no para evitar que los tomen, ya que semejante atadura nos complicará su recogida, sino para que sea obvio que no han sido dejados por error u olvido.

Veamos un ejemplo:

— Aire
— 50 mts (165 ft o 6 ata), 30 minutos
— Penetración en los primeros 15 minutos
— SAC: 0,7 cuft/min.ata (20 lts/min.ata)
— 2 cilindros de 120 cuft (15 lts/ata) cada uno
— Volumen total transportado: 240 cuft (6.900 lts)
— Volumen para ser usado: 160 cuft (4.600 lts)
— Volumen de reserva: 80 cuft (2.300 lts)
— Llevamos 2 cilindros de descompresión, Deco1 y Deco2
— Capacidad de Deco1 y Deco2: 80 cuft (10 lts/ata) cada uno
— Deco1 es EAN36
— Deco2 es EAN80
— Deco1 y Deco2, volúmenes de uso: 53 cuft (1.380 lts)[166]
— Deco1 y Deco2, volúmenes de uso: 27 cuft (690 lts)
— Volumen total de Deco1 y Deco 2: 80 cuft (2.070 lts cada uno)

El perfil de la buceada, según MultiDeco, es:

```
MultiDeco 4.17 by Ross Hemingway,
 ZHL code by Erik C. Baker.
 Decompression model: ZHL16-C + GF
 DIVE PLAN
 Surface interval = 5 day 0 hr 0 min.
 Elevation = 0m
 Conservatism = GF 55/75
 Dec to   60m              (3)   Air   18m/min descent.
 Level    60m 26:40        (30)  Air   1.46   pp02,   60m ead
 Asc to   30m              (33)  Air   -9m/min ascent.
 Asc to   27m              (33)  Nitrox 36   -9m/min ascent.
 Stop at 27m   0:20        (34)  Nitrox 36   1.32 pp02, 20m ead
```

166   Suponiendo cilindros de aluminio, de 3.000 psi (207 bar) de presión de trabajo. El volumen total en unidades métricas es 10 lts/ata × 207 bar = 2.070 lts. Dos tercios de esta cantidad es 1.380 lts, y un tercio es 690 lts.

```
Stop at 24m   1:00     (35)   Nitrox 36   1.22 ppO2, 18m ead
Stop at 21m   3:00     (38)   Nitrox 36   1.11 ppO2, 15m ead
Stop at 18m   3:00     (41)   Nitrox 36   1.00 ppO2, 13m ead
Stop at 15m   5:00     (46)   Nitrox 36   0.90 ppO2, 10m ead
Stop at 12m   7:00     (53)   Nitrox 36   0.79 ppO2,  8m ead
Stop at  9m   8:00     (61)   Nitrox 80   1.51 ppO2,  0m ead
Stop at  6m  10:00     (71)   Nitrox 80   1.28 ppO2,  0m ead
Stop at  3m  21:00     (92)   Nitrox 80   1.04 ppO2,  0m ead
Surface                (93)   Nitrox 80   -3m/min ascent.
OTU's this dive: 122
CNS Total: 48.4%
Gas density: 8.3g/l
4338.0 ltr   Air
902.8 ltr    Nitrox 36
997.9 ltr    Nitrox 80
6238.7 ltr   TOTAL
DIVE PLAN COMPLETE
```

4.338 litros de gas de fondo es menos que los 4.600 que conforman los dos tercios del volumen total. Sin embargo, si los cilindros de descompresión no estuvieran disponibles al iniciar el ascenso, tendríamos que descomprimir en el gas de fondo, lo cual elevaría considerablemente su volumen.

Veamos qué arroja MultiDeco a este respecto:

```
MultiDeco 4.17 by Ross Hemingway,
 ZHL code by Erik C. Baker.
 Decompression model: ZHL16-C + GF
 DIVE PLAN
 Surface interval = 5 day 0 hr 0 min.
 Elevation = 0m
 Conservatism = GF 55/75
 Dec to   60m            (3)   Air   18m/min descent.
 Level    60m  26:40    (30)   Air   1.46 ppO2, 60m ead
 Asc to   27m            (33)   Air   -9m/min ascent.
 Stop at 27m   0:20     (34)   Air   0.77 ppO2, 27m ead
 Stop at 24m   1:00     (35)   Air   0.71 ppO2, 24m ead
 Stop at 21m   4:00     (39)   Air   0.65 ppO2, 21m ead
 Stop at 18m   5:00     (44)   Air   0.59 ppO2, 18m ead
 Stop at 15m   6:00     (50)   Air   0.52 ppO2, 15m ead
 Stop at 12m  11:00     (61)   Air   0.46 ppO2, 12m ead
 Stop at  9m  18:00     (79)   Air   0.40 ppO2,  9m ead
 Stop at  6m  32:00    (111)   Air   0.34 ppO2,  6m ead
```

```
Stop at   3m  67:00 (178)  Air  0.27 ppO2,   3m ead
Surface              (179)  Air  -3m/min ascent.
OTU's this dive: 57
CNS Total: 24.9%
Gas density: 8.3g/l
8510.4 ltr  Air
8510.4 ltr  TOTAL
DIVE PLAN COMPLETE
```

¡8.511 litros! No cargamos con nosotros suficiente gas. No nos podemos dar el lujo de extraviar los cilindros de descompresión y continuar con la buceada para completar el tiempo de fondo planeado. Habíamos establecido que la penetración que realizaríamos tomaría 15 minutos, por lo cual si la colocamos al comienzo de la buceada, esta será como mucho de 20 o 25 minutos.

Probemos con un plan alternativo. Penetremos al principio de la buceada, y si extraviamos los cilindros de descompresión al salir de la penetración, abortaremos la buceada y ascenderemos inmediatamente. Asignemos a este plan alternativo un tiempo de buceada de 25 minutos, a ver qué resultado obtenemos:

```
MultiDeco 4.17 by Ross Hemingway,
 ZHL code by Erik C. Baker.
 Decompression model: ZHL16-C + GF
 DIVE PLAN
 Surface interval = 5 day 0 hr 0 min.
 Elevation = 0m
 Conservatism = GF 55/75
 Dec to   60m              (3)  Air  18m/min descent.
 Level    60m  21:40  (25)  Air  1.46  ppO2, 60m ead
 Asc to   24m              (29)  Air  -9m/min ascent.
 Stop at 24m   1:00  (30)  Air  0.71  ppO2, 24m ead
 Stop at 21m   2:00  (32)  Air  0.65  ppO2, 21m ead
 Stop at 18m   3:00  (35)  Air  0.59  ppO2, 18m ead
 Stop at 15m   5:00  (40)  Air  0.52  ppO2, 15m ead
 Stop at 12m   8:00  (48)  Air  0.46  ppO2, 12m ead
 Stop at  9m  12:00  (60)  Air  0.40  ppO2,  9m ead
 Stop at  6m  25:00  (85)  Air  0.34  ppO2,  6m ead
 Stop at  3m  51:00 (136)  Air  0.27  ppO2,  3m ead
 Surface             (137)  Air  -3m/min ascent.
 OTU's this dive: 47
 CNS Total: 20.5%
```

```
Gas density: 8.3g/l
6733.4 ltr  Air
6733.4 ltr  TOTAL
DIVE PLAN COMPLETE
```

6.734 litros. Esta cantidad es menor que el volumen total de gas de fondo que llevamos con nosotros. Pero es un poco justa, demasiado justa. No obstante ello, es un plan de contingencia válido.

Si queremos darnos un poco más de margen, podemos, ante la pérdida de los cilindros de descompresión y la necesidad de salir rápidamente del agua, modificar el grado de conservadurismo configurado en nuestra computadora de buceo. Si cambiamos los factores de gradiente a 75/85, MultiDeco arroja:

```
MultiDeco 4.17 by Ross Hemingway,
 ZHL code by Erik C. Baker.
 Decompression model: ZHL16-C + GF
 DIVE PLAN
 Surface interval = 5 day 0 hr 0 min.
 Elevation = 0m
 Conservatism = GF 75/85
 Dec to  60m                (3) Air  18m/min descent.
 Level   60m   21:40  (25) Air  1.46 ppO2, 60m ead
 Asc to  21m                (29) Air  -9m/min ascent.
 Stop at 21m    0:40  (30) Air  0.65 ppO2, 21m ead
 Stop at 18m    2:00  (32) Air  0.59 ppO2, 18m ead
 Stop at 15m    4:00  (36) Air  0.52 ppO2, 15m ead
 Stop at 12m    6:00  (42) Air  0.46 ppO2, 12m ead
 Stop at  9m   10:00  (52) Air  0.40 ppO2,  9m ead
 Stop at  6m   20:00  (72) Air  0.34 ppO2,  6m ead
 Stop at  3m   39:00 (111) Air  0.27 ppO2,  3m ead
 Surface              (112) Air  -3m/min ascent.
 OTU's this dive: 46
 CNS Total: 19.9%
 Gas density: 8.3g/l
 5993.5 ltr  Air
 5993.5 ltr  TOTAL
DIVE PLAN COMPLETE
```

5.994 litros. Un poco mejor. Ya sabemos que, de ser necesario, podemos lograr un ascenso de esta manera. ¿Incómodo con el cambio de los factores de gradiente? Puede extender la última parada de descompresión o realizar una parada de seguridad extra utilizando todo el gas que le quede. En este tipo de inconveniente difícilmente nuestro SAC se vea alterado, a menos que dejemos que nuestros miedos tomen control. Aceptemos el hecho de que nuestros cilindros ya no estén y abortemos la buceada.

Pérdida (o donación forzada) de uno de nuestros cilindros de descompresión a un tercero

Puede suceder que uno de nuestros cilindros de descompresión no esté disponible cuando necesitemos usarlo, ya sea porque lo extraviamos, porque sufrió un desperfecto catastrófico en alguno de sus componentes —reguladores, mangueras o lo que fuere—, porque no nos dimos cuenta y ha perdido el gas poco a poco a lo largo de la buceada o porque se lo hemos entregado a un tercero en apuros.

Nuestros restantes gases —de fondo y los otros de descompresión que aún tengamos con nosotros— deberán ser suficientes para sacarnos del agua de la manera más segura posible. Tal vez será necesario poner nuestra computadora en un modo más agresivo, pero durante la etapa de planificación tendremos que calcular que los volúmenes de gas de reserva sean suficientes para este tipo de situaciones.

Vemos cómo sería el ejemplo anterior, ahora habiendo permanecido en el fondo el tiempo planeado de 30 minutos y suprimiendo un cilindro de descompresión a la vez. Hagámoslo primero con Deco01, la mezcla baja en oxígeno (EAN36):

```
MultiDeco 4.17 by Ross Hemingway,
 ZHL code by Erik C. Baker.
 Decompression model: ZHL16-C + GF
 DIVE PLAN
 Surface interval = 5 day 0 hr 0 min.
 Elevation = 0m
 Conservatism = GF 55/75
 Dec to   60m             (3)  Air        18m/min descent.
 Level   60m  26:40  (30) Air        1.46 ppO2, 60m ead
 Asc to  27m             (33) Air        -9m/min ascent.
 Stop at 27m    0:20  (34) Air        0.77 ppO2, 27m ead
 Stop at 24m    1:00  (35) Air        0.71 ppO2, 24m ead
 Stop at 21m    4:00  (39) Air        0.65 ppO2, 21m ead
 Stop at 18m    5:00  (44) Air        0.59 ppO2, 18m ead
 Stop at 15m    6:00  (50) Air        0.52 ppO2, 15m ead
```

```
Stop at 12m  11:00   (61) Air        0.46 ppO2,  12m ead
Stop at  9m   8:00   (69) Nitrox 80 1.51 ppO2,   0m ead
Stop at  6m  13:00   (82) Nitrox 80 1.28 ppO2,   0m ead
Stop at  3m  22:00  (104) Nitrox 80 1.04 ppO2,   0m ead
Surface             (105) Nitrox 80 -3m/min ascent.
OTU's this dive: 114
CNS Total: 46.6%
Gas density: 8.3g/l
5579.2 ltr  Air
1101.3 ltr  Nitrox 80
6680.6 ltr  TOTAL
DIVE PLAN COMPLETE
```

El gas de fondo nos es suficiente. Deco2 también lo es. Podemos completar la buceada sin Deco1. Entonces ¿para qué cargar con Deco1 si podemos hacerlo sin él? Por dos motivos: primero, para acortar un poco el tiempo de la buceada, y segundo, por motivos de márgenes de seguridad y redundancia. ¿Qué sucedería si llevamos con nosotros solamente un gas de descompresión y a la hora de tener que utilizarlo no está disponible?

Veamos qué sucede si el cilindro no disponible es Deco2:

```
MultiDeco 4.17 by Ross Hemingway,
 ZHL code by Erik C. Baker.
 Decompression model: ZHL16-C + GF
 DIVE PLAN
 Surface interval = 5 day 0 hr 0 min.
 Elevation = 0m
 Conservatism = GF 55/75
 Dec to  60m            (3) Air        18m/min descent.
 Level   60m  26:40   (30) Air        1.46 ppO2,  60m ead
 Asc to  30m           (33) Air        -9m/min ascent.
 Asc to  27m           (33) Nitrox 36 -9m/min ascent.
 Stop at 27m   0:20   (34) Nitrox 36 1.32 ppO2,  20m ead
 Stop at 24m   1:00   (35) Nitrox 36 1.22 ppO2,  18m ead
 Stop at 21m   3:00   (38) Nitrox 36 1.11 ppO2,  15m ead
 Stop at 18m   3:00   (41) Nitrox 36 1.00 ppO2,  13m ead
 Stop at 15m   5:00   (46) Nitrox 36 0.90 ppO2,  10m ead
 Stop at 12m   7:00   (53) Nitrox 36 0.79 ppO2,   8m ead
 Stop at  9m  13:00   (66) Nitrox 36 0.68 ppO2,   5m ead
 Stop at  6m  20:00   (86) Nitrox 36 0.57 ppO2,   3m ead
 Stop at  3m  39:00  (125) Nitrox 36 0.47 ppO2,   1m ead
 Surface             (126) Nitrox 36 -3m/min ascent.
```

```
OTU's this dive: 81
CNS Total: 33.5%
Gas density: 8.3g/l
4338.0 ltr  Air
2729.9 ltr  Nitrox 36
7067.9 ltr  TOTAL
DIVE PLAN COMPLETE
```

En este caso, el gas de fondo es más que suficiente, pero Deco1 no lo es. Hemos perdido el gas de fondo rico en oxígeno (EAN80) y tendremos que descomprimir únicamente con el otro gas de descompresión (EAN36) y el gas de fondo. Veamos qué sucede si alteramos el factor de gradiente alto, haciendo la buceada más agresiva, para tratar con la obligación de descompresión ganada:

```
MultiDeco 4.17 by Ross Hemingway,
 ZHL code by Erik C. Baker.
 Decompression model: ZHL16-C + GF
 DIVE PLAN
 Surface interval = 5 day 0 hr 0 min.
 Elevation = 0m
 Conservatism = GF 55/95
 Dec to  60m          (3) Air         18m/min descent.
 Level   60m  26:40  (30) Air         1.46 ppO2, 60m ead
 Asc to  30m         (33) Air         -9m/min ascent.
 Asc to  27m         (33) Nitrox 36   -9m/min ascent.
 Stop at 27m   0:20  (34) Nitrox 36   1.32 ppO2, 20m ead
 Stop at 24m   1:00  (35) Nitrox 36   1.22 ppO2, 18m ead
 Stop at 21m   2:00  (37) Nitrox 36   1.11 ppO2, 15m ead
 Stop at 18m   2:00  (39) Nitrox 36   1.00 ppO2, 13m ead
 Stop at 15m   4:00  (43) Nitrox 36   0.90 ppO2, 10m ead
 Stop at 12m   6:00  (49) Nitrox 36   0.79 ppO2,  8m ead
 Stop at  9m   9:00  (58) Nitrox 36   0.68 ppO2,  5m ead
 Stop at  6m  15:00  (73) Nitrox 36   0.57 ppO2,  3m ead
 Stop at  3m  28:00 (101) Nitrox 36   0.47 ppO2,  1m ead
 Surface            (102) Nitrox 36   -3m/min ascent.
 OTU's this dive: 74
 CNS Total: 30.9%
 Gas density: 8.3g/l
 4338.0 ltr  Air
 2043.6 ltr  Nitrox 36
 6381.6 ltr  TOTAL
DIVE PLAN COMPLETE
```

Llevando el factor de gradiente alto a 95, logramos que el Deco1 sea suficiente para cumplir con esta nueva obligación de descompresión, más agresiva, pero mejor que nada. Ahora bien, hay un par de detalles importantes que ayudan a aliviar el incremento del riesgo que incrementar este factor de descompresión significa. Primeramente, podemos estirar la última parada de descompresión hasta que Deco1 se nos agote por completo e incluso continuarla con lo que nos queda de gas de fondo (más de dos mil litros); eso proveerá un margen de seguridad extra. Pero además, la obligación de descompresión contraída puede no ser tanta como la hemos planeado. Difícilmente bucearemos un perfil rectangular. Planeando la buceada de esta manera, y considerando estas posibles situaciones y las soluciones que hemos planteado, hemos cubierto de buena manera lo que estamos anticipando (la pérdida de un cilindro de descompresión).

Lo importante de todo este ejercicio no ha sido el mostrar cómo hacerlo, ya que cada buzo debe buscar el método y la estrategia que mejor le parezca y que mejor se adecúe a sus deseos y necesidades —incluyendo lo concerniente al manejo del riesgo—, sino demostrar no solamente que se puede planear más y mejor, sino que además es imperativo que se lo haga.

3.9. ¿Qué mezclas de gases?

Sabido es que las mezclas de gases que llevemos con nosotros a una buceada dependerán fundamentalmente de las profundidades a las que bajaremos y de la cantidad de tiempo de descompresión que acumulemos. Por lo general, se seguirán los lineamientos básicos indicados a continuación:

— Buceadas hasta los 40 metros (132 pies): aire o Nitrox.
— Buceadas hasta los 50 metros (165 pies): aire o Trimix normóxico.
— Buceadas hasta los 60 metros (200 pies): Trimix normóxico.
— Buceadas a más de 60 metros (200 pies): Trimix hipóxico.

Es cierto que hay un número no despreciable de buzos que utilizan aire para buceadas más allá de los 50 metros (165 pies). Sin embargo, y desde un punto de vista puramente narcótico, puede no ser la mejor de las ideas para la mayoría de los buzos en la mayoría de los casos.

Cuando buceamos Solo, hacerlo con aire a esas profundidades pasa a ser un tema mucho más delicado. Buceando Solo, es imperioso que minimicemos la posibilidad de que la narcosis nos provoque cualquier tipo de inconveniente. Si no lo hiciéramos, no estaríamos siendo cuidadosos; estaríamos faltando a la premisa de ser autosuficientes y nos estaríamos rifando el éxito de la buceada.[167] Tal vez usted ya haya tenido decenas o centenas de buceadas en esas condiciones y nunca haya experimentado ningún problema. Bueno, buceando Solo, solamente necesita que el problema se le presente una vez para que repentinamente se pueda ver involucrado en una situación extremadamente peligrosa.

Con respecto a las mezclas de descompresión, a muchos buzos no nos gusta utilizar oxígeno puro, ya sea por los peligros que este acarrea fuera del agua, ya porque no aporta grandes ventajas en lo referente a los tiempos de descompresión.[168] Algunas buceadas requerirán de una sola mezcla de descompresión; otras, de dos. Llevar tres mezclas o más de descompresión, o dos de descompresión y una de viaje (*traveller gas*), agrega complejidad operativa que, en lo posible, como buceadores Solo, querremos evitar.

¿Cuál es el gas adecuado?

La respuesta obvia es que depende de la buceada a encarar. Una consideración sobre las mezclas estándar para gas de fondo y descompresión que algunos proponen:[169] si a usted le gusta ese criterio, úselo. Si no le gusta, no lo haga. Al final de cuentas, esto cae dentro de las preferencias personales.

167   Una buceada exitosa es aquella en la que regresamos de ella sanos y salvos.

168   Esto, sin duda, le hará rechinar los dientes a más de un buceador adoctrinado en escuelas de pensamiento para las cuales el oxígeno puro es la panacea de los gases de descompresión, o el gas de descompresión por excelencia. Sin embargo, descomprimir solamente en oxígeno puede traer el inconveniente de necesitar mayores volúmenes de gas de fondo, y en algunos casos, la necesidad de llevar con nosotros una mezcla de viaje (*traveller gas*). Optimizar los volúmenes de gas a llevar con nosotros requiere encontrar un balance entre la profundidad a la que se van a efectuar las paradas de descompresión y los tiempos implícitos en ellas según las mezclas utilizadas. Utilizar dos mezclas de descompresión —una con entre 70 y 80 % de oxígeno y la otra con entre 30 y 40 % de oxígeno— minimizan los volúmenes y los distribuyen de manera más homogénea. Encontrar las mejores mezclas de descompresión requiere que el buzo experimente con su programa de planificación de buceadas. ¡Hágalo!

169   Existen agencias certificadoras y grupos de buceadores que proponen —y defienden— el uso exclusivo de determinadas mezclas para determinados rangos de profundidades. También hay otros buzos independientes a los que les gusta tratar de imponerlas a capa y espada.

Podríamos llegar a pensar que en lo que respecta al tipo de gas a utilizar no existirán diferencias entre bucear Solo y hacerlo en pareja o en equipo. Sin embargo, tenemos que considerar que la principal diferencia que bucear Solo tiene con respecto a otras modalidades de buceo es el nivel de riesgo que este implica. Ello nos fuerza a seleccionar también los gases de manera un poco más conservadora.

En el rango de las buceadas dentro del límite de no descompresión, la elección generalmente se centrará entre aire y Nitrox, y luego, en caso de haber optado por Nitrox, en el porcentaje más adecuado de oxígeno. Buceando Solo, no deberíamos forzar los límites, ya que, como siempre, no hay nadie allí para ayudarnos si algo sucede.

Por encima de los 40 metros (132 pies), lo recomendable es comenzar a pensar en Trimix. ¿Recomendable por quién? Por algunos buceadores que, como yo, preferimos tener la cabeza lo más despejada posible durante nuestras buceadas (mayormente frías, oscuras, con penetración y con paradas de descompresión). Después de todo, la narcosis puede llevarnos a sufrir algún percance de consideración, sobre todo dentro de entornos cubiertos y ante la ocurrencia de cualquier otro tipo de inconveniente que requiera una mente ágil.

Existen historias de buzos asombrosos —algunos de ellos aún entre nosotros— que han buceado y tal vez sigan haciéndolo con aire a profundidades de 60 metros (200 pies) y más, y en condiciones extremadamente demandantes. No me cabe recomendarles a ellos cómo elegir sus mezclas. Pero para quienes no somos como ellos, la recomendación de no arriesgarse más de la cuenta es completamente válida.

PO2 = 1,2 ata

Hoy es normal aceptar valores de PO2 entre 1,2 y 1,4 ata para la porción de fondo y de 1,4 a 1,6 ata para las porciones de descompresión. Muchos de nosotros simplificamos estos márgenes y establecemos dos valores, 1,4 y 1,6 ata, para las porciones de fondo y descompresión, respectivamente, sin prestarle más atención al asunto.

Recordemos, sin embargo, que estos valores son fundamentalmente una cuestión estadística; y así como siempre hay alguien que gana la lotería, esta es una lotería en la que no queremos sacar el premio mayor.

Buceando Solo no habrá diferencias en cómo se comportará nuestro organismo ante una condición de hiperoxia en la próxima buceada por el simple hecho de estar buceando sin compañero. Es cierto. Pero debemos recordar, como siempre, que la presencia de uno o más compañeros de buceada puede aportarnos algo de ayuda al respecto. Tal vez poca, sí, pero poco es mejor que nada.

Reducir la PO2 a un máximo de 1,3 ata —o incluso 1,2 ata— durante la fase de fondo parece aportar poco en comparación a seguir utilizando el acostumbrado 1,4 ata; sin embargo, en desviaciones, inintencionales o no, más allá de la profundidad planeada, pueden darnos un mayor margen de esa seguridad operativa tan ansiada y perseguida al bucear Solo.

Sea conservador

Recuerde: el buceo Solo es una actividad más peligrosa que bucear con compañero o en grupo. No espere utilizar los mismos métodos y las mismas estrategias, y esto también abarca a la selección de las mezclas de gases.

Tal vez en buceadas deportivas simples, esas que a menudo describo como realizadas en un cálido arrecife, luminoso, a poca profundidad y en aguas calmas, muchas de las recomendaciones de este libro puedan parecer exageradas. Pero ese no es el único entorno en el que los buceadores Solo nos aventuramos, y me atrevería a decir que ni siquiera es el más habitual. Al menos no lo es para mí ni para un grupo importante de buceadores Solo con los que a menudo comparto el océano.

No hay vergüenza en cargar más gas con nosotros. No es menos recio quien extiende las últimas paradas de descompresión o la de seguridad para prevenir. No somos menos hombres o menos mujeres por utilizar 1,2 ata como el límite de PPO2 para la porción de fondo o 1,4 ata para las paradas de descompresión en ciertas circunstancias adversas.

No haga caso de quienes afirman que las buceadas deben ser eficientes y minimizar el tiempo de descompresión, tal vez utilizando métodos o algoritmos propietarios, tal vez de alguna otra manera. Lo importante es terminar la buceada sanos y salvos. Dos, tres, cinco o diez minutos extra no son nada, a menos que nos encontremos en un entorno peligroso y que una rápida salida del agua sea cuestión de integridad física. Pero si lo fuera, ¿por qué bucearíamos allí en primer lugar? No me conteste; es una pregunta retórica, ya se que puede venir con un puñado de excepciones válidas a modo de respuesta.

Sea conservador, logre una buceada exitosa siempre.

3.10. Otros problemas derivados de la mezcla de gases

Deshidratación y edema pulmonar

Todo en exceso es malo, incluida la hidratación. Estamos tan acostumbrados a escuchar que debemos estar hidratados, hidratados, hidratados, para reducir el riesgo de ocurrencia de la enfermedad de descompresión que olvidamos que el exceso de hidratación parece ser un factor contribuyente a la aparición de edemas pulmonares. No es el único, y, como desgraciadamente pasa en muchos temas relativos al buceo, aún no está completamente clara su dinámica.

Hidrátese, sí, pero no se llene de agua hasta las orejas bebiendo más de la cuenta hasta segundos antes de saltar del bote al océano.

Envenenamiento por monóxido de carbono

El monóxido de carbono (CO) que pudiera introducirse en nuestro cilindro, generalmente por problemas en la estación de llenado, puede llegar a tener consecuencias extremas durante la buceada. El CO dificulta el traslado de oxígeno por parte de nuestro sistema circulatorio, lo que de hecho produce asfixia.

Los síntomas más comunes son dolores de cabeza, náuseas y fatiga. De ocurrir, debemos terminar la buceada de inmediato y, de ser posible, pasar a otra fuente apropiada de gas.

Como recordará de su curso inicial de aguas abiertas, el CO no tiene olor, color ni gusto. Pero es consecuencia de la combustión incompleta de derivados del petróleo, por lo que si se ha introducido en nuestro cilindro de buceo, es altamente probable que también lo hayan hecho otras partículas que tienen olor, color y gusto.

¿Recuerda aquello de colocar una tela blanca —y limpia— en la válvula del cilindro antes de instalar el regulador, y dejar salir un poco de gas para comprobar la ausencia de residuos en la tela? Bueno, esa es una buena manera indirecta de detectar la presencia de CO —u otros contaminantes— en la mezcla, pero su eficacia depende de que la cantidad de contaminantes sea importante. Existen detectores de CO especialmente diseñados con los buzos en mente. Si bucea frecuentemente en destinos no ampliamente reconocidos por sus prácticas de mantenimiento y seguridad, debería pensar en adquirir uno de ellos y analizar sus cilindros, tal y como lo hace con el porcentaje de oxígeno.

Síndrome neurológico de alta presión (SNAP)

HPNS es la sigla más común por la que se lo conoce, y corresponde al término en inglés *high pressure nervous syndrome*.

El uso de Heliox —helio y oxígeno— como gas de fondo para buceadas profundas tiene la contraindicación de hacernos susceptibles al HPNS. La alta presión existente a las profundidades a las que ahora los buzos técnicos podemos descender[170] gracias al helio y la gran velocidad de descenso que utilizamos[171] nos ponen en la puerta de tener que considerar al HPNS como una posibilidad real, no completamente descartable, al menos en aquellas buceadas más agresivas.

Dado que la solución parece en parte provenir de devolverle un poco de nitrógeno a la mezcla, parecería indicar que este síndrome no es razón de gran preocupación para los buceadores que utilizan Trimix. Sin embargo, esto aún no está del todo claro; estar precavido no está de más.

Los síntomas comienzan con temblores en las extremidades y problemas motores, pero luego pueden llegar a producir vómitos, somnolencia, trastornos sensoriales, psicosis y convulsiones. La mala noticia es que los efectos durante la buceada pueden ocasionar graves problemas para el buzo, comprometiendo severamente su seguridad y bienestar. La buena es que el buzo se repone completamente una vez finalizada la buceada,[172] siempre y cuando sobreviva a ella.[173]

Según algunas referencias, los síntomas de este síndrome comienzan a aparecer a partir de los 120 metros (400 pies) de profundidad, acentuándose a medida que la profundidad se incrementa.[174] Otros autores indican otras profundidades como las de comienzo de la aparición de los síntomas; por ejemplo, 150 metros (500 pies).[175] Algunos otros, incluso, dan por entendido que sus efectos se producen a profundidades aún mayores.[176]

---

170   Buceadas a 100 o 150 metros (330 o 500 pies) son cada vez más comunes para buceadores técnicos recreativos.

171   En metros o pies por minuto para los buceadores técnicos, en lugar de metros o pies por hora, por día o más para los buceadores comerciales de grandes profundidades.

172   David Sawatzky: «High pressure neurological síndrome», *Diver Magazine*.

173   No era tan buena la noticia después de todo.

174   M. K. Ozgok Kangal y H. M. Murphy-Lavoie: «Diving, High Pressure Nervous Syndrome».

175   Anton Swanepoel: «Diving below 130 feet».

176   Adolfo Talpalar: «Síndrome neurológico de alta presión», *Revista de Neurología*.

De cualquier manera, para buceadas a partir de los 100 metros es conveniente comenzar a tenerlo presente.

Como siempre, el problema que esto acarrea al buceador Solo se ve incrementado por la falta de un compañero que lo pueda ayudar en tales circunstancias.

A bucear: plan, ejecución y bitácora

4

4.1. Algunas consideraciones prácticas

Planifique la buceada seriamente

La planificación debe ser a prueba de balas. El plan debe ser lo más detallado posible e incluir cómo y por dónde entrar y salir, una lista de puntos intermedios notables, tiempos y volúmenes de gas. Considere seriamente llevar un breve resumen de dichos puntos, tiempos y volúmenes anotados en una pizarra o bloc de notas como referencia.

Cada posible percance cuya posibilidad de ocurrir no sea ínfima debe ser considerado como si su ocurrencia fuera prácticamente una certeza. Eso nos obliga a planear para solucionarlos sin mayores contratiempos y de manera rápida y contundente. Recordemos que si algo puede salir mal, saldrá mal.

Si en la buceada del plan anterior hubiera la posibilidad de encontrar algún tipo de situación que nos obligara a tomar alguna acción especial, como bien podría ser terminar la buceada en ese preciso momento, escoger otro camino predeterminado o lo que fuere, esta debería estar explícitamente indicada en el plan.

PLAN
NAUFRAGIO "GROCIAN" 5/12/18
MONTAUK, Long Island, NY

BUCEADA: SOLO, sin Deco

BARCO DE VAPOR, 1899/1932
COLISIONÓ CON: SS City of
                    Chattanooga

EAN32, PPO2 → 1,2 ata @ 4ata

NDC → NOAA → 30 minutos
    → MultiDeco → 2 paradas
                → 20' → 1 min 2seg
GF: 55/75   → 10' → 6min

SAC: 0,7 cuft/min.ata   CONTROLAR
                        NDC < 5min.
                        para NO-Deco

GAS: 0,7 × 4 × 30 = 84cuft
c/reserva → 120 cuft.

• TRAJE 7mm
• Cilindro de Acero / 120 cuft
• Peso Adicional → 14 lbs → 5+5
• 2 cuchillos   } bolsillos
• 1 cortador de línea   → 2+2 en
• 2 luces primarias   cilindro
• 2 luces respaldo
• 2 reels uno grande y uno mediano
• Brújula Gprirs
• válvula H¡ 2 juegos de reguladores
• Pony , 30 cuft.
• Máscara de repuesto

PSi inicial → 3500 psi
Reserva → 1200 psi
Punto de Retorno → 2000 psi

• Descenso y Ascenso por línea
  de Amarre.

• Si la visibilidad es pobre, utilizar
  reel.
  Buscar calderas

• en caso de fuertes corrientes
  evaluar si conviene proseguir
  con la búsqueda o recorrer
  los escombros cercanos.

• Prestar atención al SPG y al
  NDC. (evitar Deco).

      ¡¡ HAVE FUN!!

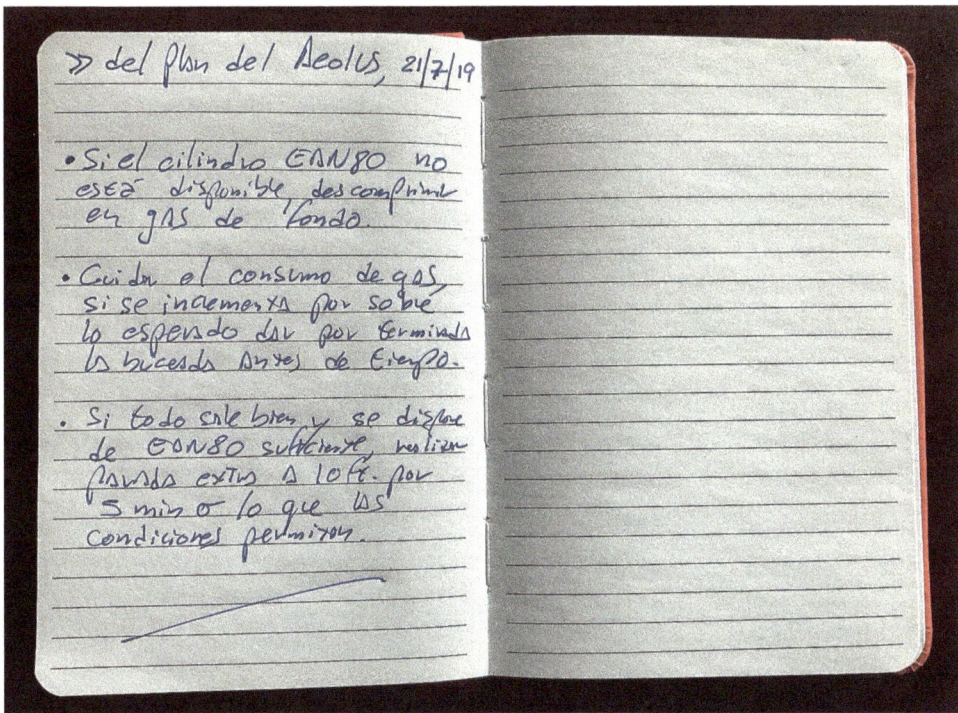

Imágenes 4.1, 4.2 y 4.3. Primeras páginas (izquierda, arriba) y última página (izquierda, abajo; notas básicas) de un plan de buceada muy simple. Ejemplo (arriba) de parte de un plan en el que se indica qué hacer en caso de que el gas destinado a la descompresión (en este caso, a partir de 30 pies o menos) no estuviera disponible. También advierte de cuidar el ritmo de consumo de gas e instruye adicionar una parada de seguridad de 5 minutos (se sobreentiende que luego de finalizada la descompresión) a 10 ft.

Solamente un factor nuevo a la vez

Las buceadas en sí no deberían ser diferentes a lo que hasta ese momento han venido siendo con compañeros.

No se aventure a un sitio extraño en su primera buceada Solo. Dese tiempo para aclimatarse al hecho de no tener compañero. Recuerde que aunque reniegue de él, siempre ha estado allí, aunque más no sea como soporte anímico. Tal vez si hubiera estado en apuros, no le habría servido de mucho, pero en su mente él estaba disponible para socorrerlo de ser necesario, y esa es una gran diferencia a la que muchos buceadores deben acostumbrarse al comenzar a bucear Solo.

Equipamiento

Nuestro equipamiento debe ser de primera calidad, encontrarse en óptimas condiciones, contar con la redundancia necesaria y debemos tenerlo allí, en el lugar donde se realizará la buceada. Olvidarlo en casa o en la superficie nunca es bueno; debemos prestar especial atención a ello. Si nos olvidamos de algo y la tripulación u otro buzo en el charter no tienen para prestárnoslo, nuestra buceada puede verse arruinada.

Abortar una mañana de buceo estando ya en el barco, kilómetros mar adentro, no será fácil. Nos enojaremos con nosotros mismos, maldeciremos, nos quejaremos de nuestra suerte, renegaremos de este mundo tan injusto y tal vez nos queramos autoconvencer de que esa pieza o herramienta que nos falta no es tan importante para esta buceada. Cuidado con eso: debemos ser muy honestos con nosotros mismos a este respecto; no tenemos un compañero que nos pueda hacer entrar en razón si ese no es el caso.

Prepare su equipo con tiempo

Salir a las corridas nunca es bueno, sobre todo cuando se trata de una actividad de alto riesgo como lo es el bucear Solo.

Prepare su equipamiento con suficiente anterioridad. Pruebe todas y cada una de sus partes y componentes. Revise todas sus herramientas, su estado y la forma en la que están montadas al resto del equipo. ¿Algo no está bien? Arréglelo o cámbielo. ¿Le falta algo? Consígalo. Cargue sus cilindros con el gas adecuado. Configure sus computadoras con los gases y parámetros escogidos o arrojados por su plan de buceada. ¿Todo lo que lleva baterías las posee en buen estado de carga? ¿No? Cárguelas o reemplácelas. Revise sus mangueras, sobre todo en los conectores.

No vaya a bucear con equipamiento que no esté en perfecto estado. No se diga a usted mismo «que será solamente por esta vez y que luego lo arreglará», pues puede no haber un luego.

Revisar y aprontar el equipamiento antes de entrar al agua

Todo debe ser revisado exhaustivamente antes de entrar al agua, ya que cualquier problema será más simple de solucionar en la superficie.

¿Las computadoras están configuradas y con los parámetros adecuados? ¿Todos los cilindros con manómetros y las presiones son las esperadas? ¿Las mezclas de gas son las planeadas? ¿Los cilindros están debidamente marcados? ¿Todos nuestros reguladores funcionan? ¿El primario? ¿El secundario? ¿La fuente de gas alternativa? ¿Todas nuestras linternas funcionan correctamente? ¿Tienen pilas nuevas? ¿Las recargables han sido propiamente cargadas la noche anterior?

¿Podemos acceder fácilmente a nuestras herramientas de corte? ¿Están afiladas? ¿Llevamos los reels que nos pueden ser necesario? ¿Los largos y grosores de sus líneas son los adecuados para el tipo de buceada? ¿Llevamos brújula? ¿Máscara de repuesto? Y varios etcéteras, entre los que se encuentra el asegurarse que tenemos abiertas las válvulas del gas que respiraremos.

Todo esto debe ser revisado con tiempo. Los cinco minutos previos a entrar al agua no alcanzan. Estaremos buceando Solo, pero sin duda, la tripulación del charter tiene cosas más divertidas que hacer que estar esperando a que nos terminemos de aprontar para poder saltar.

Su estado anímico

Habilidades, equipamiento y procedimientos son una parte muy importante de lo que es el bucear Solo; no cabe duda de ello. Sin embargo, un punto muy importante en toda buceada es el estado anímico del buzo; la forma en la que actúa y reacciona, su capacidad de autocontrol, su manejo del estrés y su capacidad de desarticular la aparición del pánico antes de que este se desate por alguna situación límite en la que pudiera verse envuelto.

Perder la cabeza bajo el agua puede costarnos la vida. La contrariedad más simple puede tornarse trágica si nos entregamos al pánico. Si no lo hacemos, si mantenemos la mente fría y nos ponemos a trabajar en el percance que fuere de manera activa y si hemos hecho nuestro trabajo en seleccionar el equipamiento y las herramientas adecuadas, podremos solucionar prácticamente cualquier tipo de inconveniente que se nos presente, por complicado que parezca (si contamos con el gas suficiente, claro).

Así que si no se siente como en su mejor momento, reflexione seriamente sobre la conveniencia de realizar esta próxima buceada en modalidad Solo. Nunca es tarde para conseguir un compañero o unirse a un grupo. Difícilmente le digan que no, a menos que sean usted ya sabe quiénes.[177] Si está buceando por su cuenta, sin nadie alrededor, en un lugar desolado, tal vez debería cancelar la buceada. Siempre habrá un mejor momento si lo hace; si no, tal vez no lo haya.

---

[177] Siempre me recuerdan aquello de «aquellos de quienes no hablamos» (*those who we do not speak of*), de la película *The Village*.

¿Cómo haremos el chequeo de burbujas a 3 metros (15 pies)?

Los instructores que nos hayan tocado, tanto en buceo deportivo avanzado como en buceo técnico, seguramente han hecho hincapié en que realicemos un chequeo de burbujas, o bien a 15 pies o bien durante el propio descenso. Para ello girábamos mientras nuestro compañero observaba si teníamos algún escape de burbujas. Luego él giraba y nosotros observábamos.

Ahora, sin compañero, debemos estar atentos a nuestros propios ruidos, ya que un escape importante lo producirá. Si no escuchamos nada, si al mirar hacia arriba no vemos nada fuera de lo esperable, podemos inferir con suficiente certeza que no parece haber nada malo en lo que respecta a escapes importantes de gas provenientes de nuestro equipo.

De cualquier manera, los instrumentos (SPG) nos confirmarán o no dicha conclusión. Todo buzo debe estar atento a sus instrumentos; el buzo Solo debe estarlo aún más. No para saber cuánto gas tenemos, sino para confirmar que efectivamente tenemos la cantidad que mentalmente sabemos que dentro de determinado rango tenemos.

Durante el descenso, debemos probar nuestros reguladores, los del gas o gases de fondo y, si tenemos un pony, los del pony. Si llevamos gases para descompresión, esos generalmente no se prueban en el descenso: ¿qué necesidad de respirar sin querer del gas equivocado a una profundidad dada? Ya lo habremos probado en el bote, antes de saltar, y sin duda ya habremos cargado el regulador y vuelto a cerrar la válvula (si usted está acostumbrado o ha sido instruido en hacerlo de esta manera).

Durante la etapa de fondo

Al completar el descenso, y una vez en el punto donde comienza la etapa de fondo, deberíamos realizar nuevamente una revisión de nuestro equipamiento. ¿Los reguladores del gas de fondo y el pony, si lo hubiere, siguen funcionando a la perfección? ¿Tenemos todo asegurado como es debido? ¿Nuestra SMB continúa enrollada? ¿Nuestros reels y spools no han ido soltando línea? ¿Todas las linternas a mano y funcionando? ¿Las herramientas de corte son accesibles y están debidamente aseguradas? ¿La presión en todos nuestros cilindros es la correcta? ¿Escuchamos o vemos burbujas saliendo de alguna parte de nuestro equipamiento? ¿La profundidad es la adecuada? ¿La PPO2 es la esperada? ¿Ninguna alarma en nuestras computadoras? ¿Dónde está el norte?

Luego seguiremos el plan trazado; no debe haber ninguna duda de eso ni cambios sobre la marcha. Bucee su plan, ¿recuerda?

Lo que sí deberíamos hacer mientras buceamos es ir probando nuestro equipo a medida que avanzamos, fundamentalmente los reguladores del gas de fondo y del pony para asegurarnos de que siguen funcionando a la perfección. Esto no debería causarnos ningún tipo de inconveniente, demora o complicación. Debemos hacerlo como un acto reflejo, dada la importancia que esto posee en nuestra calidad de buceadores Solo. Una falla en alguno de ellos será causal para abortar la buceada; ya no tenemos la redundancia con la que contábamos.

En cada buceada debemos trabajar en desarrollar nuestra conciencia situacional (*situational awareness*). Lo ideal es que sepamos en todo momento dónde estamos, qué hay a nuestro alrededor que nos pueda ser útil o peligroso, qué camino hemos seguido para llegar hasta allí y qué camino nos falta por recorrer. El buceador en general —y el buceador Solo en particular— no puede darse el lujo de no tener idea de dónde se encuentra, de cómo llegó allí y cómo hará para retornar al punto de salida. Estar al tanto de la orientación, profundidad, volumen de gas (presión) disponible, PPO2, NDL y TTS[178] es parte de esa conciencia situacional.

Utilice sus herramientas, no se gastan. Bueno, sí que se gastan, al menos algunas de ellas, pero de nada le servirá que estén como nuevas por no usarlas. En entornos de naufragios, haga extensivo uso de reels y luces de marcación. Oriéntese; tome notas en su pizarra o bloc si la estructura no es obvia o muy clara. Sepa cómo volver a orientarse si llegara a desorientarse por unos instantes.

Respete el tiempo total planeado; sus volúmenes de gas han sido planeados acorde a él. Además, en el bote lo estarán esperando ansiosamente cuando ese tiempo se cumpla.

El usar el gas de reserva «para que no se desperdicie» es una indicación clara de que no está preparado para bucear Solo. ¿Qué sucedería si tiene un percance en su camino de retorno o durante el ascenso?

No trabaje más de la cuenta. Si la corriente es mayor a lo esperado, tal vez deba acortar su buceada o al menos no aventurarse tan lejos de la linea de amarre como haya pensado hacer. Si la corriente es elevada, y depen-

---

178 *TTS* es el parámetro con el que su computadora le indica cuánto tiempo le tomaría emerger (*time to surface*) si comenzara el ascenso (no el retorno a línea de ascenso, sino directamente el ascenso) en ese preciso momento, considerando cualquier obligación de descompresión en la que pudiera haber incurrido durante la buceada. Las paradas de seguridad generalmente no están consideradas en ese TTS, pero para estar seguro de ello, consulte el manual de su computadora. ¿Su computadora de buceo no le indica el TTS? ¡Cámbiela!

diendo del tipo de entorno y de las características de esa buceada en concreto, podría ser prudente abortar la buceada.

Practique sus habilidades, las simples y las complejas. Las de máscara y regulador son simples; hágalo de todas formas. La de válvulas pueden llegar a ser odiosas; esas con mayor razón debe hacerlas.

Cuando llega la hora del retorno

Si estamos buceando con descenso y ascenso por línea de amarre, debemos estar atentos al momento planeado para comenzar el retorno hacia ella, el que puede no ser «cuando hayamos consumido un tercio del volumen de gas de fondo», como tanto se repite y nos repiten.

Según la regla de tercios, dos tercios del volumen total del gas de fondo son para utilizar en la buceada. Esto incluye el ascenso hasta la superficie si se trata de buceadas sin paradas obligatorias de descompresión o hasta el primer cambio de gas si la buceada las tiene. Pero esa división de «un tercio para ir y un tercio para regresar» solamente es aplicable si está buceando en un sitio en el cual la salida sea únicamente por el lugar donde entró y deba recorrer en el regreso todo el camino que ha recorrido hasta llegar a donde se encuentre en ese momento desde el comienzo de la buceada. Semejante escenario no es el más común buceando en aguas abiertas o naufragios, pero aparentemente lo es buceando cuevas (de allí proviene, como se dijo, esa regla de tercios que los buceadores de naufragios hemos hurtado y adaptado). Si estuviéramos buceando con la corriente (*drift dive*), la realidad será completamente diferente. Seguramente en este caso la estrategia más común sea el seguir las indicaciones dadas por el guía o *divemaster* local si lo hubiere; si no lo hay, tendremos que plantear nuestro plan de acuerdo con las características de la buceada y en base a la información que hayamos recabado del sitio.

Por último, controle su ritmo de ascenso: 9 metros (30 pies) por minutos hasta la parada de seguridad o la primera parada de descompresión. Luego siga las recomendaciones que sus instructores le hayan indicado, según el tipo de buceo que practique.

4.2. Su primera buceada Solo

Llegó el día

Se ha preparado adecuadamente. Ya se ha certificado y posee el equipamiento necesario. Está tranquilo y en completo control de la situación. No está allí para conformar a nadie más que a usted mismo. No existe presión por parte de terceros para realizar la buceada y no hay ninguna condición de alerta que nos haga dudar de lo oportuno que será hacer esa buceada en ese momento.

Tiene el plan. Todo parece estar en orden... ¡A bucear!

¿Qué sitio? ¿Qué tipo de buceada?

Para su primera buceada Solo, y me refiero realmente Solo, escoja un sitio que le sea lo suficientemente familiar como para mantener su ansiedad bajo control en todo momento. Usted ya sabe qué hay detrás de esa roca o por ese pasillo en ese naufragio.

Agua clara es preferible para sus primeros pasos. Pero no siempre está disponible, y en algunos lugares nunca lo está.

Canteras y lagos ofrecen ciertas ventajas. Primeramente, no se va a perder; si lo hace, no será un problema mayor. Además, no tienen corrientes ni oleaje importantes.

Bucear en ríos es otra opción que a muchos buceadores les gusta (a mí no). Recuerde que las corrientes pueden llegar a ser de lo más intensas. Además, si lo hace cerca de la desembocadura, las mareas pueden jugar un rol muy importante en esas corrientes. Consulte las tablas de mareas (o alguna aplicación para su teléfono o tableta, que sin duda tendrá disponible).

Sea el lugar que sea, asegúrese de estar debidamente capacitado y contar con la experiencia necesaria para bucear en ese sitio antes de hacerlo en ese sitio Solo. ¿Se entiende?

Tome notas

Es su primera buceada Solo, el objetivo no es observar el paisaje submarino. Tome notas. Profundidades, tiempos y ritmo de consumo de gas son datos que le servirán para luego aplicar un poco de ingeniería reversa a la buceada y analizarla. Usted es nuevo en este asunto del buceo Solo; es natural que en

BITÁCORA "GRECIAN", 5/12/18

- Poca Visibilidad   3mts/10 fts.
- Temperatura del Agua: 51°F/11°C
- Escasa corriente (raro para el sitio)
- Descenso y Ascenso esperados
- Navegación con Reel.

- Tomó 11 minutos encontrar las calderas (Hacía mucho Tiempo que no visitaba el sitio y la poca visibilidad no ayudó)

- El resto de los buzos con los que compartí el charter no estuvieron dentro de mi rango de visión en ningún momento.

- Tiempo de buceado: 27 min.

- Retorno a los 2000 psi, lento, sin apuro
- Psi finales: 1450 psi
- cuft utilizados: 70 cuft. (10 menos que los 2/3)
- SAC$_{Bruto}$: $\frac{70}{4 \times 27}$ = 0,65
- No deco

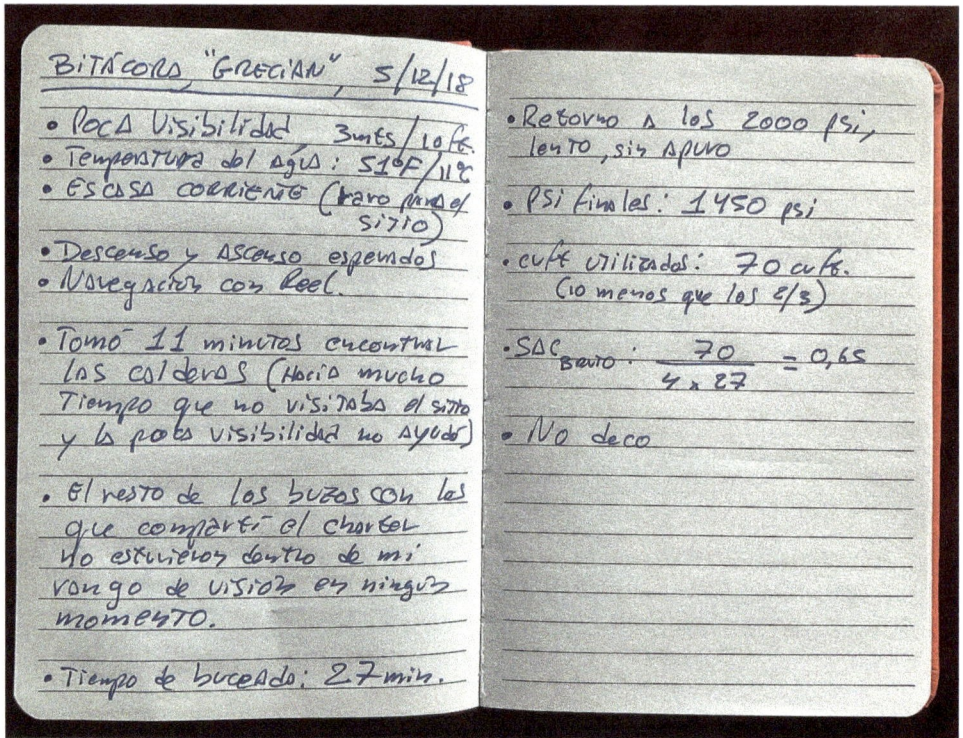

Imagen 4.4. Ejemplo de entrada en la bitácora. No se preocupe si no entiende mi letra: este ejemplo es para que vea el formato, no el contenido. En los ejemplos que seguirán en otros apartados, tanto el plan como la bitácora estarán escritos como texto regular. Pero sepa que en mi caso en particular, así es como se ven.

los primeros tiempos quiera desmenuzar lo sucedido y formarse un modelo mental de las buceadas. Tal vez sea para poder compararlo con el que ya posee de sus buceadas regulares, esas que ha venido realizando desde hace bastante tiempo.

Sea conservador

Puntualmente en esta buceada, así como en el primer puñado de buceadas Solo que luego realice, sus emociones estarán a flor de piel. Sus aprensiones también.

Sea conservador. No necesita utilizar todo el gas del que dispone para la etapa de fondo. No necesita cumplir con el tiempo máximo establecido si siente que le gustaría ascender antes. No planee una buceada compleja o larga. Recuerde que lo que está probando en estos momentos es el bucear Solo, no sus habilidades penetrando naufragios o navegando en entornos de baja visibilidad. Ya tendrá tiempo para eso luego.

Aunque sea un buceador Trimix, planee una primera buceada Solo poco profunda, sin descompresión. Acostúmbrese primero al hecho de que no hay nadie más allí con usted.

Complete su bitácora

Una vez en la superficie, complete la bitácora de la buceada. Si no acostumbra llevar bitácora, tal y como muchos buceadores lo hacen, comience una para sus buceadas Solo. Usted está comenzando en esta forma de bucear; necesitará esos datos para planear sus futuras buceadas. No es opcional, es un requerimiento para poder avanzar en este terreno.

Evite esos formularios preimpresos con dibujitos: no son para buceadores avanzados. Además, desalientan el explayarse en sus notas.

Las hojas sueltas tampoco son la mejor opción; tienden a perderse. Utilice un cuaderno, una libreta o lo que sea donde pueda escribir con libertad, sin limitaciones de espacio. Le sugiero que haga sus planes y sus bitácoras en el mismo cuaderno, juntos, uno detrás del otro. Si prefiere, puede utilizar un procesador de textos o alguna de esas aplicaciones de bitácora *online*. Para la próxima buceada que planee tendrá a su disposición el plan de la buceada anterior y su resultado final. ¿Qué más se puede pedir?

4.3. Las siguientes

Aproximaciones sucesivas

El método de aproximaciones sucesivas consiste en ir reduciendo las diferencias entre lo planeado y lo obtenido, poco a poco, paso a paso, vez a vez. El plan nos promete algo que tal vez durante la ejecución no se consiga. Tenemos que analizar los resultados, tratando de identificar las causas de las discrepancias e ir refinando tanto los planes como sus ejecuciones.

Lo mismo le sucederá a usted como buceador Solo. Ya ha realizado su primera buceada y espero que todo haya salido bien, aunque tal vez los números obtenidos durante la ejecución no sean los planeados. Seguramente, sus cálculos de consumo de gas no han sido tan exactos como esperaba. Quizás sus tiempos han estado un poco fuera de lo planeado. Si ese es el caso, seguramente se deba, en parte, a que al planear ha estado apuntando a una precisión que no es realista y, en parte, por una ejecución que necesita ir puliendo, poco a poco, buceada a buceada. No se preocupe demasiado por ello: ya irá refinando sus números a medida que vaya ganando experiencia real.

Comprenda que, en realidad, no se trata de que al bucear Solo sus números cambien o su ejecución empeore, sino de que hasta este momento usted no había requerido que el resultado obtenido en una buceada real coincida tanto con el plan trazado. Seguramente nunca había comparado lo planeado y lo obtenido con tanto detenimiento.

Siga buceando, refine sus planes, mejore sus bitácoras. Si sus computadoras de buceo le ofrecen una representación gráfica de profundidades, tiempos y consumo de gases, utilice esa información para analizar sus buceadas a fondo.

Hágase experto en sus buceadas anteriores. Trate de comprender cómo se desarrollaron y por qué cada valor fue progresando de la manera que lo hizo. Poco a poco; no tiene que desentrañar todos los misterios ya mismo. Pero propóngase hacerlo. Con el correr del tiempo y la acumulación de experiencia, irá descubriendo cada vez más aspectos de la dinámica de sus buceadas y podrá planearlas mejor y ejecutarlas con mayor precisión.

Habilidades

Durante sus primeras buceadas Solo concéntrese en el proceso de buceo. No agregue proezas ni nuevos retos o desafíos. Haga buceadas que, de no ser Solo, bien podrían ser tildadas de aburridas. Usted no está en ese momento explorando un nuevo mundo, sino aprendiendo un nuevo estilo. No se vaya por las ramas.

Pero a medida que va sumando una y otra buceada, querrá comenzar a practicar sus habilidades básicas, desde aquellas de reguladores y máscara hasta las de remover y volver a colocar su peso, su compensador de flotabilidad y todos y cada uno de los implementos y herramientas que lleva con usted. Sí, también ese desagradable ejercicio de válvulas si es que bucea con cilindros dobles. Hágalo a menudo. Trate de reducir el tiempo en que lo logra.[179]

---

[179]   Mientras no consiga ser un «maestro de las válvulas», tal vez le convenga llevar el *manifold* aislador cerrado y utilizar sus cilindros como dobles independientes.

Preste atención a lo que otros hacen

Ya que difícilmente sea el único buceador en el sitio en el que buceará,[180] preste especial atención a lo que hace el resto de los buceadores Solo. ¿Cómo llevan su equipo configurado? ¿Volúmenes? ¿Gases? ¿Herramientas? ¿Ascenso y descenso? ¿Paradas? ¿Navegación?

No imite ciegamente: aquel al que va a imitar puede estar haciendo algo mal. Mire, observe, tome nota mental y luego piénselo, razónelo, analícelo a la luz de sus propias características y habilidades. Háblelo con los demás y saque sus propias conclusiones.

Una vez en el agua, espíelos; vea qué tipo de buceo realizan. ¿Penetran estructuras? ¿Hacen abundante uso de reels y luces de marcación? ¿Son recolectores de *souvenirs*? ¿Hábiles nadadores? Esto le servirá para diferenciar entre lo que ellos hacen y lo que usted planea hacer. Si a usted no le interesa penetrar naufragios, tal vez no necesite tantos reels ni reels con cuerdas tan gruesas como ellos podrían estar cargando.

Recuerde que durante sus primeras decenas de buceadas Solo, usted aún estará aprendiendo y aclimatándose. Avance a paso lento y seguro. Un traspié puede acarrearle grandes consecuencias.

4.4. De ahora en más

Cada buceador es diferente, o al menos cae dentro de unas pocas categorías que lo definen. No todos alcanzan la maestría de lo que están aprendiendo en el mismo número de buceadas. Mientras que la gran mayoría de los buceadores Solo pueden ser considerados experimentados luego de algunas decenas de buceadas[181] (buceadas Solo), hay muchos que logran gran soltura y buena técnica en mucho menos tiempo.

Sin importar qué clase de buceador sea usted, recuerde que esto no es ni una carrera ni un proceso de comparación entre usted y los demás. Tómese

---

180   Si lo fuere, si está yendo por cuenta propia a un sitio en el cual será el único buceador presente; le conviene que sus primeras buceadas sean muy simples, de corta duración, y que se abstenga de todo aquello que de alguna manera pueda llegar a complicar su buceada y su bienestar.

181   Este nivel de experiencia al que se hace referencia sería algo así como poder decir que el buceador es un buceador Solo de nivel avanzado. Lograr lo que podría entenderse como una gran maestría lleva, en toda disciplina, cientos de repeticiones.

el tiempo que necesite, avance a su propio ritmo. El contador de buceadas o de horas de buceo no debe importarle.

De cualquier manera, me atrevería a decir que luego de unas pocas buceadas Solo, usted ya puede considerarse como tal. A esa altura ya ha tenido oportunidad de descubrir si el buceo Solo es o no lo que esperaba. Ya se habrá desencantado o enamorado de él. Ya tiene claro si quiere seguir adelante con esta práctica o si la abandona y regresa a las filas de los buceadores autosuficientes.

Cualquiera puede certificarse como buceador Solo. Puede leer, practicar, asistir a otros cursos y talleres, y ser en gran medida autosuficiente. Pero si no es capaz de bucear Solo y sentirse a gusto haciéndolo, no lo será. Por consiguiente, para ser un verdadero buceador Solo es necesario bucear Solo, una y otra vez; no hay otro camino. No importa si usted solamente lo hace en cálidos y luminosos arrecifes, a tan solo 10 metros (30 pies) de profundidad y únicamente con aire. Si bucea Solo, si se siente a gusto haciéndolo, si está en control de la buceada,[182] de usted mismo y de sus propias emociones, usted es un buceador Solo con todas las letras. De ahora en más, solo queda mejorar.

4.5. Plan y bitácora: naufragio Grecian

Las formas físicas

La forma física del plan de cada buceada es de poca importancia. Además, seguramente irá cambiando con el correr del tiempo; nos pasa a todos. Lo mismo sucede con la bitácora.

Sea cual sea el método que elija, trate de mantener sus planes y sus bitácoras de la mejor manera y lo más detallados posible. Lo ideal sería mantenerlos juntos, como fuente de ejemplos e información para planes futuros.

182　Estar en control de la buceada implica haberla planeado adecuadamente y estar siguiendo el plan trazado; disponer del equipamiento adecuado y en perfectas condiciones; contar con las redundancias necesarias, y, en general, seguir todos los lineamientos aceptados como necesarios para bucear Solo.

Plan

El plan de la buceada es fundamental. Toda buceada tiene un plan, aunque a veces no lo parezca. Está en usted hacer los suyos para el tipo de buceada que va a encarar. Pero hay que reconocer que existe una diferencia entre un plan que se muestra en un libro de texto y el plan real que el buzo realiza. A continuación se reproduce lo que podría ser uno de esos planes reales, sin mucho decorado (este es el plan real de una buceada real en ese sitio).

— Montauk, Long Island, NY, 9 de octubre, 2015.
— Naufragio: Grecian.
— Buceada: Solo. No decompresión.
— Barco de vapor, hundido en 1932
   (colisión con SS City of Chattanooga).
— Profundidad: 30mts/100ft/4ata.
— EAN32, PPO2 @ 4 ata —> 1,2 ata.[183]
— GF: 55/75.
— NDL, NOAA: 30 minutos.[184]
— MultiDeco, para 30 minutos, paradas: 40 segundos @ 20ft y
   4 minutos @ 10ft.[185] Controlar NDL > 5 minutos.
— Tiempo de la buceada (TRT): 40 minutos.
— SAC: 0,7 cuft/min.ata.[186]
— Gas: 0,7 cuft/min.ata × 4 ata × 30 min = 84 cuft.[187]
— Reserva: 42 cuft.
— Gas total: 126 cuft. Podemos hacerlo con un cilindro de
   120 cuft siempre y cuando controlemos nuestro consumo para
   no pasarnos de los 2/3 del total, lo que equivaldría a 2/3 de
   la presión de trabajo, que sería aproximadamente 2.200 psi

183   Ver 3.9 «¿Qué mezclas de gases?».
184   Ver 1.7 «Descompresión sí, descompresión no».
185   MultiDeco, con la configuración de GF 55/75 —si no sabe lo que esto significa, no se preocupe; se trata de una configuración levemente conservadora—, nos arroja dos paradas de descompresión que cuando ejecutemos la buceada, y porque no seguiremos un perfil rectangular, seguramente no tengamos que hacerlas. Además, bucearemos atentos al NDL indicado por nuestra computadora de buceo, evitando excederlo.
186   Ver 3.7 «SAC y RMV».
187   Ver 3.8 «¿Cuánto gas?».

(para una presión de trabajo de 3.400 psi). O podemos utilizar un cilindro de 150 cuft y olvidarnos del asunto.

— Cilindro con válvula *H*.[188]
— Dos juegos de reguladores (uno para cada válvula del cilindro primario).
— Pony: 30 cuft.
— Traje de 7 mm.
— Peso adicional: una pesa de 2 lbs en cada bolsillo del cinturón del arnés y dos pesas de 2 libras cada una en bolsillos a los costados del cilindro primario, ajustados junto a la placa (balance). Total: 11 lbs, más las 3 lbs de la placa.
— 3 herramientas de corte.[189]
— 2 linternas primarias y 1 de respaldo.[190]
— 4 luces de marcación estroboscópicas.
— Según la visibilidad, evaluar si colocar luces estroboscópicas en la línea de amarre y utilizar reel para no perder referencia de dicho punto.
— 2 computadoras de buceo.
— 1 reel mediano, 200 ft de línea gruesa (1/8").[191]
— 1 reel pequeño, 200 ft de línea fina (#24).
— 2 spools.
— 1 SMB + spool.
— Ala con vejiga redundante.[192]
— 1 máscara de repuesto.
— 1 silbato y 1 espejo.
— 1 Nautilus Lifeline Radio.[193]
— Recorrer el campo de escombros. Buscar las calderas, que son las estructuras más intactas.

[188]   Ver 2.6 «Reguladores y cilindros».
[189]   Ver 2.7 «Enredo y herramientas de corte».
[190]   Ver 2.8 «Linternas y luces de marcación».
[191]   Ver 2.9 «Reels, spools y SMB».
[192]   Ver 2.5 «Equipamiento, calidad y redundancia».
[193]   Ver 2.10 «Verse abandonado o perderse en la superficie». Este modelo, el Nautilus Lifeline Radio, ya no se fabrica más.

— Para respetar el TRT de 40 minutos, estar atento al NDL y al TTS[194] en la computadora.
— Dependiendo de la visibilidad y la corriente se podrá acortar el tiempo de la buceada.
— Estar atento al NDL. Considerar, al evaluarlo, la distancia (y el tiempo estimado) que tomará el regreso a la línea de ama-rre. Esta es una buceada casi rectangular. Cuando el NDL llegue a 5 minutos, y si no se puede ascender un poco, incrementán-dolo, será mejor que esté a menos de 5 minutos de la línea de amarre.
— Parada de seguridad a 20 pies de 5 minutos.

Bitácora

Mantener una bitácora con detalles de las buceadas realizadas tiene mu-cho sentido y puede ser una herramienta muy importante en el análisis posterior de una buceada. Veamos la bitácora (real) de la buceada planeada anteriormente:

— 10 de octubre 2015, Grecian, Montauk.
— Poca visibilidad, 10ft/3mts a lo sumo.
— El resto de los buzos con los que compartí el charter no estu-vieron dentro de mi rango de visión en ningún momento en el fondo.
— Profundidad máxima: 90 ft.
— Temperatura del agua: 11 °C / 51 °F.
— Sin corriente; raro para este sitio.
— Navegación con reel desde muy cerca de la línea de amarre (a menos de 1 pie) y luz de marcación (estroboscópica) en la propia línea.
— Tomó 10 minutos encontrar las calderas. Buen tiempo, consi-derando que hacía mucho que no visitaba el sitio y la poca visi-bilidad no ayudó.

---

194   *NDL* es, como se indicó, el tiempo de no descompresión, y *TTS*, el tiempo para emerger. Este último nos indicará cuándo debemos comenzar el ascenso, ya que el TRT (tiempo total de la buceada) debe ser igual al tiempo de la buceada hasta ese momento, más el TTS, más el tiempo de la parada de seguridad que queramos realizar.

- Tiempo de la buceada: 27 minutos, incluyendo parada de seguridad de 5 minutos.
- Cilindro de 120 cuft, 3.442 psi de trabajo.
- Psi iniciales: 3.550.
- Psi finales: 1.450.
- Cuft utilizados: (2.100 psi × 120 cuft) ÷ 3.442 psi = 74 cuft
- Utilizados menos de los 84 cuft planeados y de los 80 cuft que conforman los dos tercios del volumen total.
- SAC bruto: 74 cuft ÷ (4 ata × 27 min) = 0,69 cuft/min.ata
- Respeté el NDL, aunque en algún momento estuve a 1 minuto del límite.

4.6. SS Copenhagen

El SS Copenhagen, un carguero de vapor construido en Inglaterra en 1898, se hundió el 26 de mayo de 1900 a causa de errores de navegación a tres cuartos de milla de la costa de Fort Lauderle (Florida, Estados Unidos). En su viaje final se dirigía de Filadelfia (Pensilvania, Estados Unidos) a La Havana (Cuba), transportando cinco mil toneladas de carbón.

La carga fue removida y se iniciaron tareas para reflotarlo que fueron abandonadas, dejando al navío parcialmente a flote por algunos años. La Marina lo utilizó para prácticas de tiro y acabó por hundirse completamente a unos 10 metros (35 pies) de profundidad.

Hoy día es un sitio arqueológico protegido por el estado de Florida y ubicado en un conocido arrecife local. Sus restos, entre los que se destaca su icónica ancla, reciben gran cantidad de buceadores deportivos. Para acceder a él existen diferentes operadores de charters que lo visitan asiduamente.

Las condiciones del sitio son generalmente claras y luminosas, con aguas templadas, aún en invierno, y sujeto a habituales corrientes que lo hacen ideal para buceadas en correntada (*drift diving*).

El sitio es apto para todo nivel de certificación y experiencia; es un campo de restos de naufragio esparcidos por el fondo marino, sin posibilidad de penetración ni zonas oscuras, alineado de norte a sur con el espinazo del arrecife en el que se encuentra; poca profundidad, aguas claras y cálidas, sin NDL, con descenso y ascenso por línea (boya de amarre).

Plan

- Lauderdale-by-the-sea, Florida, USA, 23 de marzo, 2019.
- SS Copenhagen, Solo, no-deco, oceánica.
- Se esperan corrientes moderadas.
- Se espera alrededor de 75 °F de temperatura del agua.
- 10mts/30ft/2ata.
- Aire, PPO2 @ 2 ata —> 0,42 ata.
- GF: 55/75.
- No NDL.
- Tiempo (TRT): 50 min.
- SAC: 20 lts/min.ata.
- Gas: 20 lts/min.ata × 2 ata × 50 min = 2.000 lts.[195]
- Reserva: 1.000 lts.
- Gas total: 3.000 lts
- Cilindro: 3.000 lts ÷ 230 bar = 13 lts/bar —> 15 lts/bar (120 cuft).
- Cilindro de 15 lts/bar y 230 bar de presión de trabajo (3.450 lts[196]) con válvula *H* y doble juego de reguladores.
- Una de las segundas etapas, la que sale del regulador derecho, tendrá una manguera de 2,1 metros (7 ft).
- Pony: 5 lts.
- Traje de 3 mm.
- Peso adicional: una pesa de 4 lbs (2 kg) en cada bolsillo del cinturón del arnés.
- Peso de la placa: 3 lbs.
- 2 herramientas de corte.
- 1 linterna primaria.
- 1 reel mediano, 200 ft de línea gruesa (1/8").
- 1 reel pequeño, 200 ft de línea fina (#24); con él arrastraré la boya.
- 1 SMB + spool.
- Ala con vejiga redundante.
- 1 máscara de repuesto.
- 1 silbato y 1 espejo.

[195] 2.000 lts es dos tercios, por lo tanto el tercio restante es 1.000 lts, para un total (tres tercios) de 3.000 lts.

[196] El cilindro de 15 lts (15 lts/ata) carga 3.450 lts a 1 ata. Si el volumen de gas a consumir en la buceada es 2.000 lts, la reserva será de 1.450 lts.

- 1 Nautilus Lifeline Radio.
- 2 computadoras de buceo.
- Descenso y ascenso: según indicaciones de la tripulación, seguramente por línea de amarre.
- Parada de seguridad (*safety stop*): 3min @ 15ft.
- Recorrer primero contra corriente, según convenga, dependiendo de dónde esté amarrado el barco.

Bitácora

- 23 de marzo 2019, SS Copenhagen, Laudarle-by-the-sea.
- Visibilidad: 50 ft mínimo.
- Profundidad máxima: 29 ft.
- Temperatura del agua: 78 °F.
- Corriente moderada norte-sur.
- Navegación natural, desde el punto de amarre hacia el norte primero (contra corriente) y luego hacia el sur.
- Las formaciones del arrecife (*drop-off*) son más bonitas que en gran parte de los otros arrecifes de la zona.
- El naufragio está sumamente fragmentado. Se destaca el ancla, en el extremo sur, y una placa indicativa de que el sitio es parte de una reserva marina.
- Tiempo de la buceada: 52 minutos.

A tener en cuenta. Buceando Solo, podría argumentarse que el uso de una manguera larga en uno de nuestras segundas etapas reguladoras no tiene mucho sentido. Sin embargo, debemos recordar que otros buceadores que se encuentren por el mismo sitio podrían acudir a nosotros si sufren problemas con su suministro de gas.

El SS Copenhagen es un sitio sumamente atractivo para buceadores deportivos de todos los niveles, más proclives a sufrir ese tipo de percances. Más allá de que en tales situaciones prefiramos entregarles nuestro pony, debemos recordar que ellos bucean en pareja, y si uno se quedó sin gas, el otro también debe andar cerca de ello. De cualquier manera, el largo de las mangueras y los procedimientos para compartir gas son en gran medida una cuestión de preferencia personal; está en cada buzo optar por lo que más crea conveniente.

- 3 minutos de parada de seguridad a 15 pies.
- 235 bar iniciales.
- 100 bar finales.
- Bar utilizadas: 135.
- Lts. utilizados: 135 bar × 15 lts/bar = 2.025 lts
- Utilicé 25 litros más de lo planeado, seguramente por culpa de la corriente, pero aun así estuve por debajo de los 2/3 del volumen total (2.025 en lugar de los 2.300 lts que constituyen esos 2/3).
- SAC bruto: 2.025 lts ÷ (2 ata × 52 min) = 19,5 lts/min.ata.

Buceadas más complicadas o más elaboradas requerirán un plan más detallado y unas notas posbuceada más completas.

4.7. Hyde

El Hyde es una draga de 65 metros (215 pies) de eslora hundida en 1988 como parte del programa de arrecifes de Carolina del Norte, Estados Unidos. Está ubicado a unos 24 kilómetros (15 millas) de la costa de la ciudad de Willmington, en el mencionado estado.

La buena visibilidad y las aguas claras y luminosas, características de la corriente del Golfo que lo bañan, junto con decenas de tiburones —mayormente *Carcharias Taurus*— que lo frecuentan durante los meses cálidos, atrae a miles de buceadores locales y regionales cada año.

Se encuentra sobre la arena, a 25 metros (80 pies) de profundidad. Su estructura, que decae a lo largo de las décadas, aún se encuentra erguida y es fascinante. Además, presenta numerosas oportunidades de penetración en zona de luz natural.

EAN36 está disponible en varios de los centros de buceo de la zona, y a 3,5 ata, la profundidad máxima del sitio, nos da una PPO2 de 1,26 ata (3,5 ata × 0,36 = 1,26 ata). Una rápida mirada a las tablas de no descompresión de la NOAA para EAN36 nos arroja que podemos sacarle al menos unos buenos 60 minutos a la buceada.[197] Veamos qué nos dice MultiDeco sobre descompresión:

197   Según la tabla de la NOAA, para 24,5 metros, el NDL es de 60 minutos. Por un lado sabemos que estas tablas son poco conservadoras y no deberíamos utilizarlas para planear buceadas rectangulares, en las cuales el 100 % del tiempo de fondo pasemos a la

```
MultiDeco 4.17 by Ross Hemingway,
 ZHL code by Erik C. Baker.
 Decompression model: ZHL16-C + GF
 DIVE PLAN
 Surface interval = 5 day 0 hr 0 min.
 Elevation = 0m
 Conservatism = GF 55/75
 Dec to 25m            (1) Nitrox 36   20m/min descent.
 Level  25m  58:45 (60) Nitrox 36   1.25  ppO2,   18m ead
 Asc to  6m         (62) Nitrox 36   -9m/min ascent.
 Stop at 6m   0:53 (63) Nitrox 36   0.57  ppO2,   3m ead
 Stop at 3m  12:00 (75) Nitrox 36   0.47  ppO2,   1m ead
 Surface           (76) Nitrox 36   -3m/min ascent.
 OTU's this dive: 86
 CNS Total: 31.4%
 Gas density: 4.3g/l
 4566.8 ltr  Nitrox 36
 4566.8 ltr  TOTAL
DIVE PLAN COMPLETE
```

No, MultiDeco nos indica dos paradas de descompresión: la primera a 6 metros por casi 1 minuto y la segunda a 3 metros por 12 minutos. Es cierto que no vamos a estar todo el tiempo de fondo a la profundidad máxima y que tal vez no incurramos en penalidades de descompresión obligatoria, pero esa no es la manera en la que debemos proceder con respecto a la posibilidad de sufrir la enfermedad de descompresión; no podemos dejar cabos sueltos.

Refinemos un poco este plan. Pensemos que haremos esta buceada como multinivel, tal y como resultan la mayoría de las buceadas de naufragio a poca profundidad. No estamos tratando de cambiar o forzar un tipo de buceada: estamos adaptando el plan a como sabemos que seguramente la buceada se realizará. Para ello, dividamos esos 60 minutos en tiempos menores a diferentes profundidades y veamos qué sucede:

....

profundidad máxima allí indicada. Al mismo tiempo, sabemos que no vamos a pasarnos todo ese tiempo de fondo arrastrando la barriga contra la arena. Además, esta mirada rápida a las tablas es solamente una primera estimación, un intento de darle forma a la buceada, la que planearemos más detenidamente con un programa de planificación si es que pensamos sacarle el máximo tiempo posible (esto dependerá, obviamente, de disponer de cilindros de suficiente volumen).

```
MultiDeco 4.17 by Ross Hemingway,
 ZHL code by Erik C. Baker.
 Decompression model: ZHL16-C + GF
 DIVE PLAN
 Surface interval = 5 day 0 hr 0 min.
 Elevation = 0m
 Conservatism = GF 55/75
 Dec to 25m            (1) Nitrox 36   20m/min descent.
 Level  25m   8:45 (10) Nitrox 36   1.25 ppO2, 18m ead
 Asc to 20m           (10) Nitrox 36   -9m/min ascent.
 Level  20m  25:00 (35) Nitrox 36   1.07 ppO2, 14m ead
 Asc to 15m           (36) Nitrox 36   -9m/min ascent.
 Level  15m  25:00 (61) Nitrox 36   0.90 ppO2, 10m ead
 Asc to  3m           (62) Nitrox 36   -9m/min ascent.
 Stop at 3m   0:33 (63) Nitrox 36   0.47 ppO2,  1m ead
 Surface              (64) Nitrox 36   -3m/min ascent.
 OTU's this dive: 64
 CNS Total: 21.9%
 Gas density: 4.3g/l
 3552.3 ltr  Nitrox 36
 3552.3 ltr  TOTAL
DIVE PLAN COMPLETE
```

¡Eureka! Dividiendo la buceada en tres segmentos hemos obtenido una buceada de 60 minutos con una profundidad máxima de 25 metros dentro del NDL. Bueno, casi: aún tenemos 33 segundos de descompresión a 3 metros (10 pies), pero dicha parada seguramente desaparecerá al realizar la buceada real, y si no lo hiciera, estará más que cubierta por la parada de seguridad (ver recuadro siguiente).

Aquellos buzos que no están calificados para buceadas con paradas de descompresión tendrán que vigilar su NDL; a lo sumo, perderán unos minutos de tiempo de fondo. Como siempre, bucearemos siguiendo las indicaciones de nuestra computadora,[198] pero ya sabemos que la buceada es posible.

¿Cuánto gas de fondo necesitamos? 3.417 litros para la buceada. Si le agregamos el gas de reserva, necesitaremos llevar con nosotros 5.126 litros de gas. Con cilindros que posean una presión de trabajo de 230 bar, el tamaño del cilindro necesario es 5.126 ÷ 230 = 23 litros. En otras palabras, necesitamos una configuración doble, con dos cilindros de 12 lts/ata, ya sean

198   Llevaremos con nosotros dos computadoras. ¡Tres es dos, dos es una, una es ninguna!

estos independientes —por ejemplo, montados a los costados— o unidos por un *manifold* aislador y montados en la espalda.

¿Necesitamos llevar un cilindro pony si llevamos dos cilindros de gas de fondo? Tal vez sí, tal vez no. En el fondo, esa es cuestión de preferencias. Si llevamos dos cilindros independientes, ya sea montados a los costados o unidos en la espalda pero con la válvula del *manifold* aislador cerrada, podremos prescindir del cilindro pony. Ya tenemos redundancia en la fuente de gas. Pero si llevamos cilindros dobles en la espalda unidos por un *manifold* con la válvula de aislación abierta, tenemos que considerar cuán fácil o difícil nos es, particularmente a nosotros, acceder a esa válvula y cerrarla en caso de un problema que afecte nuestra reserva de gas. ¿Podemos aislar nuestros cilindros de manera rápida y eficiente? Tal vez no necesitemos nuestro pony. ¿No podemos? Tal vez sea acertado llevarlo. Ahora, si no podemos garantizarnos que podremos cerrar esa válvula de manera rápida y eficiente, ¿para qué llevarla abierta? ¡Cerrémosla antes de saltar al agua y usemos los cilindros como independientes!

En esta buceada puntual, el naufragio nos invitará a penetrarlo. Si bien está bastante limpio, tiene, en varios puntos, cables eléctricos colgando desde puntos elevados. Especial atención y cuidado se necesita para evitar cualquier situación de enredo. Por supuesto que debemos llevar dos o tres herramientas de corte, de las cuales al menos dos deben ser cuchillos, uno de ellos de buen tamaño (sin vergüenza). El resto de las consideraciones sobre el equipamiento para bucear Solo serán las habituales.

La máxima PPO2 será de 1,07 ata, 60 OTU, 21 % CNS. Toxicidad de Oxígeno bajo control.

Plan

- — Wilmington, Carolina del Norte, USA, 7 de junio, 2019.
- — Naufragio: Hyde (Draga), naufragio artificial.
- — Buceada: Solo. No *decompression*.
- — Tiempo total planeado (*run time*): 60 minutos.
- — Profundidad: 25mts / 80 ft / 3,5 ata.
- — EAN36, PPO2 @ 3,5 ata ⟶ 1,3 ata.
- — GF: 55/75.
- — NDL (NOAA): 60 minutos.
- — MultiDeco: para profundidades de 10min@25mts + 25min@20mts + 25min@15mts ⟶ parada de descompresión de 33segundos@3mts.
- — Controlar NDL > 5 minutos. De ser necesario, acortar el tiempo de la buceada para evitar la descompresión.[199]
- — SAC: 20 lts/min.ata.
- — Gas: 20 lts/min.ata × 3,5 ata × 60 min = 4.200 lts.
- — Reserva: 2.100 lts / 80 bar ([2.100 lts × 230 bar] ÷ 6.300 Lts = 77 bar).
- — Gas total: 6.300 lts. (6.300 lts ÷ 230 bar = 28 lts/bar)
- — Cilindro: doble cilindro de 15 lts/ata,[200] [201] con *manifold* aislador.

[199]   Si se ha decidido no hacer parada de descompresión, el único camino es no incurrir en descompresión obligatoria. Vigilar atentamente el NDL y proceder como se debe.

[200]   Doble —llamado generalmente *twin*— cilindro de 15 lts/ata proveerá 6.900 litros (15 lts/ata × 2 × 230 ata = 6.900 lts), lo cual es más de los 6.300 litros necesarios. Esos 600 litros extra pasarán a engordar la reserva. El gas planeado para la buceada debe seguir siendo los 4.200 litros calculados (deberían ser más que suficientes, ya que se calcularon para los 60 minutos a la profundidad máxima).

[201]   ata = bar. Ver apartados 1.9 «Algo sobre unidades» y 1.8 «El micrómetro, la tiza y el hacha».

- Dos juegos de reguladores (uno para cada cilindro).
- Traje de 3 mm.
- No peso adicional necesario.
- 2 herramientas de corte.
- 2 linternas primarias.
- 2 computadoras de buceo.
- 1 reel pequeño, 200 ft de línea fina (#24).
- 1 spool.
- 1 SMB + spool.
- Ala con vejiga redundante.
- 1 máscara de repuesto.
- 1 silbato y 1 espejo.
- 1 Nautilus Lifeline Radio.
- El descenso y ascenso se realizará por la línea carolina (que en Carolina del Norte suelen llamar *Granny line*) y la línea de amarre.
- Descenderé hacia la proa y de allí a la arena por un par de minutos, reservándome algunos de los 10 minutos planeados a 25 metros para posibles penetraciones que luego me pudieran llevar a profundidades cercanas a este valor.
- Ascenderé a nivel de cubierta y recorreré el naufragio, penetrando donde se pueda.
- Por la sencillez del naufragio, no es necesario el uso de reel o luces estroboscópicas, a menos que la visibilidad esté muy desmejorada.
- Al minuto 36 deberé estar a 15 metros o menos. Si esto no fuera posible (tal vez no haya nada interesante a esa profundidad), podré seguir a mayor profundidad, pero ahora pasaré a «bucear el NDL», es decir, a llevarlo bajo estricto control para no entrar en descompresión obligatoria.
- Se trata de un naufragio entre pequeño y mediano, y difícilmente me encuentre en cualquier momento a más de 5 o 6 minutos de la línea de amarre.
- Parada de seguridad a 20 pies de 5 minutos. Si tengo tiempo extra para completar los 60 minutos del tiempo planeado para la buceada, y si he llegado cerca del NDL, extenderé la parada de seguridad tanto como se pueda.

Bitácora

- 10 de junio, 2019, Hyde, Wilmington, NC.
- Buena visibilidad, 50 ft / 15 mts como mínimo.
- Profundidad máxima: 21 mts.
- Temperatura del agua: 24 °C / 76 °F.
- Corriente: casi nada.
- Recorrí buena parte del naufragio, penetrando en corredores y recintos, mayormente con gran cantidad de luz natural.
- Sedimentos no fueron problema, aun siendo que había gran cantidad de otros buzos entrando, saliendo y recorriendo el naufragio en todo momento (había dos charters en el sitio).
- No hubo contrariedades. Tampoco tiburones.
- Tiempo de la buceada: 61 minutos, incluyendo parada de seguridad de 5 minutos.
- Cilindro Twin de 2 × 15 Lts @ 230 bar de trabajo.
- Bar iniciales: 227.
- Bar finales: 101.
- Litros utilizados: (227 bar – 101 bar) × 30 lts/bar = 3.780 lts.
- Utilizados: menos de los 4.200 lts planeados y de los 4.600 lts que representan los dos tercios de los 6.900 lts disponibles.
- SAC bruto: 3.780 lts ÷ (3,5 ata × 61 min) = 18 lts/min.ata.
- Lo más cerca del NDL que estuve fue 5 minutos. Aun así, realicé 5 minutos de parada de seguridad.

4.8. Stolt Dagali

El Stolt Dagali está ubicado a 40 mts (130 ft o 5 ata) de profundidad, en las costa de Nueva Jersey, Estados Unidos. Es un naufragio frecuentado por muchos buceadores locales; en especial, aquellos que están trabajando en sus primeras certificaciones de buceo de naufragios junto a sus instructores.

A pesar de estar a una profundidad que lo sitúa dentro de los límites del buceo deportivo, es un entorno completamente diferente al de naufragios similares pero ubicados en aguas más templadas o tropicales. Como tal, requiere un juego de habilidades un poco diferentes. El agua fría obliga al buzo a utilizar gruesos trajes —por lo general, de 7 mm— o trajes secos con suficiente ropa interior, guantes y capucha. Los movimientos se ven seriamente limitados, y nuestra destreza fina en los dedos de las manos, comprometida.

La visibilidad es pobre. Días con visibilidades de 10 metros (30 pies) son considerados de «gran visibilidad»; en los malos, esta puede llegar a ser de menos de 1 metro (3 pies).[202] Esto también obliga no solamente a bucear con cautela, sino a emplear habilidades propias del buceo en entornos de poca visibilidad, habilidades que muchos buzos aprenden pero pocos llevan a la práctica en buceadas reales.

La frase «corrientes variables» toma un nuevo significado en tales condiciones de temperatura y visibilidad. Ser barrido del naufragio puede llegar a ser un asunto serio y peligroso; el buzo debe estar preparado.

Bucear Solo en semejante entorno puede parecer una no muy buena idea, ¿verdad? Sin embargo, en esas costas, el buceo Solo es practicado de manera mucho más asidua de lo que lo es en destinos más cálidos. Gran parte de los buceadores de la costa noreste[203] son buceadores Solo. Tal vez muchos de ellos no buceen Solo la mayor parte de las veces, pero saben cómo hacerlo, y si es necesario, lo hacen sin el menor de los reparos.

---

202   Algunas veces, incluso, llega a ser de tan solo 30 centímetros (1 pie)... ¡o menos aún! Visibilidades de 15 metros (50 pies) o más no son tan comunes, pero suceden de vez en cuando.

203   La «costa noreste» hace referencia a la costa noreste de los Estados Unidos. Gran parte de la bibliografía —sobre todo, la referente al buceo de naufragios— es localista y se refiere a esa costa en esos términos. También lo hacen muchas publicaciones gráficas y electrónicas.

Plantearemos una buceada con paradas de descompresión. Sin duda, este naufragio se lo podría bucear dentro del límite de no descompresión, pero la buceada sería corta, bastante corta; además, el Stolt tiene buenos puntos de penetración que ameritan una buceada más prolongada.

Utilizaremos EAN28 como gas de fondo y EAN80 como mezcla de descompresión. Veamos cómo se vería el perfil de descompresión:

```
MultiDeco 4.17 by Ross Hemingway,
 ZHL code by Erik C. Baker.
 Decompression model: ZHL16-C + GF
 DIVE PLAN
 Surface interval = 5 day 0 hr 0 min.
 Elevation = 0ft
 Conservatism = GF 55/75
 Dec to 130ft          (2) Nitrox 28 60ft/min descent.
 Level  130ft  37:50 (40) Nitrox 28 1.38 ppO2, 116ft ead
 Asc to  50ft         (43) Nitrox 28 -25ft/min ascent.
 Stop at 50ft   0:48 (44) Nitrox 28 0.70 ppO2,  43ft ead
 Stop at 40ft   3:00 (47) Nitrox 28 0.62 ppO2,  34ft ead
 Stop at 30ft   4:00 (51) Nitrox 80 1.53 ppO2,   0ft ead
 Stop at 20ft  21:00 (72) Nitrox 80 1.28 ppO2,   0ft ead
 Surface             (73) Nitrox 80 -20ft/min ascent.
 OTU's this dive: 105
 CNS Total: 41.8%
 Gas density: 6.0g/l
 149.5 cu ft  Nitrox 28
 25.1 cu ft  Nitrox 80
 174.5 cu ft  TOTAL
DIVE PLAN COMPLETE
```

Setenta y tres minutos de tiempo de buceada (TRT) para un tiempo de fondo de casi 40 minutos: no está tan mal. Ciento cincuenta pies cúbicos de gas de fondo, que con el tercio de reserva quedará en 225 pies cúbicos; nos permite utilizar un cilindro doble de 120 cuft cada uno. Veintiséis pies cúbicos de EAN80, que con el tercio de reserva quedará en 39 pies cúbicos.

Los cilindros serán, entonces, uno doble de 120 cuft, para un total de 240 pies cúbicos para el gas de fondo, y un cilindro de 40 pies cúbicos para el EAN80.

Concentrémonos en lo referente al gas. ¿Qué pasaría si al llegar a la parada a 30 pies nos damos cuenta de que el cilindro de EAN80 es inutilizable, por el motivo que fuere? Veamos:

```
MultiDeco 4.17 by Ross Hemingway,
 ZHL code by Erik C. Baker.
 Decompression model: ZHL16-C + GF
 DIVE PLAN   NO DECO GAS
 Surface interval = 5 day 0 hr 0 min.
 Elevation = 0ft
 Conservatism = GF 55/75
 Dec to 130ft            (2) Nitrox 28 60ft/min descent.
 Level  130ft  37:50    (40) Nitrox 28 1.38 ppO2, 116ft ead
 Asc to  50ft           (43) Nitrox 28 -25ft/min ascent.
 Stop at 50ft   0:48    (44) Nitrox 28 0.70 ppO2,  43ft ead
 Stop at 40ft   3:00    (47) Nitrox 28 0.62 ppO2,  34ft ead
 Stop at 30ft   7:00    (54) Nitrox 28 0.53 ppO2,  24ft ead
 Stop at 20ft  59:00   (113) Nitrox 28 0.45 ppO2,  15ft ead
 Surface               (114) Nitrox 28 -20ft/min ascent.
 OTU's this dive: 68
 CNS Total: 27.7%
 Gas density: 6.0g/l
 214.6 cu ft  Nitrox 28
 214.6 cu ft  TOTAL
DIVE PLAN COMPLETE
```

El consumo total de gas de fondo ascendería a 215 cuft, ya que deberemos cumplir con la descompresión obligatoria en él, que ahora es más prolongada. Afortunadamente, como estamos planeando en utilizar una configuración doble de 120 cuft por cilindro, contamos con 240 cuft en nuestra espalda: problema superado. Sin embargo, notemos que la diferencia entre 215 y 240 cuft no es tanta. Es importante, sobre todo al bucear Solo, guardar compostura y respetar el tiempo de buceada planeado. Nunca sabemos qué se nos puede presentar más adelante en el camino. Después de todo, este supuesto problema con el cilindro de descompresión se nos presentó en el minuto 51, a tan solo 30 pies de la superficie y a 22 minutos de la supuesta finalización de la buceada.

Si la buceada no va saliendo como se había planeado, o si estamos trabajando más de la cuenta por culpa de la corriente, tal vez sería buena idea acortar el tiempo de fondo planeado, ya que si a eso se suma algún futuro inconveniente —como el aquí tratado de la falla del cilindro con EAN80—, podemos caer en situaciones realmente complicadas.

Veamos qué sucedería si en esta buceada en particular, con nuestro cilindro de EAN80 operativo, nuestro SAC se incrementara y en lugar de ser el 0,7 planeado, pasara a ser de 1 cuft/min:

```
MultiDeco 4.17 by Ross Hemingway,
 ZHL code by Erik C. Baker.
 Decompression model: ZHL16-C + GF
 DIVE PLAN     SAC 1 CuFt/min.ata
 Surface interval = 5 day 0 hr 0 min.
 Elevation = 0ft
 Conservatism = GF 55/75
 Dec to 130ft             (2) Nitrox 28   60ft/min descent.
 Level  130ft  37:50 (40) Nitrox 28   1.38   ppO2, 116ft ead
 Asc to  50ft          (43) Nitrox 28   -25ft/min ascent.
 Stop at 50ft   0:48 (44) Nitrox 28   0.70   ppO2,  43ft ead
 Stop at 40ft   3:00 (47) Nitrox 28   0.62   ppO2,  34ft ead
 Stop at 30ft   4:00 (51) Nitrox 80   1.53   ppO2,   0ft ead
 Stop at 20ft  21:00 (72) Nitrox 80   1.28   ppO2,   0ft ead
 Surface              (73) Nitrox 80   -20ft/min ascent.
 OTU's this dive: 105
 CNS Total: 41.8%
 Gas density: 6.0g/l
 211.6 cu ft  Nitrox 28
 25.1 cu ft  Nitrox 80
 236.6 cu ft  TOTAL
DIVE PLAN COMPLETE
```

Nuestro consumo de gas se eleva a 212 cuft. Una vez má,s los 240 cuft disponibles son suficientes. Al mismo tiempo, los 28 cuft restantes (240 menos 212 es 28) ya no parecen demasiado margen de seguridad en caso de que pueda ocurrir un nuevo imprevisto, ¿verdad? Si en estas condiciones nuestro cilindro de EAN80 se tornara inutilizable, estaríamos en problemas. Veamos:

```
MultiDeco 4.17 by Ross Hemingway,
 ZHL code by Erik C. Baker.
 Decompression model: ZHL16-C + GF
 DIVE PLAN   NO DECO GAS; SAC 1 CuFt/min.ata
 Surface interval = 5 day 0 hr 0 min.
 Elevation = 0ft
 Conservatism = GF 55/75
 Dec to 130ft             (2) Nitrox 28 60ft/min descent.
 Level  130ft  37:50 (40) Nitrox 28 1.38 ppO2, 116ft ead
 Asc to  50ft          (43) Nitrox 28 -25ft/min ascent.
 Stop at 50ft   0:48 (44) Nitrox 28 0.70 ppO2,  43ft ead
 Stop at 40ft   3:00 (47) Nitrox 28 0.62 ppO2,  34ft ead
 Stop at 30ft   7:00 (54) Nitrox 28 0.53 ppO2,  24ft ead
```

```
Stop at 20ft  59:00 (113) Nitrox 28 0.45 ppO2,  15ft ead
Surface             (114) Nitrox 28 -20ft/min ascent.
OTU's this dive: 68
CNS Total: 27.7%
Gas density: 6.0g/l
276.6 cu ft  Nitrox 28
276.6 cu ft  TOTAL
DIVE PLAN COMPLETE
```

¡277 cuft! El gas de fondo ya no es suficiente para completar la obligación de descompresión que hemos adquirido.[204] Es cierto que en este sitio —el Stolt— y en cualquiera de los habituales charters en que fuéremos nos encontraremos con otros buzos que suben y bajan, y que nos podrían auxiliar, sin contar con la tripulación que, sin la menor duda, notará nuestra demora e irá a nuestro encuentro. Pero esa esperanza es contraria a nuestro credo de autosuficiencia. No podemos —y no debemos— apoyarnos en ella.

Ahora bien, sabemos que el plan que hemos hecho considera una buceada rectangular y que la buceada real difícilmente lo sea. También sabemos que eso nos dará, por un lado, un menor consumo de gas de fondo y, por otro, una menor obligación de descompresión, por lo que en el ejemplo anterior seguramente podamos salir victoriosos. Pero ¿y si nuestro SAC en lugar de subir a 1 se duplica de 0,7 a 1,4 cuft/min? ¿Y si es aún mayor? Buceando, y sobre todo buceando Solo, debemos estar atentos a nuestro ritmo de trabajo, al consumo de gas que vamos teniendo y a lo que nos rodea, para evitar caer en situaciones que nos superen. Si notamos un consumo de gas elevado, seguramente también notaremos que estamos realizando un mayor esfuerzo. La prudencia debería llevarnos a abortar la buceada, o al menos a reducir su duración y tratar de reducir el esfuerzo al mínimo posible. Planee y actúe en consecuencia.

Con respecto a la toxicidad de oxígeno, estamos bien. ¿Está de acuerdo? Veamos el plan y la bitácora.

204   Ni siquiera cambiando sobre la marcha el factor de gradiente alto a 100 (100 %) lograremos que el gas planeado sea suficiente.

Plan

— Point Pleasant, Nueva Jersey, USA, 31 de agosto, 2019.
— Stolt Dagali. Sección de popa de buque tanque construido en 1955.
— Hundido el 26 de noviembre de 1964. Hubo 19 muertos en la colisión.
— Buceada: Solo, con paradas de descompresión programadas, penetración.
— TRT: 75 minutos (40 minutos de tiempo de fondo).
— Profundidad: 40 mts / 130 ft / 5ata.
— EAN28 (PPO2 @ 5 ata —> 1,4 ata).
— GF: 55/75.
— MultiDeco, paradas:
  48 segundos @ 50 ft
  3 minutos @ 40 ft
  4 minutos @ 30 ft
  21 minutos @ 20 ft
— SAC: 0,7 cuft/min.ata.
— Gas: 140 cuft + 10 cuft = 150 cuft
  Etapa de fondo: 0,7 cuft/min.ata × 5 ata × 40 min = 140 cuft.
  Ascenso:[205] 0,7 cuft/min.ata × 3,5 ata × 4 min = 10 cuft.
— Reserva: 75 cuft.
— Gas total: 225 cuft.
— Cilindro: 2 × 120 cuft @3.440 psi (240 cuft totales) con *manifold* aislador y doble juego de reguladores.
— Traje seco con gruesa ropa interior (temperatura del agua esperada cercana a los 56 o 60 °F).
— No peso adicional.
— 4 herramientas de corte, 2 cuchillos grandes, 1 cuchillo mediano sin punta y 1 cortador de líneas (EezyCut).

[205] En este ejemplo calculo el gas de fondo utilizado durante el ascenso desde 130 ft hasta la primera parada de descompresión a 30 ft. Prácticamente, este cálculo es innecesario: MultiDeco ya me ha dado una indicación del volumen de gas de fondo total que voy a necesitar. Pero lo hago simplemente por claridad argumentativa. Para ello, tomo 4 minutos de tiempo (los 3 minutos de la parada a 40 ft más casi un minuto de ascenso desde 130 a 40 ft) y la presión absoluta promedio entre 5 ata (130 ft) y 2 ata (30 ft), que ni más ni menos que $[(5 - 2) \div 2] + 2 = 3,5$.

— 3 linternas primarias y 1 de respaldo (la visibilidad ha sido bastante buena las últimas semanas en el área).
— 2 computadoras de buceo.
— 1 reel pequeño, 200 ft de línea fina (#24).
— 2 reels medianos, uno de 130 ft y otro de 200 pies de línea de 1/8 de pulgada.
— 2 spools auxiliares.
— 1 *lift bag* en bolsa de malla agarrada a la placa del BCD (ala y placa).
— 1 SMB + spool, ya conectados y listos para ser desplegados en segundos.
— Ala con vejiga redundante.
— 1 máscara de repuesto.
— 1 silbato y 1 espejo.
— 1 Nautilus Lifeline Radio.
— Naufragio de tamaño medio en aguas frías y oscuras.
— Descenso por la línea carolina y línea de amarre.
— Simple de navegar. Si la visibilidad es mala, utilizar linea de vida desde punto cercano a la línea de amarre hasta el punto de penetración elegido.
— Descender por el costado que constituía la cubierta y buscar el punto de penetración que parezca adecuado en ese momento.
— Penetrar utilizando línea de vida (siempre que penetro más allá de lo que podría llamarse la zona de luz, si buceo Solo, utilizo línea de vida, aunque ya esté familiarizado con el naufragio).
— Estar atento al TRT.
— Estar atento al consumo de gas y al esfuerzo que esté realizando. Si el esfuerzo es mayor del esperado, acortar el tiempo de la buceada.
— Si el consumo de gas está dentro de los parámetros esperados y la acumulación de tiempo de descompresión lo permite, extenderé el tiempo de fondo pasados los 40 minutos si esto no afecta el TRT (para ello, utilizar el parámetro @+5 de mis computadoras).[206]
— Tengo la computadora configurada para realizar la última parada de descompresión a 20 ft. Esto es conveniente en este caso,

206   Si su computadora no le enseña el «@+5», no se preocupe; ignore ese comentario.

donde la línea carolina, que es parte del sistema de líneas que el charter habitualmente despliega bajo el agua para facilitar el descenso y el ascenso de los buzos, está a unos 15 ft. Si finaliza la descompresión, si aún poseo tiempo antes de que se cumpla el TRT (considerando al menos 3 minutos para llegar de ese punto a la escalera de ascenso al barco) y si poseo el gas suficiente en el cilindro de descompresión, extenderé esta última parada algunos minutos.

Bitácora

— Stolt Dagali, 31 de agosto, 2019
— La visibilidad fue muy buena: aproximadamente 40 ft o más.
— Profundidad máxima: 127 ft (4,8 ata).
— Temperatura del agua (mínima): 57 °F.
— Casi sin corriente. Había un poco de vaivén.
— Navegación natural. No fue necesario utilizar línea de vida desde el punto de amarre hasta ningún punto exterior al naufragio.
— Sin contrariedades.
— Tiempo total de la buceada (TRT): 59 minutos.
— Tiempo de fondo (hasta comenzar el retorno hacia la línea de amarre): 36 minutos.
— Cilindro de 240 cuft. Presión inicial: 3.470 psi.
— Presión final: 1.500 psi.
— Psi utilizados: 1.970 psi.
— Cuft utilizados: 1970 psi × 240 cuft ÷ 3.400 psi = 139 cuft.
— Utilizados menos de los 150 cuft planeados y de los 160 cuft que representan los dos tercios de los 240 cuft disponibles.
— SAC bruto: 139 cuft ÷ (4,8 ata × 36 min) = 0,8 cuft/min.ata.[207]

[207] Los 36 minutos utilizados en el cálculo del SAC bruto son menos de los que realmente tomó que el volumen de gas consumido sea de 139 cuft (tal vez 3 minutos llegar al punto de amarre, 1 minuto de descompresión a 40 ft y 3 minutos más hasta llegar a los 30 ft, donde realicé e cambio de gas a EAN80). Si contabilizo esos 7 minutos adicionales, el SAC bruto pasa a ser de 0,7 cuft/min.ata. Si siente unos deseos incontenibles de maximizar la precisión de sus cálculos, recuerde que estamos cortando con un hacha (ver 1.8 «El micrómetro, la tiza y el hacha»), y que si nuestros planes y cálculos no funcionan con márgenes de error realistas, tal vez no sean los adecuados. No se trata de admitir errores de cuenta, pero en este caso del SAC bruto, esa conformación que obtengo con él del valor

4.9. U352 (sin *deco*)

```
MultiDeco 4.17 by Ross Hemingway,
 ZHL code by Erik C. Baker.
 Decompression model: ZHL16-C + GF
 DIVE PLAN
 Surface interval = 5 day 0 hr 0 min.
 Elevation = 0ft
 Conservatism = GF 55/75
 Dec to 110ft          (1) Nitrox 32 60ft/min descent.
 Level  110ft  13:10 (15) Nitrox 32 1.38 ppO2, 90ft ead
 Asc to  20ft         (18) Nitrox 32 -24ft/min ascent.
 Stop at 20ft   0:15 (19) Nitrox 32 0.51 ppO2, 13ft ead
 Stop at 10ft   1:00 (20) Nitrox 32 0.42 ppO2,  4ft ead
 Surface             (20) Nitrox 32 -20ft/min ascent.
 OTU's this dive: 26
 CNS Total: 10.3%
 Gas density: 5.3g/l
 52.5 cu ft  Nitrox 32
 52.5 cu ft  TOTAL
DIVE PLAN COMPLETE
```

Plan

— Wilmington, Carolina del Norte, USA, 19 de julio, 2019.
— U352, submarino alemán de la 2.ª guerra mundial.
— Hundido el 9 de mayo de 1942, 15 muertes, 33 sobrevivientes.
— Buceada: Solo. No *decompression*.
— TRT: 25 minutos.
— Profundidad: 33 mts / 110 ft / 4,3 ata.
— EAN32 (PPO2 @ 4,3 ata —> 1,4 ata).
— GF: 55/75.

....

de SAC que utilizo en MultiDeco para planear las buceadas es positiva. ¿Podría ser más puritano y refinar el cálculo de ese SAC al final de la buceada y ajustar su valor lo máximo posible al tiempo y a las profundidades reales a las que he estado? Sí, podría. ¿Vale la pena? No lo creo. Pero usted tiene que buscar su método de cálculo. Si lo quiere hacer los más exacto posible y desea, por ejemplo, utilizar dos cifras significativas (dos dígitos después de la coma decimal), allá usted; está perfecto. Pero que eso no le sirva de excusa para calcular volúmenes de reserva más escuetos o utilizar cilindros más pequeños. El ahorro en este caso puede terminar costándole caro.

- NDL (NOAA): 20 minutos.
- MultiDeco, paradas: 15 segundos @ 20 ft + 1 minuto @ 10 ft.
- Controlar NDL (> 5 minutos) para evitar paradas de descompresión.
- SAC: 0,7 cuft/min.ata.
- Gas: 0,7 cuft/min.ata × 4,3 ata × 25 min = 75 cuft.
- Reserva: 38 cuft.
- Gas total: 113 cuft.
- Cilindro: 120 cuft (@3.440 psi) con válvula *H* y doble juego de reguladores.
- Traje de 3 mm (temperatura del agua esperada: 75 °F).
- 4 lbs de peso adicional (2 lbs en cada bolsillo del arnés).
- 2 herramientas de corte (no habrá penetración).
- 1 linterna primaria y 1 de respaldo (se espera buena visibilidad).
- 2 computadoras de buceo.
- 1 reel pequeño, 200 ft de línea fina (#24).
- 1 spool.
- 1 SMB + spool.
- Ala con vejiga redundante.
- 1 máscara de repuesto.
- 1 silbato y 1 espejo.
- 1 Nautilus Lifeline Radio.
- Naufragio pequeño en aguas cálidas y luminosas.
- Descenso por la línea carolina y línea de amarre.
- Simple de navegar. Navegarlo a discreción, apuntando a recorrer su exterior por completo; por ejemplo, en sentido antihorario (dependiendo de donde esté el punto de amarre).
- Comenzar ascenso antes de cumplido el NDL.
- Estar de regreso a la línea de ascenso (punto de amarre) para el minuto 20, cuando el NDL llegue a un mínimo de 3 min o cuando el gas alcance como mínimo una presión de 1.200 psi, a menos que la corriente sea importante; en ese caso, los márgenes implícitos en los valores mencionados deberían ser incrementados a discreción.
- Parada de seguridad de 5 min @ 20 ft; extenderla si TRT lo permite.

Bitácora

- U352, 20 de julio, 2019
- La visibilidad fue de aproximadamente 50 ft.
- Hubo un poco de viento en la superficie.
- Profundidad máxima: 112 ft (4,4 ata).
- Temperatura del agua (mínima): 81 °F.
- Corriente: moderada/alta.
- Navegación natural. Comencé en sentido antihorario.
- Sin contrariedades.
- Tiempo de la buceada: 19 min, con 4 min de parada de seguridad.
- Cilindro de 120 cuft. Presión inicial: 3.530 psi.
- Presión final: 1.450 psi.
- Psi utilizados: 2.080 psi.
- Cuft utilizados: 2.080 psi × 120 cuft ÷ 3.400 psi = 74 cuft
- Utilizados casi los 75 cuft planeados y menos de los 80 cuft que representan los dos tercios de los 120 cuft disponibles.
- SAC bruto: 74 cuft ÷ (4,4 ata × 19 min) = 0,9 cuft/min.ata.
- La corriente estaba más fuerte de lo esperado. Acorté la recorrida a un poco más de la mitad del naufragio; estuve de regreso en la línea de ascenso en el minuto 11. El ascenso hasta la parada de seguridad tomó 3 minutos.

4.10. Aeolus (con *deco*)

```
MultiDeco 4.17 by Ross Hemingway,
 ZHL code by Erik C. Baker.
 Decompression model: ZHL16-C + GF
 DIVE PLAN
 Surface interval = 5 day 0 hr 0 min.
 Elevation = 0ft
 Conservatism = GF 55/75
 Dec to 100ft            (1) Nitrox 32  60ft/min descent.
 Level  100ft   8:20 (10) Nitrox 32 1.29 ppO2, 81ft ead
 Asc to  90ft           (10) Nitrox 32 -24ft/min ascent.
 Level   90ft  20:00 (30) Nitrox 32 1.19 ppO2, 73ft ead
 Asc to  80ft           (30) Nitrox 32 -24ft/min ascent.
 Level   80ft  20:00 (50) Nitrox 32 1.09 ppO2, 64ft ead
```

```
Asc to  30ft          (52) Nitrox 32 -24ft/min ascent.
Asc to  20ft          (53) Nitrox 80 -24ft/min ascent.
Stop at 20ft   1:40 (55) Nitrox 80 1.28 ppO2,  0ft ead
Stop at 10ft   8:00 (63) Nitrox 80 1.04 ppO2,  0ft ead
Surface      (63) Nitrox 80 -20ft/min ascent.
OTU's this dive: 78
CNS Total: 27.7%
Gas density: 4.9g/l
132.4 cu ft  Nitrox 32
9.0 cu ft  Nitrox 80
141.5 cu ft  TOTAL
DIVE PLAN COMPLETE


MultiDeco 4.17 by Ross Hemingway,
 ZHL code by Erik C. Baker.
 Decompression model: ZHL16-C + GF
 DIVE PLAN      NO DECO GAS
 Surface interval = 5 day 0 hr 0 min.
 Elevation = 0ft
 Conservatism = GF 55/75
 Dec to 100ft          (1) Nitrox 32 60ft/min descent.
 Level  100ft   8:20 (10) Nitrox 32 1.29 ppO2, 81ft ead
 Asc to  90ft          (10) Nitrox 32 -24ft/min ascent.
 Level   90ft  20:00 (30) Nitrox 32 1.19 ppO2, 73ft ead
 Asc to  80ft          (30) Nitrox 32 -24ft/min ascent.
 Level   80ft  20:00 (50) Nitrox 32 1.09 ppO2, 64ft ead
 Asc to  20ft          (53) Nitrox 32 -24ft/min ascent.
 Stop at 20ft   1:40 (55) Nitrox 32 0.51 ppO2, 13ft ead
 Stop at 10ft  15:00 (70) Nitrox 32 0.42 ppO2,  4ft ead
 Surface          (70) Nitrox 32 -20ft/min ascent.
 OTU's this dive: 66
 CNS Total: 23.7%
 Gas density: 4.9g/l
 146.9 cu ft  Nitrox 32
 146.9 cu ft  TOTAL
DIVE PLAN COMPLETE
```

```
MultiDeco 4.17 by Ross Hemingway,
 ZHL code by Erik C. Baker.
 Decompression model: ZHL16-C + GF
 DIVE PLAN    NO DECO GAS; SAC 1 CuFt/min.ata
 Surface interval = 5 day 0 hr 0 min.
 Elevation = 0ft
 Conservatism = GF 55/75
 Dec to 100ft           (1) Nitrox 32 60ft/min descent.
 Level 100ft     8:20 (10) Nitrox 32 1.29 ppO2, 81ft ead
 Asc to 90ft          (10) Nitrox 32 -24ft/min ascent.
 Level 90ft     20:00 (30) Nitrox 32 1.19 ppO2, 73ft ead
 Asc to 80ft          (30) Nitrox 32 -24ft/min ascent.
 Level 80ft     20:00 (50) Nitrox 32 1.09 ppO2, 64ft ead
 Asc to 20ft          (53) Nitrox 32 -24ft/min ascent.
 Stop at 20ft    1:40 (55) Nitrox 32 0.51 ppO2, 13ft ead
 Stop at 10ft   15:00 (70) Nitrox 32 0.42 ppO2,  4ft ead
 Surface              (70) Nitrox 32 -20ft/min ascent.
 OTU's this dive: 66
 CNS Total: 23.7%
 Gas density: 4.9g/l
 204.7 cu ft  Nitrox 32
 204.7 cu ft   TOTAL
DIVE PLAN COMPLETE
```

Plan

- — Wilmington, Carolina del Norte, USA, 21 de julio, 2019.
- — Aeolus, transporte de tropas y materiales durante la segunda guerra mundial; luego utilizado como navío para tareas en cables submarinos.
- — Hundido en julio de 1988 como parte del programa de arrecifes artificiales de Carlina del Norte.
- — Buceada: Solo y *decompression*.
- — GF: 55/75.
- — TRT: 60 minutos.
- — Profundidad máxima a la arena: 33 mts / 110 ft / 4,3ata.
- — Profundidad máxima planeada: 30mts / 100 ft / 4ata.
- — EAN32 (PPO2 @ 4 ata —> 1,3 ata).
- — Gas para Deco: EAN80. Cambio en parada a 30 ft.
- — Plan de profundidades: 10min @ 100ft, 20min @ 90ft, 20min @ 80ft.

- MultiDeco, paradas: 1minuto 40 segundos @ 20 ft + 8 minutos @ 10 ft.
- Controlar *run time* y *time to surface* para un TRT de 60 minutos.
- SAC de fondo: 0,7 cuft/min.ata.
- Gas (EAN32): 108 cuft (28 + 52 + 48 = 108).
  @ 100 ft 0,7 cuft/min.ata × 4 ata × 10 min = 28 cuft.
  @ 90 ft 0,7 × 3,7 × 20 = 52 cuft.
  @ 80 ft 0,7 × 3,4 × 20 = 48 cuft.
- SAC de Deco: 0,5 cuft/min.ata (en casi reposo).
- Gas (EAN80, calculado todo a 30 ft):
  0,5 cuft/min.ata × 2 ata × 10 min = 10 cuft.
- Ascenso hasta primera parada de descompresión: despreciable.
- Si el cilindro de deco no está disponible, se podrá descomprimir con el gas de fondo (240 cuft disponibles); incluso si nuestro SAC se incrementa a 1 cuft/min.ata.
- Reserva: 54 cuft
- Gas total: 162 cuft.
- Cilindro: 2 × 120 cuft (@3.440 psi) con doble juego de reguladores.
- Traje de 3 mm (temperatura del agua esperada: 75 °F).
- No peso adicional.
- 3 herramientas de corte.
- 2 linternas primarias y 1 de respaldo.
- 2 computadoras de buceo.
- 2 reels grandes, con línea de 1/8".
- 2 spools.
- 1 SMB + spool.
- Ala con vejiga redundante.
- 1 máscara de repuesto.
- 1 silbato y 1 espejo.
- 1 Nautilus Lifeline Radio.
- Lo que queda en pie es un naufragio de tamaño medio, con algunas opciones de penetración en la popa y una serie de restos esparcidos por el fondo, con la sección de proa un poco más adelante, recostada sobre estribor.
- Descenso por la línea carolina y línea de amarre.
- Simple de navegar si el día está luminoso. Navegarlo a discreción.

- Recorrer sus corredores laterales. Visitar el área de almacenamiento de cable y penetrar lo más posible en sus otros recintos.
- Estar atento al TRT, atendiendo el tiempo de buceada y el TTS.
- Mantener buena conciencia situacional (ubicación dentro del naufragio con respecto al punto de amarre).
- Utilizar reels y luces de marcación según se requieran.

Bitácora

- Aeolus, 23 de julio, 2019
- La visibilidad fue de aproximadamente 50 ft.
- El día estuvo moderadamente ventoso.
- Profundidad máxima: 109 ft (4,3 ata).
- Temperatura del agua: 77 °F.
- Corriente: moderada.
- Línea de amarre en el extremo sureste de la sección de popa.
- Navegación natural (antihoraria) en el exterior del naufragio, descendiendo hasta unos pies por encima de la arena y hasta un poco antes de alcanzar la punta de popa.
- Penetraciones varias. No hubo contrariedades.
- Tiempo de la buceada: 61 minutos.
Tiempo de fondo, hasta la primera parada de deco: 49 minutos.
- Cilindro de 2 × 120 cuft (*twin*). Presión inicial: 3.510 psi.
- Presión final: 1.750 psi.
- Psi utilizados: 1.760 psi.
- Cuft utilizados: 1.760 psi × 240 cuft ÷ 3.400 psi = 125 cuft
- Utilizados más de los 108 cuft planeados, pero menos de los 160 cuft que representan los dos tercios del gas de fondo llevado en la buceada.
- SAC bruto: 125 cuft ÷ (4 ata × 49 min) = 0,6 cuft/min.ata.
- Agregué 5 minutos extra a la última parada de descompresión, a 10 ft (seguridad extra).
- Es un naufragio digno de regresar varias veces.
- Porcentaje de CNS final: 31 %.

Epílogo

5

Bucear Solo es una manera de planear y encarar las buceadas. Es una estrategia de redundancia y control de riesgo. Algunos puntos fundamentales:

a. El buceador Solo debe ser un buceador autosuficiente. Pero ser autosuficiente y bucear Solo no son lo mismo. El buceador autosuficiente no da ese último paso, el ir a bucear Solo. Lo sabe, planea para ello. Si durante la buceada se llega a ver separado de su compañero o compañeros, sabe cómo responder a esa eventualidad. Pero para el buceador Solo, esa no es una eventualidad, sino parte del plan de la buceada.

b. Dentro del concepto de *autosuficiencia*, el autocontrol es la característica más importante en la que el buzo debe trabajar. El buceador Solo no puede perder el control de la buceada, y eso implica, primeramente, estar en control de sus propias respuestas emocionales. Actuar por impulso es, casi siempre, una mala estrategia en toda forma de buceo, y sobre todo lo es buceando Solo. Ese impulso de «tener que salir de aquí ya mismo, sin pensar», es una respuesta de nuestro inconsciente a situaciones que sentimos o interpretamos como de peligro extremo. En caso de producirse, debe ser mantenido bajo control. Aquello de detenerse, respirar, pensar y actuar es tan válido como siempre en esta clase de situaciones.

c. Nuestro equipamiento debe ser el adecuado: de buena calidad; estar en buen estado y haber sido debidamente mantenido; revisado periódicamente y probado antes de cada buceada; redundante en todo aquello que nos sea de vital importancia.

d. Las buceadas deben ser planeadas en detalle: características del sitio; tipos y volúmenes de gases; equipamiento general; herramientas; entrada, recorrido y salida; tiempos y profundidades; alternativas; procedimientos de emergencia dentro y fuera del agua.

e. La ejecución debe ser precisa. Nuestras habilidades tienen que estar debidamente ejercitadas, especialmente aquellas que puedan ser consideradas de emergencia. Debemos seguir nuestro plan y evitar improvisaciones sobre la marcha. Debemos estar conscientes de nuestras propias limitaciones, tanto en lo referente a nuestro equipamiento, conocimientos y habilidades como a nuestro estado físico y de salud.

f. Recordar que somos buceadores recreativos: el éxito de la buceada en cuestión es regresar de ella sanos y salvos, nada más, nada menos. El buceo es una actividad de riesgo, y el buceo Solo lo es aún más. Si bien los riesgos pueden reducirse con conocimientos adecuados, equipamiento, herramientas y procedimientos y políticas acertadas, no lo podremos eliminar por completo. Esta reducción del riesgo es, además, un trabajo continuo, de aproximaciones sucesivas en las cuales la experiencia jugará un papel fundamental.

g. Las notas de buceadas anteriores ayudarán a planear futuras buceadas; sobre todo, mientras estemos dando los primeros pasos en este nuevo estilo de buceo en el que estamos introduciéndonos (¿las primeras 50 buceadas? ¿100? ¿200?).

h. La ejecución debe ser cuidadosa. El ritmo debe ser relajado. No estamos en una carrera; disfrutemos del paseo, de la aventura. Mantengamos el esfuerzo a su mínima expresión. Trabajar en exceso durante la etapa de fondo nos hará consumir más gas del esperado; nuestro organismo producirá más CO_2; nuestro ciclo respiratorio se apartará del ideal; comenzaremos a retener CO_2... Y ya sabemos a dónde lleva este camino.

i. Buceando Solo en entornos paradisíacos, dentro de los límites de no descompresión y a poca profundidad, puede resultar no muy diferente a hacerlo en pareja. Tal vez llevando con nosotros una fuente de gas redundante (pony), una buena herramienta de corte y una linterna «por las dudas» estaremos en buena forma. Tal puede ser el caso de bucear un cálido arrecife o un naufragio simple, con mínima penetración en la zona de luz, sin buceadores a nuestro alrededor que puedan perturbar sedimentos (o que puedan correr despavoridos a nuestro encuentro en busca de nuestra reserva de gas).

j. Buceando un oscuro naufragio a 180 pies (55 metros), en aguas frías, con escasa visibilidad —oscuro no es sinónimo de baja visibilidad—, realizando penetración profunda en su interior y estando obligado a realizar paradas de descompresión durante el ascenso, es un panorama muy diferente. Este es el tipo de entorno que debería venir a nuestras mentes cuando escuchamos la frase «buceando Solo». El caso del literal anterior, ese entorno paradisíaco, es una excepción para la mayoría de los buceadores Solo.

k. Cuando lea, escuche o vea escritos o videos relativos al buceo Solo, algunos de los cuales son muy buenos y acertados desde su muy particular punto de vista, recuerde que, a menos que indiquen lo contrario, se están refiriendo a bucear Solo en ese tipo de entornos que dos párrafos más arriba definimos como «paradisíacos».

l. Tenga siempre presente que sus primeros pasos en una nueva especialidad o modalidad de buceo, como lo es el buceo Solo, deberían ser dados bajo la atención de un instructor capacitado. Si discrepa con algunas de sus indicaciones, recuerde que aún no tiene los conocimientos ni la experiencia para arribar por usted mismo a mejores conclusiones que las que el instructor o tutor le están transmitiendo. A menos que esas sean una ridiculez, obedézcalas; luego, una vez que tenga los conocimientos y la experiencia necesarios, adapte lo aprendido a su estilo o intereses. Pero hágalo a paso lento y seguro, una cosa a la vez, razonando, probando, analizando los resultados, imaginando su aplicabilidad a todo tipo de escenarios.

m. Enfermedad de descompresión, narcosis, toxicidad de oxígeno, hipoxia, hipercapnia, contradifusión isobárica, deshidratación, edema pulmonar, envenenamiento por monóxido de carbono, síndrome neurológico de alta presión y quién sabe cuántos trastorno más a los cuales los buceadores estamos expuestos en ciertas condiciones son tan válidos para el buceador Solo como lo son para quien bucea en pareja o equipo. Sin embargo, al bucear Solo deberíamos considerarlos en más detalle y tomar precauciones más conservadoras, para así minimizar su posibilidad de ocurrencia: no tenemos allí a nadie que nos pueda ayudar a solucionarla, sobrellevarla o encarar el procedimiento de emergencia adecuado.

Glosario

aguas abiertas. En principio, son aquellas que permiten un ascenso vertical directo a la superficie. Sin embargo, muchas veces se espera que, además de eso, posean ciertas características naturales similares a las de un océano, un gran lago, un río o una cantera, como poseer un tamaño importante —con respecto a la escala humana— y ciertas características agrestes no definidas, aunque entendidas por todos (una piscina no constituye un entorno de aguas abiertas, sin importar cuán grande o profunda sea).

aire. El aire es la mezcla de gases con la composición típica de nuestra atmósfera a nivel del mar. Al hablar de buceo recreativo, dicha composición se simplifica a 21 % de oxígeno y 79 % de nitrógeno.

ala. BCD del tipo *wing* («ala»), generalmente montado sobre una placa en la espalda del buceador. Dentro de estas se diferencian las de montaje *trasero* y las de montaje *lateral*. Contiene la vejiga, la que se infla mediante una manguera de inflador conectada a una manguera de baja presión que en su otro extremo, a su vez, está conectada a la primera etapa reguladora. Ver: *BCD*, *vejiga*.

ascenso de emergencia. Habilidad enseñada en los cursos iniciales de aguas abiertas para ascender directamente hacia la superficie en caso de quedarse sin gas para respirar y encontrarse sin un compañero cercano a quien recurrir.

ata. Símbolo para «atmósferas absolutas», medida de presión equivalente en magnitud a la atmósfera, pero que indica que en el valor numérico que precede a la unidad incluye la presión ambiente de la superficie. Ver: *atm*, *bar absolutas*.

atm. Símbolo para «atmósfera», medida de presión utilizada en el sistema imperial y que equivale a la presión —aproximada y normalizada— existente en el ambiente a nivel del mar. Equivale a 1,013 bar, pero se redondea y ambas unidades se consideran equivalentes (1 atm = 1 bar). Ver: *bar*.

autocontrol. Capacidad de controlar nuestro cerebro emocional (amígdala); fundamentalmente, poder manejar el instinto natural de huida ante situaciones que pueden ser o no peligrosas. Incluye también la prevención del pánico.

autosuficiencia. Capacidad para resolver por uno mismo los percances que se nos puedan presentar.

bar. Medida de presión utilizada en el sistema métrico y que equivale a la presión --aproximada y normalizada— existente en el ambiente a nivel del mar. Equivale a 0,987 atm, pero se redondea y ambas unidades se consideran equivalentes 1 bar = 1 atm. Ver: *atm*.

bar absolutas. Medida de presión absoluta medida en bar. Indica que en el valor numérico que precede a la unidad incluye la presión ambiente de la superficie. Ver: *bar*, *ata*.

BCD. Sigla para *buoyancy compensating device*, que significa «dispositivo compensador de flotabilidad». Se usa para referirse a todos los tipos de compensador (chaleco, placa y ala, y montaje lateral).

bladder. En inglés, «vejiga». Ver: *BCD*, *vejiga*.

bolsa de elevación. Bolsa inflable, generalmente de color naranja o amarillo brillante, utilizada para subir objetos desde las profundidades.

botella (de gas). Nombre habitual del tanque o cilindro de gas que el buzo lleva consigo para respirar (o para inflar el ala o el traje seco).

buceo deportivo. Rama del buceo recreativo que se realiza por dentro del límite de profundidad —generalmente 40 metros (132 pies)— y de los límites de no descompresión.

buceo recreativo. Es aquel que se realiza como pasatiempo (no es un trabajo, no es una obligación).

buceo técnico. Rama del buceo recreativo que se realiza por fuera de los límites generalmente aceptados para el buceo deportivo.

CCR. Sigla para *close circuit rebreather*, o «recirculadores de circuito cerrado». Son el tipo más común de recirculadores utilizados en el buceo recreativo. Ver: *recirculador*.

certificación. En temas de buceo, la certificación es el reconocimiento que el instructor otorga al buzo tras la aprobación un curso o taller.

chaleco. Por lo general, se refiere al BCD de tipo chaleco, comúnmente utilizado por buceadores deportivos. Ver: *BCD*.

cilindro (de gas). Nombre habitual del tanque o botella de gas que el buzo lleva consigo para respirar (o para inflar el ala o el traje seco).

circuito abierto. Sistema de buceo —equipamiento— en el cual el gas exhalado por el buzo se pierde hacia el exterior. Ver: *recirculador*.

CO. Símbolo del monóxido de carbono, subproducto de la combustión incompleta de compuestos de carbono.

CO2. Símbolo del dióxido de carbono, elemento producido por nuestro organismo durante los procesos metabólicos y desechado en el intercambio gaseoso.

conciencia situacional. Mapa mental cuatridimensional —las tres dimensiones espaciales en las que los buzos nos movemos más el tiempo transcurrido y por transcurrir— de la buceada que estamos llevando a cabo, que incluye, además, consideraciones como el entorno en el que estamos y la dinámica de la propia buceada (qué y quiénes nos rodean).

cuft. Símbolo de cubic feet («pie cúbico»), medida de volumen en el sistema imperial.

DIN. Tipo de válvula muy usado en Europa y en buceadas técnicas en todo el mundo. Comparado con su contraparte, el tipo Yoke, ofrece mejor agarre, más robustez y presenta un menor perfil cuando posee el regulador conectado. Existen adaptadores que permiten la conexión de reguladores Yoke, pero su uso durante la buceada no es recomendable (debería evitarse).

drysuit. Ver: traje seco.

DSMB. Sigla para delayed surface marker buoy. Cuando el SMB se lanza desde abajo del agua, se la llama DSMB. Sin embargo, este término está en franco desuso, y el de SMB se utiliza de manera generalizada para referirse tanto al dispositivo —que no va a cambiar de nombre según cómo se lo utilice— como a la función que está realizando, que es la de marcar en superficie la ubicación de uno o más buzos, ya sea que también se encuentren en superficie o debajo del agua (generalmente en ascenso, a menos que se esté señalizando un problema y pidiendo auxilio). Ver: SMB.

eCCR. Tipo de recirculador en el cual la adición de oxígeno en el circuito de respiración es realizada de forma automática, generalmente por la computadora de buceo incluida en él. Ver: recirculador.

EAN. Sigla para Enriched Air Nitrox (ejemplo: EAN28 es Nitrox 28). Ver: Nitrox.

entornos cubiertos. Son aquellos en los cuales no hay un camino directo de ascenso vertical hacia la superficie.

hCCR. Tipo de recirculador híbrido que incluye la funcionalidad de ambos: los eCCR y los mCCR. Ver: eCCR, mCCR, recirculador.

He. Helio

liftbag. En inglés, «bolsa de elevación».

límites de no descompresión. Límites de tiempo para diferentes profundidades, dentro de los cuales generalmente se acepta que el buceador no necesita realizar paradas de descompresión durante el ascenso, antes de emerger.

línea carolina. Línea que va de proa a popa, por debajo del agua, generalmente de 3 a 5 metros (10 a 15 pies), para facilitarle al buzo llegar desde la popa hacia la línea de amarre en proa. Ver: línea de amarre.

línea de agarre. Línea con una boya en una punta y que, atada al bote por el otro extremo, se deja llevar por la corriente, ofreciendo un sitio de espera para los buzos al saltar al agua y antes de descender, y al emerger y esperar turno para utilizar la escalera.

línea de amarre. Línea por la cual la embarcación que lleva a los buceadores al sitio de buceo se amarra al naufragio o el sitio de que se trate. Por ella, los buceadores descienden y ascienden, sobre todo en entornos de baja visibilidad o en sitios con corrientes importantes.

lts. Símbolo de «litros», medida de volumen en el sistema métrico.

mCCR. Tipo de recirculador en el que la adición de oxígeno en el circuito de respiración se hace de forma manual (el buzo debe agregarlo). Ver: *recirculador*.

mts. Símbolo de «metro». Equivalente a 3,28 pies (redondeando, 1 mts = 3,3 pies).

N2. Nitrógeno

NDL. Sigla en inglés para «tiempo de no descompresión».

Nitrox. Mezcla de gases —para respirar— que poseen un porcentaje de oxígeno mayor al 21 %. Al poseer un mayor porcentaje de oxígeno que el aire, contendrá un menor porcentaje de nitrógeno, con lo que reducirá los niveles de absorción de este último durante la buceada.

O2. Oxígeno

pánico. Miedo repentino e incontrolable que puede involucrar terror, confusión y comportamientos irracionales. Es provocado por una percepción de peligro que puede ser real o sobredimensionada.

parada de descompresión. Parada obligatoria que el buzo debe realizar durante el ascenso para darle tiempo al organismo a eliminar el nitrógeno absorbido durante la buceada.

parada de seguridad. Parada altamente recomendada —en principio, no obligatoria— que el buzo puede —¿debe?— realizar antes de emerger como estrategia de prevención de la enfermedad de descompresión. Se recomienda realizarla entre los 3 y los 6 metros (15 y 20 pies) de profundidad. Ver: *enfermedad de descompresión*.

pie. Unidad de medida del sistema imperial equivalente a 0,305 metros (redondeado, 1 pie = 0,3 mts).

pony. Cilindro o botella de gas con capacidades entre 19 y 40 pies cúbicos (2,5 y 5,5 litros). La conversión de pies cúbicos a litros sigue la convención de nomenclatura habitualmente utilizada por buceadores que utilizan los sistemas de medidas imperial y métrico; no es el resultado de simplemente convertir unidades entre sí.

psi. Medida de presión del sistema imperial que referencia libras por pulgada cuadrada (*pounds per square inch*): 14,5 psi = 1 bar; 15,7 psi = 1 atm (generalmente se redondea: 15 psi = 1 bar = 1 atm). Ver: *atm, bar*.

rebreather. Ver: *recirculador*.

recirculador. Equipo de buceo en el cual el gas exhalado por el buzo se recicla removiéndole el dióxido de carbono exhalado y agregándole, ya sea de forma manual (mCCR) o automática (eCCR), el oxígeno que el buzo va consumiendo.

reel. Nombre en inglés de lo que español puede denominarse «carrete». Sin embargo, el término en inglés es el más usado en la literatura de buceo existente. Es generalmente utilizado para desplegar una línea de vida a lo largo del camino a recorrer, simplificando así el retorno. También se lo puede utilizar para crear una línea de ascenso, con o sin la ayuda de un SMB o una bolsa de elevación. Ver: *SMB*, *bolsa de elevación*.

RMV. Sigla para *respiratory minute volume*, el volumen de gas que el buzo utiliza en un minuto a una profundidad —en ata— dada y que debe ser indicada. Diferentes fuentes le asignan diferentes nombres, definiciones y unidades. Ver: *SAC*.

RT. Sigla para *run time*, «tiempo de buceada».

SAC. Sigla para *surface air consumption*, el volumen de gas que el buzo utiliza en un minuto a una presión ambiente de 1 atm (1 ata), realizando un esfuerzo muy moderado (similar al que en teoría realizaría en una buceada normal). Diferentes fuentes le asignan diferentes nombres, definiciones y unidades. Ver: *RMV*.

SCR. Sigla para *semi-close circuit rebreather* («recirculador de circuito semicerrado»), tipo de recirculadores en los que una parte del gas exhalado se pierde al exterior cada pocos ciclos de respiración. Ver: *recirculador*.

situational awareness. Ver: *conciencia situacional*.

SMB. Sigla para surface marker buoy («marcador de superficie»), tubo inflable, cilíndrico, de un metro y medio (6 pies) o más de largo y unos 12 a 15 centímetros (4 a 6 pulgadas) de diámetro, generalmente de color naranja o amarillo brillante, —han surgido algunos rosados y de otros colores menos comunes—, utili-

zado para crear una referencia visual que permita a embarcaciones u otros grupos de buzos localizarnos en la superficie. Ver: *DSMB*.

SNAP. Sigla para «síndrome neurológico de alta presión», condición que puede desarrollarse en buceadas profundas —más de 100, 120 o 150 metros (330, 400 o 500 pies)— utilizando mezclas ricas en helio y pobres o carentes de nitrógeno.

Solo. «Solo», escrito con mayúscula, hace referencia al nombre de esta modalidad de buceo; se lo diferencia así del adjetivo *solo*, sinónimo de *solamente*, *únicamente*, *en solitario*.

spool o *finger spool.* Es un reel pequeño, el tipo más simple, sin mango ni ningún tipo de accesorio. Posee un agujero central por el cual generalmente se coloca el dedo pulgar para hacerlo girar. Es normalmente utilizado como reel auxiliar y para lanzar SMB. Ver: *reel*, *SMB*.

tanque (de gas). Nombre habitual del cilindro o botella de gas que el buzo lleva consigo para respirar (o para inflar el ala o el traje seco).

tiempo total de buceada. Tiempo total de la buceada, desde que el buzo se lanza al agua hasta que alcanza, al regreso de la buceada, el punto de salida del agua. Ver: *TRT*.

toxicidad de oxígeno. Condición resultante de los efectos nocivos de respirar oxígeno a altas presiones parciales. La toxicidad de oxígeno *pulmonar* o *de cuerpo completo* puede resultar de respirar PPO2 superiores a 0,5 ata por períodos prolongados. La toxicidad de oxígeno *del sistema nervioso central* puede resultar por respirar PPO2 superiores a 1,4 ata por períodos cortos (más cortos cuanto mayor sea esa PPO2). Mientras que las consecuencias de la primera pueden ser dolores y molestias, las de la segunda pueden llegar a producir convulsiones con las que el buzo puede ahogarse.

trail line. Ver: *línea de agarre.*

traje seco. Tipo de traje de buceo en el cual el agua no penetra en su interior. Dispone de una válvula compensadora, por la cual el buzo puede agregarle aire según necesita, para compensar la disminución del aire contenido en él a causa del aumento de presión al descender. Dispone de una válvula de escape, para compensar la expansión del gas interior a causa de la disminución de la presión externa durante los ascensos.

Trimix. Mezcla de gases (para respirar) a las cuales se les agrega cierto porcentaje de helio, quitándole parte del nitrógeno y, algunas veces, parte del oxígeno (con respecto a los porcentajes habituales del Aire). De esta manera se reduce el efecto narcótico de la mezcla y, en aquellos casos en los cuales el porcentaje de oxígeno es menor al del Aire (mezclas hipóxicas), el nivel de riesgo de ocurrencia de la Toxicidad de Oxígeno.

TRT. Sigla para *total run time.* Ver: *tiempo total de buceada.*

TTS. Sigla para *time to surface* («tiempo para emerger»). Es un parámetro desplegado por algunas computadoras de buceo que nos indica cuánto tiempo nos tomaría llegar a la superficie si comenzáramos el ascenso en ese preciso momento y considerando las posibles paradas obligatorias de descompresión que debamos realizar.

vejiga. Elemento interior del ala que se infla para proporcionar flotabilidad y que puede ser removido de esta para ser reemplazado. En los BCD de chaleco se encuentra integrado a él. Ver: *ala, BCD, chaleco.*

Yoke (válvula). Tipo de válvula más común en América —toda América— y algunos otros sitios de Europa y Asia, sobre todo en cilindros de aluminio y en buceo deportivo. En algunos casos, a estas válvulas se las denomina «internacionales». Muchos de los nuevos cilindros, sobre todo los de acero, que incluyen válvulas DIN traen adaptadores —su uso durante la buceada no es recomendable, debería evitarse— para el uso de reguladores con válvulas Yoke. Ver: *DIN.*

www.ingramcontent.com/pod-product-compliance
Lightning Source LLC
Chambersburg PA
CBHW042335030426
42335CB00028B/3356